Themen und Probleme der Geschichte

Arbeits- und Quellenhefte für die Kollegstufe



# Die Weimarer Republik

Herausgegeben und bearbeitet
von Dr. Udo Margedant und
Dr. Friedhelm Meyer zu Natrup,
unter Mitarbeit
von Ralph Fleischhauer

Cornelsen

INHALT



**Umschlagbild:** Reichspräsident Friedrich Ebert und Reichswehrminister Otto Gessler (rechts von Friedrich Ebert in Zivil) schreiten am Verfassungstag 1923 (11. August) auf dem Platz vor dem Reichstag eine Ehrenkompanie der Reichswehr ab (Ullstein-Bilderdienst).

1. Auflage Druck 8 7 6 Jahr 98

Alle Drucke dieser Auflage können im Unterricht nebeneinander verwendet werden.



Satz: R. Hurler GmbH, Notzingen
Druck: Saladruck, Berlin

ISBN 3-454-59680-7

Bestellnummer 596807

gedruckt auf säurefreiem Papier, umweltschonend hergestellt aus chlorfrei gebleichten Faserstoffen

**Karten:** Günter Wiesler, Riding
**Grafiken:** Annette Pflügner, Mörfelden-Walldorf (außer 29)
**Bildquellen:**
Archiv für Kunst und Geschichte, Berlin 82 o – Archiv für Kunst und Geschichte, Berlin/Fam. Schlemmer, Nachlaß Oskar Schlemmer, Badenweiler 81 ul – Archiv für Kunst und Geschichte, Berlin/Otto-Dix-Stiftung, Vaduz 81 or – Bildarchiv Preußischer Kulturbesitz, Berlin 81 ur – Bundesarchiv Koblenz 28, 54, 86, ol – Deutsche Presse-agentur, Frankfurt/M. 70 – Deutsches Institut für Filmkunde, Frankfurt/M. 83, 84 – Hessisches Landesmuseum, Darmstadt 25 o, ul, 26 – Schmidt-Zahlenbilder, Berlin 29 – Ullstein-Bilderdienst, Berlin 12, 55, 85, 86 or – VG Bild-Kunst, Bonn 81 ol, ur.

# 1. DEMOKRATISCHES DENKEN UND GESELLSCHAFTLICHE STRUKTUREN IN DEUTSCHLAND

Demokratische Traditionen in der deutschen Geschichte fanden ihren Niederschlag in der Revolution von 1848. Die Frankfurter Paulskirchenverfassung von 1849 wirkte als Zeugnis für die Umsetzung demokratischer, politischer Ideen in Rechtsnormen bis in die Gegenwart fort. Neben dem Streben nach Selbstbestimmung und politischer Freiheit kämpfte das Bürgertum in der Revolution auch um die deutsche Einheit.
In der Auseinandersetzung mit solchen Fragen entfalteten sich die großen politischen Strömungen in Deutschland. Die Weimarer Republik griff die Paulskirchenverfassung von 1849 wieder auf und versuchte seine Grundgedanken zu verwirklichen.

## 1.1 Bürgerliche Freiheit und nationale Einheit

Die Paulskirchenverfassung trachtete, das Streben des Bürgertums nach Rechtssicherheit und politischer Handlungsfreiheit zu verwirklichen. Die philosophisch-politischen Ideen vor allem der Aufklärung waren in dem Dokument vorbildlich in Rechtsnormen umgesetzt, an denen alle folgenden Verfassungen in Deutschland – auch die des Kaiserreichs von 1871 – nicht vorbeigehen konnten. Der Katalog der Grundrechte enthielt alle Rechtsgarantien für die Stellung des Einzelnen im Staate, vor allem die unumstößliche Gewährleistung seiner Freiheitsrechte.
Zwar wurden nach dem Scheitern der Revolution von 1848 in deutschen Ländern Verfassungen erlassen, aber die Prinzipien politischer Freiheit und Gleichheit des Bürgers wurden damit nicht verwirklicht. Man erkannte an, daß Wahlen allgemein, frei und geheim sein sollten; aber das gleiche Wahlrecht und damit die Anwendung des Mehrheitsprinzips auf den Wahlvorgang wurde nicht zugestanden.
Die Reichsgründung 1871 verwirklichte den Wunsch nach einem deutschen Nationalstaat nur zum Teil, da nicht alle Menschen, die sich nach Sprache, Kultur oder Geschichte einer deutschen Nation zugehörig fühlten, auch in einem gemeinsamen Staat vereint wurden. Die 1871 verwirklichte kleindeutsche Lösung schloß Österreich aus. Andererseits umfaßte der neue Staat dänische und polnische Minderheiten und das Reichsland Elsaß-Lothringen, dessen – überwiegend deutschsprachige – Bevölkerung sich mehrheitlich nie zur deutschen Nation als Willensgemeinschaft bekannte. Abgesehen von Elsaß-Lothringen wirkt das Raumbild des 1871 geschaffenen deutschen Nationalstaates bis heute nach; die Bevölkerung identifizierte sich mit diesem Staat.
Das Deutsche Reich war ein Bundesstaat aus 25 Ländern und Elsaß-Lothringen. Die Souveränität lag bei den 22 verbündeten Monarchen und den Senaten der drei freien Reichsstädte Hamburg, Bremen und Lübeck. Die einzelnen Länderregierungen beschickten das wichtigste Staatsorgan, den Bundesrat, der die Gesetzgebung zusammen mit dem Reichstag ausübte. Im Konfliktfalle konnte der Gesandtenkongreß der Fürsten und Senate jeden Mehrheitsbeschluß des Reichstags unwirksam machen und somit dieses nach allgemeinem Wahlrecht (für Männer) gewählte Gremium überstimmen.
Der Kaiser war im völkerrechtlichen Sinne souverän. Der Reichskanzler konnte nicht durch ein Mißtrauensvotum des Reichstags gestürzt werden; der Wechsel des Kanzlers hing allein von der

Entscheidung des Kaisers ab. Zunächst gab es keine Reichsregierung, keine Reichsministerien, vielmehr wurde die Reichsverwaltung erst allmählich aufgebaut. Den diplomatischen Geschäftsverkehr bearbeitete das Auswärtige Amt, das frühere preußische Außenministerium. Neben dem zunächst für die gesamte innere Verwaltung zuständigen Reichskanzler wurden dann 1878 mehrere Reichsämter geschaffen: die Ressorts Inneres, Justiz, Schatzamt, Post und Eisenbahn. Diese Ämter wurden von Staatssekretären geleitet, die jedoch dem Reichskanzler weisungsgebunden unterstanden, keine Regierung bildeten und auch nicht zu gemeinsamen Sitzungen zusammentraten.

Innerhalb des Bundesstaates nahm Preußen eine hegemoniale Stellung ein. Es verfügte über fast zwei Drittel des Reichsgebietes und drei Fünftel der Bevölkerung. Sein politisches Übergewicht zeigte sich darin, daß der Kaiser zugleich König von Preußen war; der Reichskanzler war – abgesehen von zwei kurzen Unterbrechungen – gleichzeitig preußischer Ministerpräsident. Häufig hatten die Staatssekretäre des Reiches Stimme und Sitz im preußischen Staatsministerium.

Im Bundesrat entfielen 17 von 58 Stimmen auf Preußen, das damit Verfassungsänderungen verhindern konnte. Über eine solche Sperrminorität verfügten auch die Mittelstaaten Bayern, Sachsen, Baden und Württemberg, wenn drei von ihnen Änderungsanträge ablehnten. Ferner

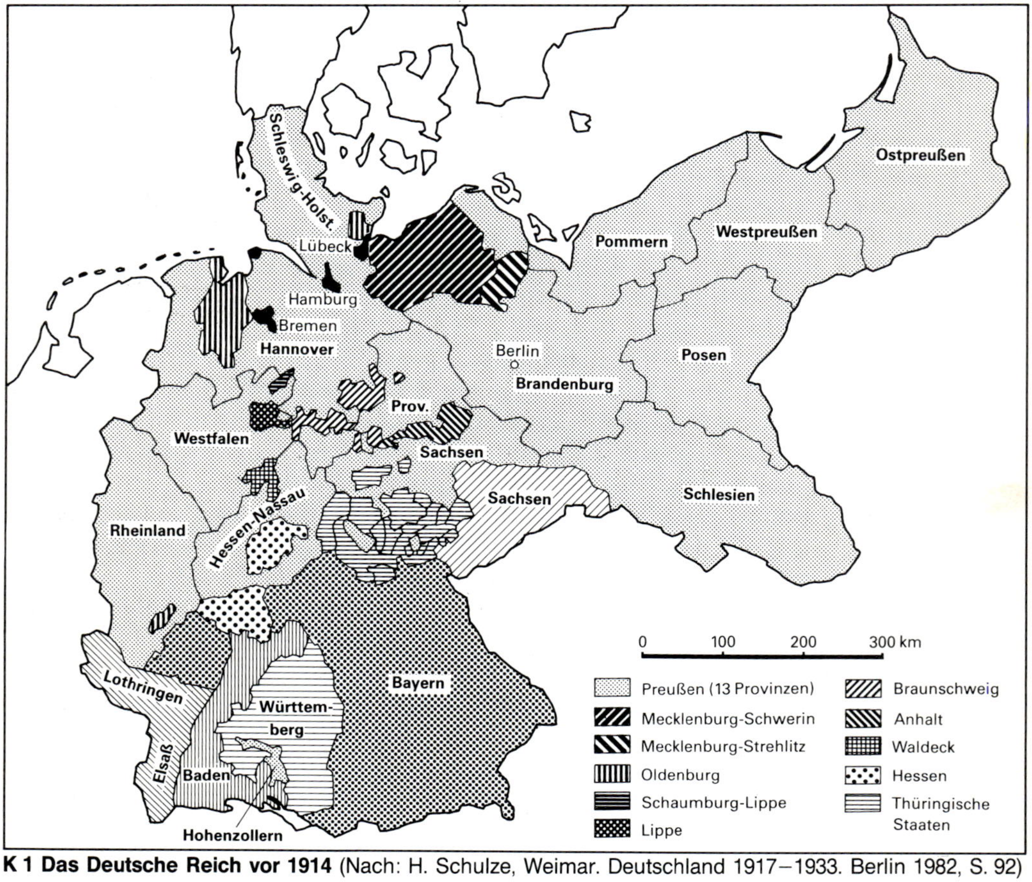


**K 1 Das Deutsche Reich vor 1914** (Nach: H. Schulze, Weimar. Deutschland 1917–1933. Berlin 1982, S. 92)

hatte der preußische Ministerpräsident das Präsidium des Bundesrates inne. Damit konnte er Änderungen von Gesetzen zum Militärwesen, Zollwesen und zu einigen indirekten Steuern (auf Salz, Branntwein u. a.) verhindern, weil das Präsidium hier bei Meinungsverschiedenheiten ein Vetorecht hatte. Elsaß-Lothringen war im Bundesrat nur mit beratender Stimme vertreten.
Die Reichsverfassung von 1871 war eine Mischverfassung, in der das monarchische Element (Stellung der Fürsten; Abhängigkeit der „Regierung" vom Kaiser) gegenüber den demokratischen Elementen (freie, gleiche, geheime und direkte Wahl der Reichstagsabgeordneten; Budget- und Gesetzgebungskompetenz des Reichstags) das Übergewicht hatte. Sie bestand ohne wesentliche Änderungen bis 1918.
Viele Verfassungsprobleme blieben ungelöst, so z. B. das Verhältnis von politischer und militärischer Führung, die Verteilung politischer Macht zwischen Monarch und Volksvertretung, das Verhältnis von Nationalstaat und nationalen Minderheiten. Der ausgeprägt föderalistische Charakter des Bundesstaates ließ das Eigenleben der Länder weitgehend unangetastet. Diese behielten nicht nur – historisch bedingt – unterschiedliche Verfassungen, sondern praktizierten auch ein unterschiedliches Wahlrecht, so z. B. das Drei-Klassen-Wahlrecht in Preußen.

## 1.2 Politische Strömungen und Parteien

Die Ursprünge der deutschen Parteien sind eng verbunden mit dem Kampf um die Schaffung konstitutioneller Ordnungen und parlamentarischer Vertretungen in den einzelnen deutschen Staaten. Die Paulskirchenversammlung führte zu ersten Parteigruppierungen, die jedoch zunächst nur durch die Opposition verschiedener liberaler, bürgerlicher Kräfte gegen die bestehenden Verhältnisse gekennzeichnet waren. Die liberalen Gegner der absoluten Monarchie, die in der Paulskirche vertreten waren, beriefen sich auf die Aufklärung und die Französische Revolution, auf Persönlichkeiten wie Lessing oder Kant. Auf der anderen Seite fanden sich die konservativen Verteidiger von Thron und Altar, die an politische Vorstellungen der Romantik, der Restaurationszeit und des Pietismus anknüpften. Neben den liberalen und den konservativen Strömungen trat bereits im Vormärz der kirchliche Interessen und Privilegien verteidigende politische Katholizismus in den süddeutschen Landtagen vor allem gegen Säkularisierung und Trennung von Kirche und Staat auf. Nach der Reichsgründung sammelte er sich im Zentrum. Die vierte politische Grundströmung in Deutschland, der Sozialismus, der sich als politische Lehre mit der industriellen Produktion und gegen kapitalistisches Wirtschaftsdenken entwickelte, reichte ebenfalls auf die Zeit vor 1848 zurück.
Erst allmählich organisierten sich die politischen Strömungen in Parteien. Zwar schlossen sich in den siebziger Jahren die verschiedenen Parteien in den einzelnen Staaten auf Reichsebene zusammen, sie blieben aber – abgesehen von der SPD – bis Ende der achziger Jahre weitgehend Honoratiorenvereinigungen, die außerhalb der Parlamente nur als lokale Wahlkomitees in Erscheinung traten. Das Interesse der Bürger am Parlament und an den Parteien war zunächst noch gering; die Wahlbeteiligung stieg von 50% 1871 auf etwa 60% 1884. Mit dem Aufbau von Parteiorganisationen und steigendem Einfluß wirtschaftlicher und sozialer Interessenverbände auf die Parteien ging eine zunehmende Politisierung des Volkes einher. Die Wahlbeteiligung erreichte 1887 bereits 77% und 1912 mehr als 84%. Obwohl die liberalen Gruppierungen keine Massenbasis gewinnen konnten und sich mehrfach spalteten, stellten die Nationalliberalen in den siebziger Jahren die Reichstagsmehrheit. Weite Kreise des Bürgertums sahen in der Reichsgründung einen Erfolg der liberalen Nationalstaatsidee.

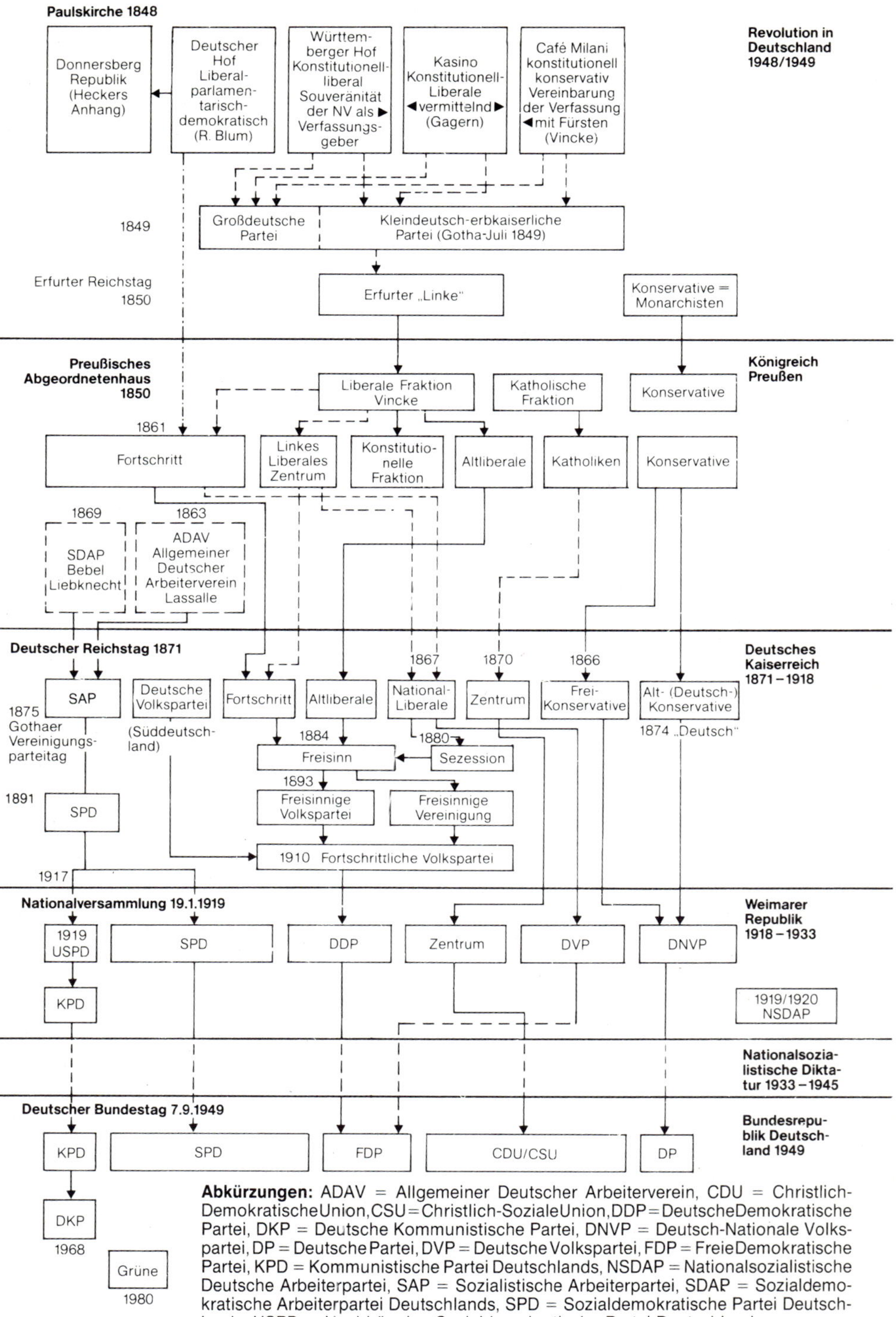


**Abkürzungen:** ADAV = Allgemeiner Deutscher Arbeiterverein, CDU = Christlich-Demokratische Union, CSU = Christlich-Soziale Union, DDP = Deutsche Demokratische Partei, DKP = Deutsche Kommunistische Partei, DNVP = Deutsch-Nationale Volkspartei, DP = Deutsche Partei, DVP = Deutsche Volkspartei, FDP = Freie Demokratische Partei, KPD = Kommunistische Partei Deutschlands, NSDAP = Nationalsozialistische Deutsche Arbeiterpartei, SAP = Sozialistische Arbeiterpartei, SDAP = Sozialdemokratische Arbeiterpartei Deutschlands, SPD = Sozialdemokratische Partei Deutschlands, USPD = Unabhängige Sozialdemokratische Partei Deutschlands.

**B 1 Entwicklung der deutschen Parteien** (Nach: W. Jung, Grundbegriffe aus Politik, Gesellschaft, Wirtschaft. Ffm. [5]1987, S. 206)

Die Nationalliberalen traten für eine Großmachtpolitik ein. Nach der Abspaltung ihres linken Flügels 1880 näherten sie sich den Konservativen, mit denen sie in der Verteidigung der bestehenden politischen Ordnung gegen die Arbeiterbewegung und gegen Bestrebungen der Linksliberalen, die Verfassung zu reformieren, übereinstimmten. Außenpolitisch unterstützten die Nationalliberalen eine imperialistische Politik; wirtschaftspolitisch vertraten sie die Interessen der Industrie. Die Linksliberalen – seit 1910 zur Fortschrittlichen Volkspartei zusammengeschlossen – betrieben bis wenige Jahre vor dem Ersten Weltkrieg eine strikte Oppositionspolitik. Sie traten für mehr innerstaatliche Freiheit und für die Parlamentarisierung ein und wandten sich gegen jede staatliche Lenkung der Wirtschaft. Statt staatlicher Fürsorgepolitik wollten die Linksliberalen die soziale Frage durch größere Freiheit und Rechte der Arbeiter (verbessertes Wahl- und Koalitionsrecht) entschärfen.
Die konservativen Strömungen erweiterten im ausgehenden 19. Jahrhundert ihre Basis über die traditionelle aristokratische und feudale Anhängerschaft hinaus. Aber das konservative Gedankengut ging nicht wesentlich über seine großen Denker hinaus, die ihre Positionen um 1800 in der Auseinandersetzung mit der Französischen Revolution geprägt hatten. Neben der Verteidigung der Monarchie verband nahezu alle Konservativen die Kritik an den Forderungen nach einer liberalen Gesellschaft und einem liberalen Staat mit einer parlamentarischen Verfassung. Die Konservativen paßten sich geschichtlichen Entwicklungen an. Dies zeigte sich bei den preußisch-deutschen Konservativen in der positiven Hinwendung zum deutschen Nationalstaat. Die 1876 neu gegründete Deutsch-Konservative Partei vertrat einen preußisch-monarchischen Nationalgedanken und wurde gegen Ende des Jahrhunderts zur agrarischen Interessenvertretung. Sie sah in dem allgemeinen Wahlrecht bei Reichstagswahlen eine verhängnisvolle Konzession an den Liberalismus und verteidigte das preußische Klassenwahlrecht. Der Arbeiterbewegung und verfassungspolitischen Reformen trat sie abwehrend entgegen. Im Konservatismus, der die bestehende Staatsmacht mit ihren stets wachsenden bürokratischen und militärischen Elementen förderte, konnte imperialistisches Machtstreben einen fruchtbaren Boden finden.
Im Jahr 1870 schlossen sich die katholischen Abgeordneten des preußischen Abgeordnetenhauses zu einer neuen Partei auf konfessioneller Grundlage zusammen, dem Zentrum (Deutsche Zentrumspartei). Wesentliches Motiv dieses Zusammenschlusses war es, dem katholischen Bevölkerungsanteil in dem unter Führung eines protestantischen Fürstenhauses entstehenden kleindeutschen Nationalstaat eine starke Interessenvertretung zu schaffen. Diese Partei unterschied sich von anderen dadurch, daß sie nicht an bestimmte Gesellschaftsschichten gebunden war, sondern ihre Anhänger unter den Katholiken in allen sozialen Gruppen fand. Die konfessionelle Bindung wurde durch den Kulturkampf (1871–1876) vertieft, mit dem Bismarck versucht hatte, dem Zentrum seinen geistigen Rückhalt zu entziehen. Bis zum Beginn der neunziger Jahre blieb das Zentrum eine Honoratiorenpartei unter aristokratisch-großbürgerlicher Führung. Der linke Flügel, der die Arbeiterschaft politisch und sozial eingliedern und die Verfassung parlamentarisieren wollte, konnte erst vor dem Ersten Weltkrieg die Politik des Zentrums bestimmen.
Der Sozialismus konnte sich in Deutschland früher als in anderen Industriestaaten in einer festgefügten Partei organisieren. Das theoretische Gerüst, das Karl Marx und Friedrich Engels bis etwa 1870 entwickelt hatten und das bis in die neunziger Jahre ausgebaut wurde, erleichterte dies. Ziel sozialistischer Parteien ist es, alle Menschen von Bevormundung und Unterdrückung zu befreien und eine klassenlose Gesellschaft als Idealzustand zu erreichen. Kontroversen innerhalb der sozialistischen Richtungen bestanden und bestehen weiterhin hinsichtlich des Weges, der zur Erreichung des Ideals eingeschlagen werden soll. Karl Marx und Friedrich Engels waren der Auffassung, daß die klassenlose kommunistische Gesellschaft über eine Revolution zu verwirklichen sei. Der „demokratische Sozialismus" fragt hingegen nach den Möglichkeiten einer friedlichen Verwirklichung der gemeinsamen Ziele.

Der Allgemeine Deutsche Arbeiterverein, 1863 von Ferdinand Lassalle gegründet, wollte den Sozialismus auf evolutionärem Weg erreichen. Allgemeines, gleiches Wahlrecht sollte innerhalb der bestehenden monarchischen Staatsordnung verwirklicht und die Gesellschaft allmählich über die Gesetzgebung umgewandelt werden. 1869 gründeten August Bebel und Wilhelm Liebknecht die Sozialdemokratische Arbeiterpartei. Die beiden sozialistischen Parteien vereinigten sich 1875 in Gotha zur Sozialistischen Arbeiterpartei Deutschlands – seit 1890 Sozialdemokratische Partei Deutschlands. Die neue Partei übernahm zwar die kritische Gesellschaftsanalyse von Marx, stellte aber überwiegend Forderungen im Sinne von Lassalle auf.
Bismarcks Sozialistengesetz verbot sozialistische Organisationen von 1878 bis 1890. Die illegal weiterarbeitende Sozialdemokratie konnte – nach anfänglichen Schwierigkeiten – dennoch ihren politischen Einfluß vergrößern.
In den neunziger Jahren gab es in der SPD eine Strömung, die eine Abkehr von revolutionärer Politik forderte, für schrittweise friedliche Reformen des Gesellschafts- und Wirtschaftssystems und schließlich für eine kritische Überprüfung, eine „Revision", bestimmter marxistischer Teile des Parteiprogramms eintrat. Wichtigster Vertreter dieser Strömung war Eduard Bernstein. Sein Widerpart im sogenannten Revisionismusstreit war Karl Kautsky, der einen orthodoxen, revolutionären Marxismus vertrat. Langfristig entschied sich die Mehrheit der Sozialisten für den Weg Bernsteins. Die SPD wurde zur Massenpartei, erreichte 1898 über 27% der Stimmen und stellte 1912 die stärkste Reichstagsfraktion.

## 1.3 Gesellschaftliche Strukturen

Unter der fortschreitenden Industrialisierung veränderte sich seit der Mitte des 19. Jahrhunderts die gesellschaftliche Gliederung in Deutschland. Die große Binnenwanderung von Ost nach West führte zum Zustrom von Hunderttausenden Polen und Masuren vor allem ins Ruhrgebiet. Das starke wirtschaftliche Wachstum der neuen Industriezentren beschleunigte die Verstädterung und die Ausbildung von Ballungsräumen.
Nach der Stellung im Beruf nahm der Anteil der Selbständigen stark ab, während Lohnarbeiter und Angestellte zunahmen. 1907 waren bereits 60% der Arbeitskräfte in die Industrie eingebunden. Neben der räumlichen und der beruflichen Mobilität wuchs auch die Fluktuation auf dem Arbeitsmarkt. 1910 wechselten etwa fünf Millionen gewerblicher Arbeiter und Dienstboten jährlich einmal den Arbeitsplatz. In der Zeit des industriellen Aufbaus bis zum Ersten Weltkrieg gab es kaum Arbeitslose.
Nach den Kriterien Vermögen, Einkommen und soziale Stellung schätzte der Nationalökonom Gustav Schmoller um die Jahrhundertwende die 12 Millionen Familienhaushalte im Reich zu 0,25 Millionen als adlige und bürgerliche Oberschicht, zu 2,75 als oberen und zu 3,75 als unteren Mittelstand sowie zu 5,25 Millionen als Unterschicht ein.
Die Reformen zu Beginn des 19. Jahrhunderts hatten die starre ständische Gesellschaft durch eine Ordnung abgelöst, in der Besitz zum ausschlaggebenden Kriterium wurde. Nach wie vor zählte der ländliche Großgrundbesitzer zur Elite. Er war jedoch nicht mehr identisch mit dem Landadel. Elemente der alten ständischen Ordnung zeigten sich in teils rechtlichen, teils faktischen Privilegien des Adels bei der Bestellung der Ersten Kammer einzelner Landtage oder in der Sicherung des adligen Besitzes als Fideikommiß, d. h. als unveräußerliches, unverpfändbares und unteilbares Erbgut. Faktisch blieben dem Adel Führungspositionen in Verwaltung und Politik vorbehalten. Obwohl hohe Beamtenstellen im modernen Verwaltungsstaat auch Bürgerlichen offenstanden, blieben vor allem die Ministerpräsidenten in den meisten Ländern, die bedeutend-

sten diplomatischen Stellen und die leitenden Verwaltungsposten in Preußen mit Ausnahme der Justiz eine Domäne des Adels. Beim Militär stellten nach dem Ausbau der Offiziersstellen – seit 1860 – Bürgerliche zwar 80% der Offiziere im Reich (1913), aber die Generalität bestand noch immer überwiegend aus Adligen.
Das industrielle Großbürgertum sonderte sich vom übrigen Bürgertum ab und übernahm aristokratische Lebensformen: Villa bzw. ländlicher Herrensitz, Berufswahl des Offiziers, Streben nach Nobilität, Orden und Titeln. Großbürgertum und Adel verband das politische Interesse, die bestehende Staats- und Gesellschaftsordnung gegen die Arbeiterbewegung zu verteidigen. In geringem Umfange feudalisierte auch das Bildungsbürgertum. Man strebte den Rang des Reserveoffiziers an, da er zu gesellschaftlichem Ansehen verhalf. Militärische Wertvorstellungen drangen so in diese Schichten ein.
Das mittelständische Kleingewerbe und Handwerk konnte trotz Gewerbefreiheit und fortschreitender Industrialisierung seine wirtschaftliche und soziale Selbständigkeit behaupten. Zwar wurden einige Handwerkszweige durch neue Industrien eingeengt – so in der Bekleidungs- und Nahrungsmittelherstellung –, aber gleichzeitig eröffneten sich neue Tätigkeitsfelder. Gegen Ende des 19. Jahrhunderts entwickelte sich daneben als neuer Mittelstand die Gruppe der Angestellten. Während noch 1870 auf 30 Arbeiter ein Angestellter kam, verschob sich das Verhältnis bis 1914 bereits auf 9 zu 1. Die Angestellten richteten sich in ihrem Verhalten und in ihrem sozialen Selbstverständnis nach dem kleineren und mittleren Bürgertum. Sie bildeten eigene Gewerkschaften und besaßen seit 1912 eine eigene Angestelltenversicherung.
Die großen Besitzunterschiede in der bäuerlichen Bevölkerung blieben weiter bestehen. Kleinbetriebe bis zu 5 ha Nutzfläche verfügten 1882 über 15,7% der Gesamtfläche, umfaßten aber 76,6% der Landwirte. 29,8% der landwirtschaftlichen Fläche entfielen auf die 17,6% Mittelbauern mit Betriebsgrößen von 5–20 ha. Die 5,3% Großbauern mit Betriebsgrößen von 20–100 ha verfügten über 30,1% des Bodens. Die restliche Nutzfläche, fast ein Viertel, war Gutsbesitz.
Zur zahlenmäßig stärksten Gruppe entwickelte sich im Kaiserreich die Arbeiterschaft. Entgegen der Verelendungstheorie von Karl Marx hatte sich ihre wirtschaftliche Lage verbessert; die Nominallöhne stiegen bis 1913 auf den doppelten Stand von 1871 und die Reallöhne im gleichen Zeitraum um etwa 50%. Es blieben jedoch wichtige soziale und politische Probleme ungelöst: die soziale Freiheit (Koalitionsrecht), die politische Chancengleichheit (Abschaffung des Klassenwahlrechts in Gemeinden und in einigen Ländern) und die Sicherung gegen Arbeitslosigkeit (Arbeitslosenversicherung).
Die staatlichen Sozialgesetze waren im Vergleich zu den westlichen Demokratien vorbildlich. Nach dem Krankenversicherungsgesetz von 1883 bestand bis zu bestimmten Einkommensgrenzen eine Pflichtversicherung, deren Kosten durch Beiträge der Arbeitnehmer und Arbeitgeber gedeckt wurden. Die Krankenversicherungen wurden paritätisch von Unternehmern und Arbeitnehmern verwaltet. Das Unfallversicherungsgesetz von 1884 schuf eine Haftpflichtversicherung, die Arbeitern und kleinen Angestellten Versicherungsschutz bei Betriebsunfällen bot. Träger dieser Versicherung wurden korporative Berufsgenossenschaften. Mit diesen Maßnahmen war ein Ausbau der Krankenversicherung verbunden. 1889 wurde das Gesetz über die Invaliditäts- und Altersversicherung verabschiedet, womit alle Arbeitnehmer über 16 Jahre bis zu einer bestimmten Einkommensgrenze pflichtversichert wurden. Diese Versicherung wurde finanziell und organisatorisch von Unternehmern und Arbeitern gleichermaßen getragen, allerdings beteiligte sich das Reich in Form eines Zuschusses. Alle diese Sozialversicherungen waren Selbstverwaltungskörperschaften, d. h. unter anderem, daß der Staat nur die Rechtmäßigkeit dieser Institutionen überwachte, nicht ihren Zweck.
Im Gefolge der Industrialisierung veränderte sich die Struktur von Handwerksbetrieben und Unternehmen. Die Unternehmensformen wurden vielfältiger und infolge technischer Innovatio-

nen, Konzentration, Rationalisierung und Bürokratisierung komplexer. Die Zahl der Gewerbebetriebe mit bis zu fünf Beschäftigten im Handwerk blieb zwischen 1882 und 1907 etwa gleich. Die Zahl der Mittelbetriebe mit 11–50 Beschäftigten und der Großbetriebe stieg jeweils auf über das Dreifache. Überwiegend entstanden diese Unternehmen aus mittelständischen Familien in Handwerk und Handel. Der Schritt vom Familienbetrieb zur Gesellschaftsorganisation – so der Aktiengesellschaft – wurde überwiegend in der Eisen- und Stahl-, der chemischen und der elektrotechnischen Industrie vollzogen (Hoesch, AEG, BASF, Bayer, Siemens). Daneben stiegen vor allem an der Ruhr Einzelunternehmer in der Schwerindustrie auf, wie Alfred Krupp und August Thyssen.

Im Handelsgewerbe und Bankwesen war ebenfalls die Tendenz zur Betriebsvergrößerung und zur Konzentration festzustellen. Viele der alten Privatbanken – Bethmann, Oppenheim, Trinkaus u. a. – wurden im Umfang der Geschäfte von den Aktienbanken überholt. Die Ladengeschäfte des Einzelhandels spezialisierten sich. Der Anteil der Warenhäuser blieb jedoch bis zum Ersten Weltkrieg relativ gering.

Dieser Differenzierungsprozeß zog die Bildung von Interessenverbänden im letzten Drittel des Jahrhunderts nach sich. 1876 wurde der Centralverband Deutscher Industrieller und 1895 der Bund der Industriellen gegründet. Bei der Organisation der Arbeitnehmer war von Anfang an die Tendenz zu Richtungsgewerkschaften festzustellen. Die sozialistische Freie Gewerkschaft wurde unter Carl Legien zur stärksten Organisation in Europa vor 1914. Die liberalen Hirsch-Dunkerschen Gewerkvereine besaßen hingegen nur wenig Anziehungskraft. 1895 entstanden christliche Gewerkschaften mit Unterstützung des Zentrums. Die Interessenverbände in der Landwirtschaft reichten von konfessionell gebundenen katholischen Bauernvereinen über eine Vertretung ostdeutscher Großgrundbesitzer bis zu liberalen Bauernvereinen. Die katholischen Bauernverbände wirkten in das Zentrum hinein; die ostdeutschen Großagrarier konnten ihre wirtschaftspolitischen Vorstellungen in die Deutschkonservative Partei einbringen (siehe auch Kap. 3.2).

Das Schulsystem konnte den Anforderungen der industrialisierten Gesellschaft genügen. In den Volksschulen wurden die grundlegenden Kenntnisse und Arbeitsdisziplinen vermittelt, die für die industrielle Arbeitswelt benötigt wurden. Der Anteil der Volksschüler an den Schulpflichtigen lag bis zum Ersten Weltkrieg durchweg um 92%. Jedoch verbesserte sich das Bildungsniveau: der Anteil der einklassigen Elementarschule ging stark zurück. Gemeindeschulen wurden zu Mittelschulen, die eine Fremdsprache lehrten und über moderne Wirtschaftsverhältnisse unterrichteten. Die Fortbildung der schulentlassenen Jugendlichen übernahmen Berufsschulen, die sich aus den alten Sonntagsschulen entwickelt hatten. Die höheren Schulen und Fach- und Hochschulen erfüllten ihre Aufgaben der Allgemein- und Berufsbildung in der Tradition der klassischen Bildung und in Anpassung an die zeitgemäßen Bedürfnisse.

### Probleme und Diskussion

**1** *Diskutieren Sie, inwiefern bürgerliche Freiheit und nationale Einheit miteinander verbunden sind bzw. einen wichtigen Einfluß auf die deutsche Geschichte im 19. Jahrhundert ausgeübt haben.*

**2** *In dem Kapitel werden Traditionen demokratischen Denkens angesprochen. Was versteht man darunter?*

**3** *Skizzieren Sie die großen politischen Strömungen in Deutschland im 19. Jahrhundert.*

**4** *Welche wichtigen Fragen, die in der deutschen Geschichte des 19. Jahrhunderts häufig auftauchen, wurden mit der Reichsgründung zu lösen versucht?*

**5** *Untersuchen Sie, inwiefern gesellschaftliche Strukturen in Deutschland in der 2. Hälfte des 19. Jahrhunderts durch die Industrialisierung verändert wurden.*

**6** *Stellen Sie in einer Tabelle zusammen, welche Merkmale die soziale Stellung der verschiedenen Schichten oder Gruppen der Gesellschaft gegen Ende des 19. Jahrhunderts bestimmten.*

**7** *Im Text ist ausgesagt, daß die staatliche Sozialgesetzgebung auch im Vergleich zu den westlichen Demokratien vorbildlich war. Prüfen Sie die These, und nehmen Sie Stellung dazu.*

# 2. DIE WEIMARER REPUBLIK – EIN ERGEBNIS REVOLUTIONÄRER UMGESTALTUNG?

Die sozialen Probleme und innenpolitischen Spannungsfelder wurden mit dem Ausbruch des Ersten Weltkrieges von der „nationalen Pflicht“ überdeckt. Auch die Mehrheitsparteien im deutschen Reichstag – Sozialdemokraten, Zentrum und Fortschrittliche Volkspartei – stimmten 1914 den Kriegskrediten zu. Diese Haltung der Parteien entsprach der gefühlsmäßigen Identifikation aller Bevölkerungsschichten mit dem Vaterland zu Kriegsbeginn. Die Begeisterung für den Krieg war in den für alle Seiten unerwartet harten Kämpfen bald abgeklungen, und 1917 setzte eine deutliche Kriegsmüdigkeit ein.

## 2.1 Innen- und außenpolitische Ursachen der Revolution

Die Ernährungslage verschlechterte sich 1917 trotz scharfer Rationierung rasch. Im April des Jahres legten Rüstungsarbeiter aus Protest gegen den Hunger erstmals ihre Arbeit nieder. Es verstärkte sich in der Bevölkerung der Ruf nach baldigem Friedensschluß.
Die Wirtschaftslage verschlechterte sich vor allem, weil die Blockade der Alliierten wirksam war, die auch massiven Druck auf die neutralen Länder – Schweiz, Holland, Dänemark – ausübte, um jeden Handel zu Wasser und zu Lande mit Deutschland zu unterbinden. Die deutsche Marine beherrschte zwar die Ostsee und sicherte die Erzzufuhr aus Skandinavien, blieb aber in der Nordsee eingeschnürt und in Übersee der großen Übermacht der Alliierten unterlegen. Deutschland erklärte ab Februar 1917 den uneingeschränkten U-Boot-Krieg gegen die englische Blockade. Dies führte dazu, daß ohne Vorwarnung Handelsschiffe auch neutraler Staaten versenkt wurden. Letztlich war dieser Schritt verantwortlich für den Kriegseintritt der Vereinigten Staaten im April 1917. Die Truppenkontingente aus den USA stärkten die Kampfkraft der Alliierten entscheidend.
Aber auch das innenpolitische Klima verschlechterte sich im Frühjahr 1917. Die Mehrheitsparteien begannen sich von der Kriegszielpolitik zu distanzieren. Besonders schwierig wurde die Situation für die Sozialdemokraten; denn einerseits war mit der russischen Revolution im Februar 1917 ein wichtiges Ziel der sozialistischen Bewegung, den Zarismus abzuwehren, erreicht, andererseits zerbrach die Partei an der internen Auseinandersetzung über die Kriegsziele. Auf dem linken Flügel der SPD hatte eine kleine Gruppe unter der Führung von Rosa Luxemburg, Karl Liebknecht und Clara Zetkin den Krieg als verderblich für die Arbeiterklasse abgelehnt. Die Mehrheit auf der Linken um Kautsky, Haase und Bernstein verband eine pazifistische Grundhaltung; diese Richtung sah die Notwendigkeit der Landesverteidigung zwar ein, bezweifelte aber, daß – angesichts der auf Annexionen und Ausbau der Machtpolitik ausgerichteten Kriegsziele Deutschlands – die Tatsache eines Verteidigungskrieges gegeben sei. Anfang April 1917 gründeten die Gruppen auf dem linken Flügel der SPD die Unabhängige Sozialdemokratische Partei Deutschlands (USPD). Die sozialdemokratische Reichstagsfraktion forderte vor der Zustimmung zur Bewilligung neuer Kriegskredite im Juli 1917, daß Maßnahmen zur Parlamentarisierung und Demokratisierung des Reichs und Preußens eingeleitet werden müßten.

**B 2 9. November 1918 Berlin, Unter den Linden**

Auch die Parteiführungen von Zentrum und beiden liberalen Parteien distanzierten sich von der offiziellen Kriegszielpolitik. Vor allem der Zentrumsabgeordnete Matthias Erzberger setzte sich dafür ein, daß seine Fraktion sich auf einen baldigen Verständigungsfrieden festlegte.
Neben Zentrum und Mehrheits-Sozialdemokratie (MSPD) unterstützten auch die Nationalliberalen unter Gustav Stresemann und die linksliberale Fortschrittliche Volkspartei in einer gemeinsamen Resolution am 19. Juli 1917 einen Verständigungsfrieden (T 1).
Um die gemeinsame Willensbildung weiterzuentwickeln, entstand auf Betreiben von zwei Abgeordneten der Fortschrittlichen Volkspartei der „Interfraktionelle Ausschuß", an dem sich zunächst auch die Nationalliberalen beteiligten. Zur Durchsetzung ihrer Forderungen wollte die Reichstagsmehrheit ihr Budgetrecht nutzen.
Dieser Vorgang war neu und umwälzend für das Selbstverständnis des Parlaments in Deutschland. Bereits die Tatsache, daß die Mehrheitsparteien im Reichstag gemeinsam handelten, war ein Schritt in Richtung auf ein demokratisches Regierungssystem mit einem verantwortlichen Parlament. In der Notsituation des Jahres 1917 konnte die Reichsleitung auf die Einsetzung des Interfraktionellen Ausschusses nicht mit einem Verfassungskonflikt antworten, indem sie etwa den Reichstag entließ. Die parlamentarischen Bündnispartner konnten zunächst jedoch nur geringe Erfolge verbuchen; sie wurden an der Regierung Michaelis beteiligt, indem Mehrheits-Sozialdemokraten zu Staats- und Unterstaatssekretären ernannt wurden. Am politischen System änderte sich jedoch nichts, zumal der Interfraktionelle Ausschuß selten handlungsfähig war.

Die innenpolitische Krise 1917 hatte zur Folge, daß die Oberste Heeresleitung unter der Führung von Hindenburg und Ludendorff das politische Handeln an sich riß und ab Mitte 1917 eine antiparlamentarische Militärdiktatur ausübte. Nachdem die Märzoffensive 1918 fehlgeschlagen war, mußte der Krieg als verloren gelten. Der zunehmende Einsatz amerikanischer Divisionen mußte den Zusammenbruch der ausgebluteten deutschen Truppen herbeiführen; im August 1918 erzielten die alliierten Truppen tiefe Einbrüche in die deutschen Linien. Ludendorff forderte am 28. September einen sofortigen Waffenstillstand.
Die Chance zu einem Verständigungsfrieden bestand nun nicht mehr. Die Alliierten konnten danach trachten, ihre zum Teil weitreichenden Kriegsziele zu realisieren. England wollte in erster Linie die preußische Militärmacht begrenzt wissen. Obwohl Premierminister Lloyd George die völlige Niederwerfung Deutschlands und die Zerschlagung des preußischen Militärdespotismus als Ziel genannt hatte, wünschte England jedoch keine Gefährdung des europäischen Gleichgewichts durch ein übermächtiges Frankreich. In Frankreich herrschte Einigkeit darin, daß Elsaß-Lothringen zurückgegeben werden sollte. Ministerpräsident Clemenceau schloß sich aber nicht der nationalistischen Rechten und den französischen Militärs (General Foch) an, die forderten, daß der Rhein aus sicherheitspolitischen Erwägungen die Grenze bilden sollte.
Da diese Kriegsziele Englands und Frankreichs auch in Deutschland bekannt waren, berief man sich auf die Vorstellungen des amerikanischen Präsidenten Wilson, daß auf dem Selbstbestimmungsrecht für alle Völker, auf dem Fundament eines Völkerbundes und auf den Grundprinzipien der Demokratie ein Friede ohne Sieger und Besiegte verwirklicht werden sollte (siehe die Vierzehn Punkte, T 2).
Die Parlamentarisierung des Reiches kam schließlich nicht auf Drängen der Mehrheitsparteien des Reichstages, sondern auf Druck der Alliierten zustande. Als die OHL Ende September 1918 einen Waffenstillstand auf der Grundlage der Friedensvorstellungen Wilsons anbot, verband Ludendorff dieses Ansinnen mit einer Regierungsbildung unter maßgeblicher Beteiligung der Mehrheitsparteien. Er ging davon aus, daß nur eine vom Parlament getragene Regierung bei den Alliierten die Legitimation für Friedensverhandlungen besäße. Der erste, dem Parlament verpflichtete Reichskanzler der deutschen Geschichte, Prinz Max von Baden, wurde am 2. Oktober vom Kaiser ernannt. Die OHL hatte damit die Verantwortung auf die Parteien und das Parlament abgeschoben. Die Parlamentarisierung wurde am 28. Oktober im nachhinein durch Änderung der Reichsverfassung legalisiert. Sie wurde ohne eigenverantwortliches Handeln der Parteien durchgeführt; die Oberste Heeresleitung hatte die Parteien gleichsam zur Machtübernahme befohlen.
Nach der Änderung der Reichsverfassung benötigte der Reichskanzler das Vertrauen des Parlaments; er war nun für alle politisch bedeutsamen Handlungen verantwortlich. Der Kaiser wurde zum ausführenden Organ mit eingeschränkten Rechten. Kriegserklärungen oder Friedensschlüsse konnte er nur mit Zustimmung von Reichstag und Bundesrat durchführen. Außerdem wurde das Dreiklassenwahlrecht in Preußen aufgehoben.
Obwohl damit die wesentlichen Punkte Wilsons für einen Friedensschluß erfüllt waren, forderten die USA einen Waffenstillstand, der die Wiederaufnahme der Feindseligkeiten durch Deutschland unmöglich machen sollte, also die bedingungslose Kapitulation. Als Ludendorff daraufhin den Kampf fortsetzen wollte, wurde er als Erster Generalquartiermeister der OHL durch General Wilhelm Groener ersetzt. Dieser Vorgang machte auch nach außen hin sichtbar, daß der autokratische preußische Militärstaat zusammengebrochen war.

**T 1 Die Friedensresolution des Deutschen Reichstags vom 19. Juli 1917**

Wie am 4. August 1914 gilt für das deutsche Volk auch an der Schwelle des vierten Kriegsjahres das Wort der Thronrede: „Uns treibt nicht Eroberungssucht". Zur Verteidigung seiner Freiheit und Selbständigkeit, für die Unversehrtheit seines territorialen Besitzstandes hat Deutschland die Waffen ergriffen. Der Reichstag erstrebt einen Frieden der Verständigung und der dauernden Versöhnung der Völker.

Mit einem solchen Frieden sind erzwungene Gebietserwerbungen und politische, wirtschaftliche oder finanzielle Vergewaltigungen unvereinbar.

Der Reichstag weist auch alle Pläne ab, die auf eine wirtschaftliche Absperrung und Verfeindung der Völker nach dem Kriege ausgehen.

Die Freiheit der Meere muß sichergestellt werden.

Nur der Wirtschaftsfriede wird einem freundschaftlichen Zusammenleben der Völker den Boden bereiten.

Der Reichstag wird die Schaffung internationaler Rechtsorganisationen tatkräftig fördern.

Solange jedoch die feindlichen Regierungen auf einen solchen Frieden nicht eingehen, solange sie Deutschland und seine Verbündeten mit Eroberung und Vergewaltigung bedrohen, wird das deutsche Volk wie ein Mann zusammenstehen, unerschütterlich ausharren und kämpfen, bis sein und seiner Verbündeten Recht auf Leben und Entwicklung gesichert ist.

In seiner Einigkeit ist das deutsche Volk unüberwindlich. Der Reichstag weiß sich darin eins mit den Männern, die in heldenhaftem Kampfe das Vaterland schützen. Der unvergängliche Dank des ganzen Volkes ist ihnen sicher.

(Stenographische Berichte des Reichstags, Bd. 310, S. 3573)

**T 2 Die Vierzehn Punkte Wilsons**

*Der amerikanische Präsident Wilson hatte dieses Programm in einer Botschaft an den amerikanischen Kongreß vom 8. Januar 1918 bekanntgegeben.*

I. Öffentliche Friedensverträge, öffentlich beschlossen, nach denen es keine privaten internationalen Abmachungen irgendwelcher Art geben darf. Vielmehr soll die Diplomatie stets frei und vor aller Öffentlichkeit sich abspielen.

II. Absolute Freiheit der Schiffahrt auf der See außerhalb der territorialen Gewässer sowohl im Frieden wie im Kriege, außer wenn die See ganz oder teilweise auf Grund internationalen Vorgehens zur Erzwingung internationaler Verträge gesperrt wird.

III. Soweit als möglich die Aufhebung sämtlicher wirtschaftlicher Schranken und die Fortsetzung gleichmäßiger Handelsbeziehungen zwischen sämtlichen Nationen, die dem Frieden zustimmen und sich zu seiner Aufrechterhaltung vereinigen.

IV. Angemessene Garantien, gegeben und genommen, daß die nationalen Rüstungen auf den niedrigsten Grad, der mit der inneren Sicherheit vereinbar ist, herabgesetzt werden.

V. Eine freie, offenherzige und absolut unparteiische Ordnung aller kolonialen Ansprüche, gegründet auf strenge Beachtung des Prinzips, daß bei Bestimmungen aller derartigen Fragen der Souveränität das Interesse der betreffenden Bevölkerung gleiches Gewicht haben muß wie die billigen Ansprüche der Regierung, deren Rechtstitel festgesetzt werden soll.

VI. Die Räumung des gesamten russischen Gebietes und eine derartige Erledigung aller Rußland berührenden Fragen, um die beste und freieste Zusammenarbeit der übrigen Nationen der Welt zu sichern zur Erlangung einer ungehemmten und ungeschmälerten Möglichkeit zur unabhängigen Bestimmung ihrer eigenen politischen Entwicklung und nationalen Politik, um in ihnen eine aufrichtige Aufnahme innerhalb der Gesellschaft freier Nationen zu gewährleisten unter Gesetzen ihrer eigenen Wahl, ja über eine freundschaftliche Aufnahme hinaus auch jede Art von Beistand, den sie benötigen und selbst wünschen mögen. [...]

VII. Belgien, dem wird die ganze Welt zustimmen, muß, ohne jeden Versuch, die Souveränität, deren es sich gleich allen anderen freien Nationen erfreut, zu beschränken, geräumt und wiederhergestellt werden. Keine andere Einzelhandlung wird so wie diese dazu dienen, das Vertrauen unter den Nationen in die Gesetze wieder zu beleben, die sie selbst aufgestellt und als maßgebend für ihre Beziehungen zueinander festgesetzt haben. Ohne eine solche heilsame Handlung bleibt die gesamte Struktur und die Gültigkeit internationaler Gesetze für immer geschädigt.

VIII. Das gesamte französische Gebiet muß befreit und die verwüsteten Teile wiederhergestellt werden. Ebenso müßte das Frankreich durch Preußen 1871 in Sachen Elsaß-Lothringen angetane Unrecht, das den Weltfrieden nahezu fünfzig Jahre bedroht hat, berichtigt werden, um dem Frieden im Interesse aller wieder Sicherheit zu verleihen.

IX. Eine Berichtigung der Grenzen Italiens sollte gemäß den klar erkennbaren Nationalitätenlinien bewirkt werden.

X. Den Völkern Österreich-Ungarns, deren Platz unter den Nationen wir gefestigt und gesichert zu sehen wünschen, sollte die freieste Möglichkeit autonomer Entwicklung gewährt werden.

XI. Rumänien, Serbien und Montenegro sollten geräumt werden, besetzte Gebiete wieder hergestellt, Serbien freier und gesicherter Zugang zum Meere gewährt und die Beziehungen der verschiedenen Balkanstaaten zueinander auf Grund freund-

schaftlicher Verabredung gemäß den historisch festgesetzten Grenzen, der Untertanenpflicht und der Nationalität festgelegt werden. [...]
XII. Dem türkischen Teil des gegenwärtigen ottomanischen Reiches sollte eine gesicherte Souveränität gewährleistet werden, aber den anderen Nationalitäten, die sich jetzt unter türkischer Herrschaft befinden, sollte eine unzweifelhafte Sicherung des Lebens und eine absolute und ungestörte Möglichkeit der autonomen Entwicklung verbürgt und die Dardanellen sollten dauernd als freier Durchgang für die Schiffe und den Handel aller Nationen unter internationalen Garantien geöffnet werden.
XIII. Ein unabhängiger polnischer Staat sollte errichtet werden, der die von unbestreitbar polnischer Bevölkerung bewohnten Gebiete umfassen soll, denen ein freier und sicherer Zugang zum Meere gewährleistet und dessen politische und ökonomische Unabhängigkeit sowie dessen territoriale Integrität durch internationalen Vertrag garantiert werden sollen.
XIV. Eine allgemeine Gesellschaft der Nationen muß auf Grund eines besonderen Bundesvertrages gebildet werden zum Zweck der Gewährung gegenseitiger Garantien für politische Unabhängigkeit und territoriale Integrität in gleicher Weise für die großen und kleinen Staaten. In bezug auf diese notwendige Berichtigung von Unrecht und Sicherung des Rechtes betrachten wir uns als intime Genossen sämtlicher Regierungen und Völker, die sich gegen die Imperialisten zusammengeschlossen haben. Es gibt für uns keine Sonderinteressen oder andersartige Ziele. Bis zum Ende stehen wir zusammen.
(J. Hohlfeld [Hrsg.], Dokumente der Deutschen Politik und Geschichte von 1848 bis zur Gegenwart. Berlin 1951. Band II, S. 393ff.)

## 2.2 Ebenen der revolutionären Bewegung

Nahezu parallel zur Errichtung einer konstitutionellen Monarchie in Deutschland fand das wachsende Verlangen nach Beendigung des Krieges seinen Niederschlag in einer Volksbewegung gegen den zerbröckelnden Militär- und Obrigkeitsstaat. Das spontane Verlangen nach Beendigung des sinnlosen Krieges richtete sich gegen alles, was dem Waffenstillstand im Wege zu stehen schien. Die Volksbewegung traf nur noch auf die Fassaden eines Obrigkeitsstaates.
Die Revolte der Soldaten ging von der deutschen Hochseeflotte aus. Admiral Scheer hatte den Befehl erlassen, daß die Flotte am 30. Oktober von den deutschen Häfen aus – in denen sie seit der Schlacht am Skagerrak gelegen hatte – gegen den Kanal vorstoßen sollte. Am Abend des 29. Oktober verweigerten Matrosen auf einigen Schiffen den Gehorsam; die Geschwader mußten in ihre Heimathäfen zurückkehren. In Kiel forderten die Matrosen Straffreiheit und Freilassung der verhafteten Befehlsverweigerer. Am 3. November versuchten demonstrierende Matrosen und Arbeiter die Verhafteten zu befreien. Daraufhin kam es zu blutigen Auseinandersetzungen mit dem Militär. Am 4. November bemächtigten sich die Aufständischen der Stadt Kiel (T 3). Die Revolte breitete sich rasch aus, ohne daß sich größerer Widerstand regte. Kennzeichnend für den Zusammenbruch des Kaiserreichs war, daß auch das Bürgertum den alten Ordnungsträgern nicht mehr loyal beistand.
Mit der revolutionären Bewegung bildeten sich überall spontan Räte, die legislative und exekutive Befugnisse übernahmen. Diese Arbeiter- und Soldatenräte waren Organe einer direkten Demokratie, Ausdruck einfacher Selbstverwaltung (siehe T 4).
Die Revolution führte am 7. November zum Sturz der bayerischen Monarchie. Kurt Eisner (USPD) rief die Republik aus und bildete eine sozialistische Volksregierung. Den Landtag in München löste die provisorische Versammlung der bayerischen Arbeiter-, Bauern- und Soldatenräte ab.
In Berlin traten Anfang November die Revolutionären Obleute der Betriebe, Spartakisten und andere linkssozialistische Kräfte zusammen und planten eine sozialistische Revolution nach russischem Vorbild für Mitte des Monats.

7. Extraausgabe. Sonntag, den 10. November 1918.

# Vorwärts

Berliner Volksblatt.

Zentralorgan der sozialdemokratischen Partei Deutschlands.

## Die Einigung

zwischen den beiden sozialdemo-
kratischen Parteien ist vollzogen.

**Ebert. Haase
Scheidemann Dittmann
Landsberg und Barth**

werden die neue Regierung bilden.

**An die Arbeiter- und Soldatenräte!**

Das Volk muß verhungern, wenn der Bahntransport gestört wird. Das geschieht aber durch jeden Eingriff unzuständiger Stellen in den Bahnbetrieb und die Bahnverwaltung.

Gestern sind an verschiedenen Orten von Arbeiter- und Soldatenräten solche Eingriffe vorgenommen worden, z. B. in dem Betrieb von Rangierbahnhöfen und in die Kassenverwaltung von Bahnstationen. **Das darf nicht wieder vorkommen!** Wiederholungen müssen zur Arbeitsverweigerung unserer braven Eisenbahner und zum Stillstand jedes geregelten Bahnverkehrs führen.

Berlin, am 10. November 1918.

(gez.) Ebert.

B 3 Einigung der MSPD mit der USPD zum „Rat der Volksbeauftragten", 10. Nov. 1918

B 4 Werbeplakat für den Eintritt in die Freikorps 1919

Die Mehrheits-Sozialdemokraten waren vom Ablauf und den Folgen der russischen Revolution tief beeindruckt worden (vgl. T 5). Die MSPD, die dem linken Liberalismus in der Tradition der Revolution von 1848 näher stand als den Spartakisten Rosa Luxemburg und Karl Liebknecht, verfolgte weiterhin den Kurs, im Rahmen der Verfassung und über Wahlen an die Macht zu gelangen. Sie setzte sich an die Spitze der revolutionären Bewegung und versuchte Massenaktionen in ihrem Sinne zu beeinflussen. Erst wenn ein demokratischer Staat in Deutschland errichtet worden sei, könne man die Voraussetzungen für den Sozialismus schaffen. Dieses Vorgehen hatte die Politik der SPD im Weltkrieg geleitet und bestimmte auch weiterhin die Aktionen der Partei.

Den Mehrheits-Sozialdemokraten kam entgegen, daß die Arbeiter- und Soldatenräte sich überwiegend ihnen oder dem rechten Flügel der USPD (Unabhängige Sozialdemokraten) zuwandten. Die sozialdemokratischen Regierungsmitglieder forderten am 7. November ultimativ die Abdankung des Kaisers. Als der Parteivorstand der MSPD am 9. November erfuhr, daß die linkssozialistischen Kräfte den Generalstreik ausrufen wollten und die Arbeiter nicht länger in den Betrieben bleiben würden, traten die sozialdemokratischen Staatssekretäre zurück. Eine Delegation der MSPD unter Ebert und Scheidemann forderte den Rücktritt von Reichskanzler Prinz Max von Baden. Gegen den Willen des Kaisers und ohne Zustimmung des Parlaments ernannte Max von Baden den Partei- und Fraktionsvorsitzenden der MSPD, Friedrich Ebert, zum Reichskanzler. Als sich die Nachricht verbreitete, Karl Liebknecht wolle die „Sozialistische Republik Deutschland" ausrufen, proklamierte Scheidemann die „Deutsche Republik" (T 6 und T 7).

Bereits am 10. November wurde eine neue Reichsregierung aus jeweils drei Vertretern von Mehrheits- und Unabhängigen Sozialdemokraten gebildet, der Rat der Volksbeauftragten unter dem Vorsitz von Friedrich Ebert (T 8). Am gleichen Tage bot der Generalquartiermeister der OHL Wilhelm Groener ein Bündnis an, auf das Ebert einging (T 9). Am 11. November beauftragte die neue Regierung die Staatssekretäre und die Chefs der Reichsbehörden mit der vorläufigen Weiterführung der Geschäfte (T 10).

Die politische Rolle der Arbeiter- und Soldatenräte blieb zunächst noch ungeklärt. Ein Versuch der Linkssozialisten, eine Räteversammlung zu kontrollieren, die am 10. November einberufen wurde, scheiterte. Zwar wählte diese Versammlung einen Vollzugsrat als oberstes Organ aller deutschen Arbeiter- und Soldatenräte; dieser konnte aber zu keinem Zeitpunkt die ihm zugedachte Funktion erfüllen, den Rat der Volksbeauftragten zu kontrollieren. Der Versuch linkssozialistischer Kräfte, über die Rätegremien die Macht an sich zu reißen, scheiterte von Anfang an daran, daß die überwiegende Mehrzahl der Räte mit den neuen Regierungen in Reich und Ländern zusammenarbeitete, sich für die Wahl einer Nationalversammlung einsetzte und eben nicht die Errichtung eines sozialistischen Rätesystems anstrebte.

Der Rat der Volksbeauftragten suchte möglichst schnell zur „Normalität" des geregelten politischen Lebens zurückzukehren (vgl. T 11). Hierzu trug auch der Abschluß des Abkommens zwischen Unternehmerverbänden und Gewerkschaften am 15. November bei. Die Gewerkschaften wurden von den Unternehmern als Tarifpartner anerkannt (vgl. T 12). Erstmals wurden Gedanken der Sozialpartnerschaft praktiziert.

Am 29. November verabschiedete der Rat der Volksbeauftragten das Gesetz über die Wahlen zur verfassunggebenden Nationalversammlung, das ein reines Verhältniswahlrecht und das aktive und passive Wahlrecht auch für Frauen beinhaltete. In der Forderung nach Einberufung der Nationalversammlung fand sich die MSPD in Übereinstimmung mit den bürgerlichen Parteien, der Mehrheit der USPD, den Gewerkschaften und fast allen Arbeiter- und Soldatenräten.

Der Reichskongreß der Arbeiter- und Soldatenräte, der vom 16. bis 21. Dezember in Berlin tagte, lehnte mit großer Mehrheit ab, eine sozialistische Republik zu errichten, in der die legislative und exekutive Gewalt den Räten zustehen sollte (T 13). Gleichwohl forderten die überwiegend sozialdemokratischen Delegierten die rasche Durchführung von Sozialisierungen in der Schwerindustrie und die „Demokratisierung" von Heer, Verwaltung und Wirtschaft.

Die Vertreter der USPD traten nach Meinungsverschiedenheiten wegen des Einsatzes regierungstreuer Truppen gegen Matroseneinheiten aus dem Rat der Volksbeauftragten aus.

Die neue Reichsregierung der Mehrheits-Sozialdemokraten wurde von der Bürokratie und den bürgerlichen Fachministern unterstützt.

Im Januar 1919 trat die Revolutionsbewegung in eine zweite Phase ein, in der sich Teile der Arbeiterschaft radikalisierten und in Massenbewegungen gegen die Regierung wandten. Am 1. Januar 1919 gründete der Spartakusbund mit anderen Linksradikalen die Kommunistische Partei Deutschlands. Ende 1920 stieß auch der linke Flügel der USPD zur KPD. Damit war die Einheit der sozialistischen Bewegung endgültig zerbrochen.

Als die preußische Regierung am 5. Januar den Berliner Polizeipräsidenten Eichhorn (USPD) zum Rücktritt aufforderte, erhoben sich die linksradikalen Gruppen zum Aufstand. Unter der Führung von KPD, USPD und Revolutionären Obleuten besetzten die Aufständischen einige Zeitungsredaktionen – u.a. des sozialdemokratischen „Vorwärts" – sowie einige Verkehrsknotenpunkte und bildeten einen Revolutionsausschuß. Sie erklärten die Reichsregierung für abgesetzt, ohne jedoch diese Absicht in die Tat umsetzen zu können. Der teilweise nur zögerlich durchgeführte Aufstand wurde von dem Volksbeauftragten Gustav Noske (MSPD), der vom Vollzugsrat in Berlin zum Befehlshaber ernannt worden war, blutig niedergeschlagen. Die Regierungstruppen wurden unterstützt von Freikorps, Freiwilligenverbänden ehemaliger Frontsoldaten mit einem hohen Anteil an Offizieren. Rosa Luxemburg und Karl Liebknecht wurden ermordet.

Auch in anderen Gebieten des Reiches, vor allem in industriellen Ballungszentren, radikalisierten große Teile der Arbeiterschaft; sie waren darüber enttäuscht, daß die erwartete „Demokratisierung“ in Militär, Verwaltung und Wirtschaft ausblieb. Die Reichsregierung sah sich gezwungen, militärische Macht einzusetzen. Das Ruhrgebiet, München, Bremen und Leipzig sowie die Länder Thüringen und Sachsen waren im Frühjahr 1919 Zentren der Unruhen.
Erst in dieser zweiten Phase der revolutionären Bewegung bildete sich eine „Räteideologie“ heraus, die das bestehende politische System radikal verändern wollte (siehe T 4). Gestützt auf die USPD entstand nun eine revolutionäre Massenbewegung, die auch gewaltsam gegen die Politik der sozialdemokratischen Regierung vorging und die Räte als Organe des Klassenkampfes ansah. Im Unterschied zu diesem Potential, das eine proletarische Revolution nach russischem Vorbild anstrebte, hatte die Rätebewegung im November 1918 noch weitgehend die Politik der MSPD vertreten.
Die sozialdemokratische Führung hatte ihren Handlungsspielraum vor allem in der ersten revolutionären Phase kaum genutzt, um Reformen voranzutreiben. Sie arbeitete mit den Machtträgern des Kaiserreichs zusammen und förderte somit die politische und soziale Kontinuität zwischen Monarchie und Republik.

### T 3 Die Erhebung der Matrosen in Kiel, 1.–7. 11. 1918

*Der Redakteur der ‚Schleswig-Holsteinischen Volkszeitung‘, Bernhard Rausch (SPD), berichtet über den Ablauf der Ereignisse am 4. und 5. November:*

Zusammenbruch des Militarismus

Blut war geflossen! Mit krachenden Gewehrsalven hatte man das stürmische Rechtsbegehren der Matrosen und Arbeiter zurückgewiesen. Eine maßlose Wut zitterte in Zehntausenden, deren Herzen vor wilder Erregung schier zerspringen wollten. [...]

Die Revolutionäre wußten schon in der Mittagszeit, daß 20000 Gewehre fest in ihren Händen waren. Über einer Massenversammlung der Matrosen im Gewerkschaftshaus lag eine Stimmung glühender, revolutionärer Entschlossenheit. Da trat plötzlich eine Wendung ein. Die Einsicht, daß jeder gewaltsame Widerstand nutzlos bleiben mußte und auch wohl ein deutlicher Wink aus Berlin veranlaßten den Gouverneur, Admiral Souchon, in der Mittagszeit einen Befehl herauszugeben, in dem er sich, um weiteres Blutvergießen zu vermeiden, zum Entgegenkommen bereit erklärte und anordnete, daß die Truppen wegen ihrer Wünsche befragt würden. [...]

Der Soldatenrat hatte inzwischen die Forderungen der Matrosen in 14 Punkten zusammengefaßt, deren mangelnde Systematik und Buntheit treffend die Spontaneität der Entschlüsse kennzeichnen:

„1. Freilassung sämtlicher Inhaftierten und politischen Gefangenen.
2. Vollständige Rede- und Pressefreiheit.
3. Aufhebung der Briefzensur.
4. Sachgemäße Behandlung der Mannschaften durch Vorgesetzte.
5. Straffreie Rückkehr sämtlicher Kameraden an Bord und in die Kasernen.
6. Die Ausfahrt der Flotte hat unter allen Umständen zu unterbleiben.
7. Jegliche Schutzmaßnahmen mit Blußvergießen haben zu unterbleiben.
8. Zurückziehung sämtlicher nicht zur Garnison gehöriger Truppen.
9. Alle Maßnahmen zum Schutze des Privateigentums werden sofort vom Soldatenrat festgesetzt.
10. Es gibt außer Dienst keine Vorgesetzte mehr.
11. Unbeschränkte persönliche Freiheit jedes Mannes von Beendigung des Dienstes bis zum Beginn des nächsten Dienstes.
12. Offiziere, die sich mit den Maßnahmen des jetzt bestehenden Soldatenrates einverstanden erklären, begrüßen wir in unserer Mitte. Alles übrige hat ohne Anspruch auf Versorgung den Dienst zu quittieren.
13. Jeder Angehörige des Soldatenrates ist von jeglichem Dienste zu befreien.
14. Sämtliche in Zukunft zu treffenden Maßnahmen sind nur mit Zustimmung des Soldatenrates zu treffen.

Diese Forderungen sind für jede Militärperson Befehle des Soldatenrates.

Der Soldatenrat.“

Die Arbeiterschaft erklärte sich bereit, diese Forderungen restlos zu unterstützen. Eine Abordnung aus Vertretern des Soldatenrats und beider sozialistischer Parteien begab sich zum Gouverneur von Kiel, um ihm die Forderungen der Matrosen vorzutragen. Von nun an war das Verhalten der Marinebehörden eine einzige Kapitulation, brach das morsche Gefüge des Militarismus hoffnungslos zusammen. [...]

Unter der roten Fahne
Als der 5. November sich mit blutrotem Schein aus den Seenebeln emporhob, blickte er in eine völlig veränderte Welt. Über der deutschen Flotte, vom Kieler Rathaus und dem Schloßturm wehte die rote Fahne der Revolution.
[...] Die ganze Erhebung war aus dem Haß gegen die bevorrechtigte Offizierskaste geboren. In der Regel wurden die Offiziere entwaffnet und in das Gewerkschaftshaus geführt, wo ihnen ein Personalausweis ausgestellt wurde. Da Revolutionen nie mit Rosenöl gemacht werden, so ging es auch bei der Entwaffnung nicht immer sanft zu. Aber in dem Schimpf, der ihnen angetan wurde, mußten einzelne entgelten, was die ganze privilegierte Kaste in vier langen Jahren innerhalb eines überlebten Systems an den Matrosen gesündigt hatte. Wo Widerstand versucht wurde, wurde er gewaltsam gebrochen.
(B. Rausch, Am Springquell der Revolution. Die Kieler Matrosenerhebung. Kiel 1918, S. 12ff.)

### T 4 Ernst Däumig: Der Rätegedanke und seine Verwirklichung (1920)

*Ernst Däumig war Mitglied des Vollzugrats des Arbeiter- und Soldatenrats von Groß-Berlin. Er zählte zum linken Flügel der USPD und trat der KPD bei.*

Am stärksten müssen die Räteorganisationen da in Erscheinung treten, wo große Proletariermassen um ausgesprochen sozialistische Ziele ringen. Man darf daher, um dem Rätegedanken gerecht zu werden, niemals seinen revolutionären Ursprung vergessen. Alle Versuche, Räteorganisationen im Rahmen der bürgerlichen Gesellschaft und auf dem Boden der kapitalistischen Produktion zu errichten, werden entweder Zerrbilder ergeben, oder werden an den vorwärts strebenden Tendenzen des Rätegedankens scheitern. [...]
Das Wesen des Rätegedankens beruht auf folgenden Grundsätzen:
1. Träger des Rätegedankens kann nur das Proletariat sein, d.h. alle die Hand- und Kopfarbeiter, die gezwungen sind, ihre Arbeitskraft dem Kapital zu verkaufen, um leben zu können. Damit steht der Rätegedanke in einem ebenso scharfen wie natürlichen Gegensatz zu dem landläufigen demokratischen Gedanken, der die Staatsbürger als eine einheitliche Masse wertet, ohne Rücksicht auf den großen Gegensatz zwischen Kapital und Arbeit und die aus diesem hervorgehenden Klassenentscheidungen zu nehmen.
2. Da das dem Rätegedanken folgende Proletariat ausgesprochen antikapitalistische Ziele verfolgt, kann es in seinen Räteorganisationen keine kapitalistischen Vertreter dulden.
3. Da die den formalen demokratischen Gedanken verkörpernden Parlamente solange kapitalistischen Tendenzen dienstbar gemacht werden, solange die kapitalistische Produktionsform besteht, kann der Rätegedanke nicht mit den Mitteln des Parlamentarismus verwirklicht werden, sondern muß in den Keimzellen der kapitalistischen Produktion, den Betrieben, dann aber auch in verschiedenen Einrichtungen des Obrigkeitsstaates, der auf der Grundlage der kapitalistischen Produktion errichtet ist, zur Anwendung gebracht werden.
4. Da die Verwirklichung des Rätegedankens die ständige aktive Anteilnahme des Proletariats an allen wirtschaftlichen und politischen Fragen erfordert, können die Organe der Räteorganisation nicht langbefristete Vollmachten erhalten, sondern müssen stets der Kontrolle ihrer Wähler unterstehen und jederzeit abberufen werden können, wenn sie das Vertrauen ihrer Wähler nicht mehr haben.
5. Da der Rätegedanke die Befreiung des gesamten Proletariats von der kapitalistischen Ausbeutung zum Ziele hat, kann die Räteorganisation nicht die Domäne einer einzelnen Partei oder einzelner Berufsgruppen sein, sondern muß das Proletariat als Ganzes umfassen.
(Die Revolution. Unabhängiges Sozialdemokratisches Jahrbuch für Politik und proletarische Kultur. Berlin 1920, S. 84ff.)

### T 5 Die Bolschewiki und wir (1918)

*Leitartikel von Otto Braun im SPD-Organ „Vorwärts". Otto Braun (1872–1955) war von 1920 bis 1933 preußischer Ministerpräsident.*

Der Sozialismus kann nicht auf Bajonetten und Maschinengewehren aufgerichtet werden. Soll er Dauer und Bestand haben, muß er auf demokratischem Wege verwirklicht werden. Dazu ist freilich Vorbedingung, daß die wirtschaftlichen und sozialen Verhältnisse für die Sozialisierung der Gesellschaft reif sind. Wäre das in Rußland der Fall, würden sich die Bolschewiki zweifellos auf die Mehrheit im Volke stützen können. Da dem nicht so ist, haben sie eine Säbelherrschaft etabliert, wie sie brutaler und rücksichtsloser unter dem Schandregiment des Zaren nicht bestand. [...] Deshalb müssen wir zwischen den Bolschewiki und uns einen dicken, sichtbaren Trennungsstrich ziehen.
(Vorwärts, Nr. 46, 15. 2. 1918)

### T 6 Philipp Scheidemann (SPD) ruft die Republik aus, 9. November 1918

*Philipp Scheidemann war Staatssekretär im Kabinett Max von Baden; er wurde anschließend Mitglied des Rats der Volksbeauftragten und 1919 Reichskanzler.*

Das deutsche Volk hat auf der ganzen Linie gesiegt. Das Alte und Morsche ist zusammengebrochen; der Militarismus ist erledigt! Die Hohenzollern haben abgedankt! Es lebe die deutsche Republik! Der

Abgeordnete Ebert ist zum Reichskanzler ausgerufen worden.[1] Ebert ist damit beauftragt worden, eine neue Regierung zusammenzustellen. Dieser Regierung werden alle sozialistischen Parteien angehören. Jetzt besteht unsere Aufgabe darin, diesen glänzenden Sieg, diesen vollen Sieg des deutschen Volkes nicht beschmutzen zu lassen, und deshalb bitte ich Sie, sorgen Sie dafür, daß keine Störung der Sicherheit eintrete! [...] Nichts darf existieren, was man uns später wird vorwerfen können! Ruhe, Ordnung und Sicherheit, das ist das, was wir jetzt brauchen! [...]
(E. Drahn/E. Friedegg [Hrsg.], Deutscher Revolutionsalmanach für das Jahr 1919 über die Ereignisse des Jahres 1918. Hamburg/Berlin 1919, S. 72)

### T 7 Karl Liebknecht ruft die sozialistische Republik Deutschland am 9. November 1918 aus

*Karl Liebknecht war Mitglied des Spartakus-Bundes und Mitbegründer der KPD. Nach dem Januaraufstand 1919 wurde er zusammen mit Rosa Luxemburg am 15. Januar 1919 ermordert.*

Der Tag der Revolution ist gekommen. Wir haben den Frieden erzwungen. Der Friede ist in diesem Augenblick geschlossen. Das Alte ist nicht mehr. Die Herrschaft der Hohenzollern [...] ist vorüber. [...]
Parteigenossen, ich proklamiere die freie sozialistische Republik Deutschland, die alle Stämme umfassen soll, in der es keine Knechte mehr geben wird, in der jeder ehrliche Arbeiter den ehrlichen Lohn seiner Arbeit finden wird. Die Herrschaft des Kapitalismus, der Europa in ein Leichenfeld verwandelt hat, ist gebrochen. [...]
Wir müssen alle Kräfte anspannen, um die Regierung der Arbeiter und Soldaten aufzubauen und eine neue staatliche Ordnung des Proletariats zu schaffen, eine Ordnung des Friedens, des Glücks und der Freiheit unserer deutschen Brüder und unserer Brüder in der ganzen Welt. Wir reichen ihnen die Hände und rufen sie zur Vollendung der Weltrevolution auf.
(Vossische Zeitung Nr. 576 vom 10. November 1918)

### T 8 Einigung der Parteivorstände von SPD und USPD, 9./10. 11. 1918

#### a) Schreiben des Vorstandes der SPD an den Vorstand der USPD, 9. 11. 1918

Von dem aufrichtigen Wunsche geleitet, zu einer Einigung zu gelangen, müssen wir Ihnen unsere grundsätzliche Stellung zu Ihren Forderungen klarlegen. Sie fordern:
1. Deutschland soll eine sozialistische Republik sein.
[Antwort:] Diese Forderung ist das Ziel unserer eigenen Politik. Indessen hat darüber das Volk durch die konstituierende Versammlung zu entscheiden.
2. In dieser Republik soll die gesamte exekutive, legislative und die jurisdiktionelle Macht ausschließlich in den Händen von gewählten Vertrauensmännern der gesamten werktätigen Bevölkerung und der Soldaten sein.
[Antwort:] Ist mit diesem Verlangen die Diktatur eines Teils einer Klasse gemeint, hinter dem nicht die Volksmehrheit steht, so müssen wir diese Forderung ablehnen, weil sie unseren demokratischen Grundsätzen widerspricht.
3. Ausschluß aller bürgerlichen Mitglieder aus der Regierung.
[Antwort:] Diese Forderung müssen wir ablehnen, weil ihre Erfüllung die Volksernährung erheblich gefährden, wenn nicht unmöglich machen würde.
4. Die Beteiligung der Unabhängigen gilt nur für drei Tage als ein Provisorium, um eine für den Abschluß des Waffenstillstandes fähige Regierung zu schaffen.
[Antwort:] Wir halten ein Zusammenwirken der sozialistischen Richtungen mindestens bis zum Zusammentritt der Konstituante für erforderlich.
5. Die Ressortminister gelten nur als technische Gehilfen des eigentlichen und entscheidenden Kabinetts.
[Antwort:] Dieser Forderung stimmen wir zu.
6. Gleichberechtigung der beiden Leiter des Kabinetts.
[Antwort:] Wir sind für die Gleichberechtigung aller Kabinettsmitglieder, indessen hat die Konstituierende Versammlung daüber zu entscheiden.
Der Vorstand der Sozialdemokratischen Partei Deutschlands.
(Vorwärts, Nr. 310, 10. 11. 1918)

#### b) Antwort des Vorstandes der USPD, 10. 11. 1918

Auf Ihr Schreiben vom 9. November 1918 erwidern wir folgendes: Die Unabhängige Sozialdemokratische Partei ist bereit, um die revolutionären sozialistischen Errungenschaften zu befestigen, in das Kabinett unter folgenden Bedingungen einzutreten: Das Kabinett darf nur aus Sozialdemokraten zusammengesetzt sein, die als Volkskommissare gleichberechtigt nebeneinanderstehen.
Für die Fachminister gilt die Beschränkung nicht; sie sind nur technische Gehilfen des entscheidenden Kabinetts. Jedem von ihnen werden zwei Mitglieder der sozialdemokratischen Parteien mit gleichen Rechten zur Seite gestellt, aus jeder Partei einer.
Eine Fristbestimmung wird an den Eintritt der

1 Zu diesem Zeitpunkt war Ebert noch nicht „ausgerufen" worden. In der Bekanntmachung über die Abdankung des Kaisers war die Absicht, dem Regenten Ebert zum Kanzler vorzuschlagen, zum Ausdruck gebracht worden.

Unabhängigen Sozialdemokraten in das Kabinett (in das jede Partei drei Mitglieder entsendet) nicht geknüpft.
Die politische Gewalt liegt in den Händen der Arbeiter- und Soldatenräte, die zu einer Vollversammlung aus dem ganzen Reiche alsbald zusammenzuberufen sind.
Die Frage der Konstituierenden Versammlung wird erst bei einer Konsolidierung der durch die Revolution geschaffenen Zustände aktuell und soll deshalb späteren Erörterungen vorbehalten bleiben.
Für den Fall der Annahme dieser Bedingungen, die von dem Wunsche eines geschlossenen Auftretens des Proletariats diktiert sind, haben wir unsere Mitglieder Haase, Dittmann und Barth in das Kabinett delegiert.
Der Vorstand der Unabhängigen Sozialdemokratischen Partei gez. Haase.
(Vorwärts, Nr. 311, 11. 11. 1918)

### T 9 General Groener über das Bündnis mit der Regierung Ebert, 10. 11. 1918

*Wilhelm Groener (1867–1939) war 1918 Erster Generalquartiermeister der Obersten Heeresleitung und von 1928–1932 Reichswehrminister.*

Die Aufgabe der Heeresleitung mußte es jetzt sein, den Rest des Heeres rechtzeitig und in Ordnung, aber vor allem innerlich gesund in die Heimat zu bringen und dem Offizierskorps als dem Träger des Wehrgedankens einen Weg in die neuen Verhältnisse zu ermöglichen. Die seit Jahrhunderten im preußisch-deutschen Offizierskorps angesammelte moralisch-geistige Kraft mußte in ihrem Kern für die Wehrmacht der Zukunft erhalten werden. Der Sturz des Kaisertums entzog den Offizieren den Boden ihres Daseins, ihren Sammel- und Ausrichtepunkt. Es mußte ihm ein Ziel gewiesen werden, das des Einsatzes wert war und ihm die innere Sicherheit wiedergab. Es mußte das Gefühl wachgerufen werden der Verpflichtung nicht nur gegenüber einer bestimmten Staatsform, sondern für Deutschland schlechthin. [...]
Das Offizierskorps konnte aber nur mit einer Regierung zusammengehen, die den Kampf gegen den Radikalismus und Bolschewismus aufnahm. Dazu war Ebert bereit, aber er hielt sich nur mühsam am Steuer und war nahe daran, von den Unabhängigen und der Liebknechtgruppe über den Haufen gerannt zu werden. Was war demnach näherliegend, als Ebert, den ich als anständigen, zuverlässigen Charakter und unter der Schar seiner Parteigenossen als den staatspolitisch weitsichtigsten Kopf kennengelernt hatte, die Unterstützung des Heeres und des Offizierskorps anzubieten?
[...] Am Abend [des 10. November] rief ich die Reichskanzlei an und teilte Ebert mit, daß das Heer sich seiner Regierung zur Verfügung stelle, daß dafür der Feldmarschall [Hindenburg] und das Offizierskorps von der Regierung Unterstützung erwarteten bei der Aufrechterhaltung der Ordnung und Disziplin im Heer. Das Offizierskorps verlange von der Regierung die Bekämpfung des Bolschewismus und sei dafür zum Einsatz bereit. Ebert ging auf meinen Bündnisvorschlag ein. Von da ab besprachen wir uns täglich abends auf einer geheimen Leitung zwischen der Reichskanzlei und der Heeresleitung über die notwendigen Maßnahmen. Das Bündnis hat sich bewährt.
(W. Groener, Lebenserinnerungen. Jugend, Generalstab, Weltkrieg. Hrsg. Frhr. Hiller von Gaertringen. Göttingen 1957, S. 467ff.)

### T 10 Aufrechterhaltung der Behörden

#### a) Aufruf Friedrich Eberts an die Behörden, 9. 11. 1918

Die neue Regierung hat die Führung der Geschäfte übernommen, um das deutsche Volk vor Bürgerkrieg und Hungersnot zu bewahren und seine berechtigten Forderungen auf Selbstbestimmung durchzusetzen. Diese Aufgabe kann sie nur erfüllen, wenn alle Behörden und Beamten in Stadt und Land ihr hilfreiche Hand leisten.
Ich weiß, daß es vielen schwer werden wird, mit den neuen Männern zu arbeiten, die das Reich zu leiten unternommen haben, aber ich appelliere an ihre Liebe zu unserem Volke. Ein Versagen der Organisation in dieser schweren Stunde würde Deutschland der Anarchie und dem schrecklichsten Elend ausliefern.
Helft also mit mir dem Vaterlande durch furchtlose und unverdrossene Weiterarbeit ein jeder auf seinem Posten, bis die Stunde der Ablösung gekommen ist.
Berlin, den 9. November 1918.
Der Reichskanzler. Ebert.
(Reichsanzeiger, Nr. 268, 12. 11. 1918)

#### b) Erlaß der Reichsregierung, 11. 11. 1918

Die Staatssekretäre und die Chefs der Reichsbehörden sind von der Reichsregierung mit der vorläufigen Weiterführung der Geschäfte beauftragt worden. Das Eindringen unbefugter Personen in die Geschäftsräume der Reichsbehörden und die Übernahme amtlicher Geschäfte durch solche Personen ist nicht gestattet.
Die Reichsregierung: Ebert, Haase.
(Reichsanzeiger, Nr. 268, 12. 11. 1918)

#### c) Bekanntmachung des Vollzugsrats, 11. 11. 1918

An die Einwohner und Soldaten Groß-Berlins!
Der von den Arbeiter- und Soldatenräten Groß-Berlins gewählte Vollzugsrat des Arbeiter- und Soldatenrats hat seine Tätigkeit aufgenommen. Alle

kommunalen Landes- Reichs- und Militär-Behörden setzen ihre Tätigkeit fort. Alle Anordnungen dieser Behörden erfolgen im Auftrage des Vollzugsrats des Arbeiter- und Soldatenrats. Jedermann hat den Anordnungen dieser Behörden Folge zu leisten.
(Aufrufe, Verordnungen und Beschlüsse des Vollzugsrates des Arbeiter- und Soldatenrates Groß-Berlin, o. O., o. J., S. 4; als Manuskript gedruckt)

### T 11 Aufruf des Rates der Volksbeauftragten vom 12. 11. 1918

An das deutsche Volk!
Die aus der Revolution hervorgegangene Regierung, deren politische Leitung rein sozialistisch ist, setzt sich die Aufgabe, das sozialistische Programm zu verwirklichen. Sie verkündet schon jetzt mit Gesetzeskraft folgendes:

1. Der Belagerungszustand wird aufgehoben.
2. Das Vereins- und Versammlungsrecht unterliegt keiner Beschränkung, auch nicht für Beamte und Staatsarbeiter.
3. Eine Zensur findet nicht statt, die Theaterzensur wird aufgehoben.
4. Meinungsäußerung in Wort und Schrift ist frei.
5. Die Freiheit der Religionsausübung wird gewährleistet. Niemand darf zu einer religiösen Handlung gezwungen werden.
6. Für alle politischen Straftaten wird Amnestie gewährt. Die wegen solcher Straftaten anhängigen Verfahren werden niedergeschlagen.
7. Das Gesetz über den vaterländischen Hilfsdienst wird aufgehoben, mit Ausnahme der sich auf die Schlichtung von Streitigkeiten beziehenden Bestimmungen.
8. Die Gesindeordnungen werden außer Kraft gesetzt, ebenso die Ausnahmegesetze gegen die Landarbeiter.
9. Die bei Beginn des Krieges aufgehobenen Arbeiterschutzbestimmungen werden hiermit wieder in Kraft gesetzt.

Weitere sozialpolitische Forderungen werden binnen kurzem veröffentlicht werden. Spätestens am 1. Januar 1919 wird der achtstündige Maximalarbeitstag in Kraft treten. Die Regierung wird alles tun, um für ausreichende Arbeitsgelegenheit zu sorgen. Eine Verordnung über die Unterstützung von Erwerbslosen ist fertiggestellt. Sie verteilt die Lasten auf Reich, Staat und Gemeinde.
Auf dem Gebiete der Krankenversicherung wird die Versicherungspflicht über die bisherige Grenze von 2500 Mark ausgedehnt werden. Die Wohnungsnot wird durch Bereitstellung von Wohnungen bekämpft werden.
Auf die Sicherung einer geregelten Volksernährung wird hingearbeitet werden.
Die Regierung wird die geordnete Produktion aufrechterhalten, das Eigentum gegen Eingriffe Privater sowie die Freiheit und Sicherheit der Person schützen.
Alle Wahlen zu öffentlichen Körperschaften sind fortan nach dem gleichen, geheimen, direkten, allgemeinen Wahlrecht auf Grund des proportionalen Wahlsystems für alle mindestens 20 Jahre alten männlichen und weiblichen Personen zu vollziehen.
[...]
Ebert, Haase, Scheidemann, Landsberg, Dittmann, Barth.
(Reichsgesetzblatt 1918, S. 1303f.)

### T 12 Vereinbarung zwischen Arbeitgeberverbänden und Gewerkschaften, 15. 11. 1918

*Dieses sogenannte Stinnes-Legien-Abkommen wurde von dem Großindustriellen und DNVP-Politiker Hugo Stinnes und Carl Legien, dem Vorsitzenden des Allgemeinen Deutschen Gewerkschaftsbundes, geschlossen. Der Ausgleich zwischen Arbeitgebern und Arbeitnehmern fand seinen Ausdruck in der offiziell gegründeten „Zentralarbeitsgemeinschaft".*
Die großen Arbeitgeberverbände vereinbaren mit den Gewerkschaften der Arbeitnehmer das folgende:
1. Die Gewerkschaften werden als berufene Vertretung der Arbeiterschaft anerkannt.
2. Eine Beschränkung der Koalitionsfreiheit der Arbeiter und Arbeiterinnen in unzulässig. [...]
4. Sämtliche aus dem Heeresdienst zurückkehrenden Arbeitnehmer haben Anspruch darauf, in die Arbeitsstelle sofort nach Meldung wieder einzutreten, die sie vor dem Kriege inne hatten. [...]
5. Gemeinsame Regelung und paritätische Verwaltung des Arbeitsnachweises.
6. Die Arbeitsbedingungen für alle Arbeiter und Arbeiterinnen sind entsprechend den Verhältnissen des betreffenden Gewerbes durch Kollektivvereinbarungen mit den Berufsvereinigungen der Arbeitnehmer festzusetzen. [...]
7. Für jeden Betrieb mit einer Arbeiterschaft von mindestens 50 Beschäftigten ist ein Arbeiterausschuß einzusetzen, der diese zu vertreten und in Gemeinschaft mit dem Betriebsunternehmer darüber zu wachen hat, daß die Verhältnisse des Betriebes nach Maßgabe der Kollektivvereinbarung geregelt werden.
8. In den Kollektivvereinbarungen sind Schlichtungsausschüsse resp. Einigungsämter vorzusehen, bestehend aus der gleichen Anzahl von Arbeitnehmer- und Arbeitgebervertretern.
9. Das Höchstmaß der täglichen regelmäßigen Arbeitszeit wird für alle Betriebe auf 8 Stunden festgesetzt. Verdienstschmälerungen aus Anlaß dieser Verkürzung der Arbeitszeit dürfen nicht stattfinden.
10. Zur Durchführung dieser Vereinbarungen sowie zur Regelung der [...] zu treffenden weiteren Maßnahmen wird von den beteiligten Arbeitgeber-

und Arbeitnehmerorganisationen ein Zentralausschuß auf paritätischer Grundlage mit beruflich gegliedertem Unterbau errichtet.
11. Dem Zentralausschuß obliegt ferner die Entscheidung grundsätzlicher Fragen, soweit sich solche namentlich bei der kollektiven Regelung der Lohn- und Arbeitsverhältnisse ergeben, sowie die Schlichtung von Streitigkeiten, die mehrere Berufsgruppen zugleich betreffen. Seine Entscheidungen haben für Arbeitgeber und Arbeitnehmer verbindliche Geltung, wenn sie nicht innerhalb einer Woche von einem der in Frage kommenden beiderseitigen Berufsverbände angefochten werden.
12. Diese Vereinbarungen treten am Tage der Unterzeichnung in Kraft und gelten vorbehaltlich anderweitiger gesetzlicher Regelung bis auf weiteres mit einer gegenseitigen dreimonatigen Kündigung.
Diese Vereinbarung soll sinngemäß auch für das Verhältnis zwischen den Arbeitgeberverbänden und den Angestelltenverbänden gelten.
(Deutscher Reichsanzeiger und Königlich-Preußischer Staatsanzeiger, Berlin Nr. 273 vom 18. 11. 1918)

### T 13 Reichskongreß der Arbeiter- und Soldatenräte in Berlin, 16.–21. 12. 1918

*Der Kongreß sollte über die künftige Gestaltung Deutschlands entscheiden. In erster Linie ging es dabei um die Frage, ob über eine Nationalversammlung der Weg zu einer parlamentarischen Demokratie führen oder die Herrschaft der Räte verfestigt werden sollte. Der Kongreß entschied mit 400 gegen 50 Stimmen, daß eine verfassunggebende Nationalversammlung einberufen werden soll.*

#### a) Auszug aus der Rede von Max Cohen-Reuss, MSPD

Wie man auch über die Arbeiter- und Soldatenräte denken mag – ich denke ziemlich günstig über sie und werde darauf noch zurückkommen –, in jedem Falle drücken die *Arbeiter- und Soldatenräte nur einen Teilwillen,* niemals aber den Willen des ganzen deutschen Volkes aus. Diesen festzustellen, darauf kommt es an.
Die Gefahr, in der wir schweben, ist, glaube ich, sehr viel größer, als die meisten es sich vorstellen.
Wenn es so weiter geht wie bisher, dann wird unser gesamtes Wirtschaftsleben, das doch die Voraussetzung für den Wiederaufbau Deutschlands ist, lahmgelegt, ohne daß wir in der Lage sind, etwas Neues an seine Stelle zu setzen. Ich möchte hier einmal offen und ehrlich aussprechen: der Zerfall muß kommen, wenn es uns nicht gelingt, der Disziplin- und Einsichtslosigkeit Herr zu werden, die leider auch ein großer Teil der deutschen Arbeiterschaft zeigt. [...]
Aber, Parteigenossen, nach meiner festen Überzeugung, die, wie ich weiß, von sehr vielen geteilt wird, wird nur eine deutsche Nationalversammlung die moralische Autorität haben, diese auseinanderstrebenden Teile zusammenzuhalten. Nur die Zentralgewalt, von der ich vorhin sprach, mit der nötigen Autorität, mit der Autorität, die im Inland und Ausland respektiert werden wird, hat die Kraft, dafür zu sorgen, daß Deutschland nicht auseinanderfällt.
Parteigenossen! Es sollte eigentlich für jeden Sozialisten selbstverständlich sein, und das war es auch bisher, daß der Volkswille so schnell wie möglich zur Geltung kommt. Ich will darauf hinweisen, daß es bis zur Mitte des Jahres 1917 die *freieste Feststellung des Volkswillens* auf Grund eines gleichen Wahlrechts für alle Männer und Frauen das selbstverständliche Programm aller sozialistischen Parteien der ganzen Welt war. (Sehr richtig!) [...]
Nun frage ich Sie, Parteigenossen – wir wollen uns einmal ganz ruhig darüber unterhalten –: was hat der *Bolschewismus,* die Diktatur des Proletariats *in Rußland erreicht?* Nach meiner Überzeugung nichts, was zur Förderung des Sozialismus, sondern nur, was dazu dienen kann, den Sozialismus auf Jahrzehnte hinaus zu diskreditieren. [...]
Parteigenossen, man kann eben Sozialismus durch Gewalt und Dekrete nicht einführen; das hat uns das russische Beispiel gezeigt. *Sozialisierung* ist ein organischer Entwicklungs- und Umbildungsprozeß, bei dem neue Wirtschaftsformen neben werdenden und auch alten Formen zusammen existieren werden. Wenn man aber diesen Entwicklungsprozeß nicht in sorgsamster Weise fördert, kommt die Katastrophe. [...]
Es ist selbstverständlich, daß wir alle soviel Sozialismus wollen, wie durchführbar ist. Aber persönlich habe ich die Überzeugung, *es wird nicht mehr Sozialismus durchführbar sein, als die Mehrheit des Volkes will.* Denn ein Sozialismus, der vorher durchgeführt wäre, hätte sehr geringen Bestand, wenn die Mehrheit des Volkes anderer Meinung wäre. [...]
Nehmen wir einmal an, wir hätten ein Rätesystem in Deutschland. Dieses Rätesystem würde [...] *auf der Friedenskonferenz auf die äußersten Schwierigkeiten* stoßen; denn man hat es auf der Friedenskonferenz mit Ländern zu tun, die seit Jahrhunderten die Demokratie im innersten in sich aufgenommen haben, und die nicht so leicht mit einem Rätesystem verhandeln würden und verhandeln könnten. Diese demokratische Auffassung der anderen Völker ist ein ungeheurer moralischer Faktor, und ich meine, wir sollten im Kriege gelernt haben, was moralische Imponderabilien bedeuten. [...]
(Allgemeiner Kongreß der Arbeiter- u. Soldatenräte Deutschlands vom 16.–21. Dezember 1918 im Abgeordnetenhaus zu Berlin. Stenographische Berichte, Berlin 1919, Spalte 209 ff.)

**b) Auszug aus der Rede von Ernst Däumig, Vorstandsmitglied der USPD und Mitglied des Vollzugsrats des Arbeiter- und Soldatenrats Groß-Berlin**

Die alte bürgerliche Demokratie mit ihrem Stimmzettel und ihrem Parlamenteln ist keine Ewigkeitserscheinung; sie hat ihre historische Bedingtheit, und wie der Sozialismus als neues Grundprinzip der Welt aufzieht, so ist selbstverständlich damit auch verbunden, daß dieser bürgerlichen Demokratie die proletarische Demoraktie folgen muß: wie sie ihren organisatorischen Ausdruck in dem Rätesystem findet.

Genossen und Kameraden, Sie haben vorhin, als Genosse Cohen so warm für die Nationalversammlung plädierte und sogar für einen frühen Termin eintrat, zum Teil lebhaft applaudiert; Sie haben aber zeifellos damit *Ihr eigenes Todesurteil* gesprochen. (Sehr richtig! und Widerspruch.) Denn die Konzessionen, die vom Genossen Cohen und anderen Leuten gemacht werden, daß ja, wenn die Nationalversammlung komme, das Rätesystem noch weiterbestehen könne, sind ja doch nur Schall und Rauch. (Sehr richtig!) Was soll denn dieses Rätesystem neben einem sich so breitspurig einnistenden parlamentarisch-demokratisch-bürgerlichen System, wie es die Nationalversammlung einmal im Gefolge hat! Eine leere Staffage, eine Marionette! Im Wirtschaftsleben werden mit Hilfe der Nationalversammlung und des Bürgertums die Gewerkschaften alten Stils natürlich die Arbeiterräte aus den Betrieben ganz schnell herausgedrängt haben. [...]

Die Diktatur ist zweifellos mit dem Rätesystem verbunden. Aber was sich in Rußland durch die historischen Gesetze aufzwang, braucht noch lange nicht in Deutschland der Fall zu sein. Ich gehöre nicht zu denen, die mechanisch und sklavisch das *russische Beispiel* nachzuahmen versuchen. [...]

Wie steht es denn überhaupt mit der *Diktatur in Deutschland?!* Ich habe hier das statistische Ergebnis der Gewerbezählung vom Jahre 1907, das letzte Zahlenmaterial, das darüber zur Verfügung steht. Da zeigt sich bei allen Berufen, bei Land- und Forstwirtschaft, bei Industrie, Bergbau und Baugewerbe, bei Handel und Verkehr, daß sich das arbeitende, werktätige Volk überall in der Mehrheit befindet und daß es bis jetzt unter der Diktatur einer ökonomisch überlegenen Minderheit gestanden hat. Und das soll jetzt durch die Nationalversammlung verewigt werden! [...]

Das Rätesystem ist so, wie es heute ist – das will ich natürlich bemerken –, selbstverständlich unvollkommen und unsystematisch; denn in den ersten Stürmen der Revolutionstage lag kein fester Organisationsplan vor, lag kein Organisationssystem vor. Aber das ist eine Frage der Technik, das Rätesystem so zu vervollkommnen, daß wir für ganz Deutschland ein *einheitliches Wahlsystem* durchführen können, in erster Linie natürlich *für die Arbeiterschaft* und, soweit es notwendig, für die Soldatenräte, die ja mehr und mehr in den großen proletarischen Kreis aufgenommen werden, und auch für die Bauernräte, wo es erforderlich ist. Wenn ein solches einheitliches Wahlsystem durchgeführt wird, dann kann auch eine Nationalversammlung zusammentreten, und die ist, soweit die Reichseinheit in Betracht kommt, ein viel stärkerer Kitt als die Nationalversammlung, die aus den bürgerlichen Elementen heraus zusammenkommt.

(Allgemeiner Kongreß der Arbeiter- und Soldatenräte..., a. a. O., Spalte 372ff.)

**Problem und Diskussion**

**1** *Skizzieren Sie die langfristigen und kurzfristigen Ursachen, die Ihrer Meinung nach zur Revolution im November 1918 beigetragen haben.*

**2** *Prüfen Sie die These, daß innen- und außenpolitische Faktoren die innere Entwicklung in Deutschland im Herbst 1918 beeinflußt haben.*

**3** *Schildern Sie den Verlauf der Revolution 1918 in Deutschland, und grenzen Sie die Ihrer Meinung nach revolutionäre(n) Phase(n) ab.*

**4** *Mit Ausbruch der Revolution bildeten sich Arbeiter- und Soldatenräte. Untersuchen Sie anhand von T 3, T 10c die zunächst erhobenen Forderungen.*

**5** *Stellen Sie die Grundgedanken einer rätedemokratischen Theorie, die 1919–1920 entwickelt wurde, anhand von T 4 und T 13b zusammen. Vergleichen Sie diese Gedanken mit den Forderungen der Arbeiter- und Soldatenräte im November 1918.*

**6** *Skizzieren Sie die Position der MSPD gegenüber USPD, KPD und anderen Linkssozialisten. Ziehen Sie hierzu T 5, T 6, T 7, T 8, T 10 und T 13 heran.*

**7** *Es wird die These vertreten, daß die Weimarer Republik auf der Grundlage von Kompromissen zustandekam. Nehmen Sie hierzu Stellung.*

**8** *Auf dem Reichskongreß der Arbeiter- und Soldatenräte im Dezember 1918 wurden die Weichen für die Errichtung einer parlamentarischen Demokratie gestellt. Versuchen Sie die Argumentation der Befürworter und der Gegner dieser Entscheidung anhand von T 13 nachzuvollziehen.*

# 3. DIE POLITISCHE ORDNUNG DER WEIMARER REPUBLIK

## Die Parteien in der Weimarer Republik

**B 5 DVP, 1924.** Mit dem Bismarck-Zitat tritt die DVP als Nachfolgerin der Nationalliberalen Partei des Kaiserreichs an. Die DVP warb ab den Reichstagswahlen 1924 außerdem mit der Person Gustav Stresemanns.

**B 6 Zentrum, um 1920.** Das Zentrum ist als Zahnrad dargestellt, das die ineinandergreifenden gesellschaftlichen Gruppen antreibt.

**B 7 Wahlplakat der DDP, 1920.** In der rechten Waagschale sind Kapitalisten und Junker vereinigt, in der linken die mit Handgranaten bewaffneten „Roten“. Das Plakat stammt von Karl Arnold, einem der bekanntesten Mitarbeiter der satirischen Zeitschrift „Simplicissimus“.

# Wählerinnen! Wähler!

## Der Wahl-Sonntag, der 12. Januar,

**steht vor der Tür. Sorgt, daß er zum Gerichtstag des Volkes über seine Beherrscher und Ausbeuter werde.** Diese hielten mit allen brutalen Mitteln des Gewaltstaates die Bestrebungen der Sozialdemokratie nieder, die

**auf die Überwindung des anmaßenden Militarismus,**
**auf die Beseitigung des größenwahnsinnigen Gottesgnadentums,**
**auf die Unterwerfung des weltmachtlüsternen Großkapitalismus**

losteuerten. Wäre diese **Politik der Demokratie und Völkerversöhnung** befolgt worden, so hätte sich das friedensbedürftige Europa der Arbeit **den Weltkrieg erspart.** Das deutsche Volk hat heute

**die ungeheuere Schuld zu begleichen,**

die ihm seine übermütigen und gewissenlosen Beherrscher **aufgebürdet** haben. In seinem großen Teil verarmt, muß das Volk finanziell die an **seiner Bedrückung und Belastung Schuldigen haftbar** machen. Die Schaffenden, die Arbeitenden müssen die Nutznießer des Krieges, die großkapitalistischen Klassen finanziell zur Verantwortung ziehen. In dem großen Ringkampf zwischen der **Arbeit und der Kapitalrente wütet jeder Werktätige, jeder Arbeiter, Angestellte, Beamte, Wissenschaftler, Künstler, Lehrer, Kleingewerbetreibende, Bauer und Hausangestellte gegen sein eigenes Interesse,** wenn er nicht die **Vertreter der Arbeitenden,**

**die Kandidaten der Sozialdemokratie,**

bei den Wahlen unterstützt. In den bürgerlichen Parteien wirken sich noch die Weihrauchstreuer des Gottesgnadentums, die Anbeter des Militarismus, die Beschirmer der Machtansprüche des Klerikalismus aus, denn die alten Parteien **wechselten nur ihren Namen nicht ihren Charakter.**

Allein die **Sozialdemokratische Mehrheitspartei** bedurfte **keiner Firmenänderung und keiner Umgestaltung ihres Programms.** Die Sozialisierung, der Achtstundentag, das Frauenwahlrecht, die rechtliche Gleichstellung der Dienstboten usw. standen längst auf ihrem Programm. Vor allem ist die **bayerische Volkspartei** das Sammelbecken **aller reaktionären Elemente** geworden. **Jede für die Bayerische Volkspartei abgegebene Stimme ebnet daher dem Bürgerkriege den Weg.**

Wähler und Wählerinnen, laßt euch nicht durch den demagogischen Ruf: **„Die Religion ist in Gefahr“,** irreführen. Die Sozialdemokratie will endlich die Freiheit des religiösen Bekenntnisses, die der Staat durch sein ganz unkatholisches Staatskirchentum arg verkümmerte, verwirklichen. Nicht die Sozialdemokratie hat die Religion gefährdet, sondern die Zentrumsführer, die durch ihre Propaganda des Schwertfriedens die christliche Religion des Weltfriedens und der Menschenliebe lästerten und die jetzt die Kirchen für ihre demagogische Wahlpropaganda mißbrauchen.

Ordnung und Sicherheit strebt die Sozialdemokratische Mehrheitspartei an, nicht durch diktatorische Gesten, durch Kraftphrasen und Säbelgerassel, sondern durch

**eine demokratisch-soziale Politik des organischen**
**Aufbaues der November-Errungenschaften.**

Weil diese Politik, die sich scharf und grundsätzlich von der Politik der Bolschewisten und der Spartakusgruppe abhebt, und die der Sozialdemokratischen Mehrheitspartei den wütenden Haß und die brutale Verfolgung aller zerstörenden Elemente eintrug, will sie schaffen:

# Friede, Freiheit und Brot!

**Darum Wähler und Wählerinnen gebt am 12. Januar den Kandidaten der**

# Sozialdemokratischen Partei eure Stimme!

**B 8 SPD-Plakat** zur Wahl der Bayerischen Nationalversammlung. Diese Wahl ging der für die Weimarer Nationalversammlung voraus.

B 9 KPD 1920. Bewaffnete Arbeiter unter Führung der KPD stellen sich zwei Reichswehrgenerälen entgegen (links von Seeckt, Chef der Heeeresleitung), hinter denen die riesige Gestalt des Großindustriellen Hugo Stinnes steht. Zwischen den Beinen des rechten Generals die Gestalt von Kahrs; ein Sozialdemokrat leckt dem General das Blut von den Stiefeln. Zwischen den beiden Gruppen ein Häuflein linker Sozialdemokraten.

**B 10 Völkischer Block, 1924.** Der „Drahtzieher" ist durch steifen Hut, Frack und dicken Bauch als Kapitalist gekennzeichnet. Diese Attribute wurden von der sozialistischen Agitation übernommen. Außerdem zeichnen den Kapitalisten auch Attribute aus, die aus der antisemitischen Propaganda bekannt sind: gebogene Nase und Davidstern als „Kennzeichen" des Juden. Der Antikapitalismus der NSDAP, die nach dem Putschversuch 1923 verboten war und deren Anhänger mit anderen rechtsradikalen Gruppen vorübergehend in Bayern den „Völkischen Block" und für die Reichstagswahlen 1924 die „Nationalsozialistische Freiheitspartei" gründeten, entpuppte sich als Antisemitismus.

**B 11 Das Wahlplakat der DNVP von 1924** läßt die Republikfeindlichkeit dieser Partei erkennen. Die DNVP versucht die Wähler der früheren Rechtsparteien zu sammeln.

*Vergleichen Sie die Wahlparolen der wichtigsten politischen Parteien (B 3, B 5–B 11, B 14, B 16, 17) miteinander. Wie stehen die Parteien danach zur Weimarer Republik? Von welchen Gruppierungen wollen sie sich abgrenzen bzw. gegen welche Tendenzen wenden sie sich? Vgl. auch die Wahlplakate aus der Endphase der Weimarer Republik (B 34–B 38)!*

# 3.1 Die Weimarer Verfassung

**B 12 Aufruf des Werbedienstes der Deutschen Republik, 1918**

Am 19. Januar 1919 fanden erstmals nach einem reinen Verhältniswahlrecht für Männer und Frauen die Wahlen zur Nationalversammlung statt. SPD, Zentrum und DDP (Deutsche Demokratische Partei, Nachfolgerin der linksliberalen Fortschrittlichen Volkspartei) erhielten eine dreiviertel Mehrheit (siehe T 14). Die Strömungen, die bereits im Interfraktionellen Ausschuß zusammengearbeitet hatten und die sich für die Errichtung einer parlamentarischen Demokratie ausgesprochen hatten, bildeten die erste demokratische Regierung unter Philipp Scheidemann (SPD). Friedrich Ebert wurde von der Nationalversammlung zum Reichspräsidenten gewählt.
Am 6. Februar 1919 trat die verfassunggebende Nationalversammlung in Weimar zusammen (siehe T 16). Man wollte dem Druck der Straße ausweichen und dem Mißtrauen der Alliierten gegen Berlin, das Zentrum des preußisch-deutschen Obrigkeitsstaates, begegnen.
Als die Nationalversammlung ihre Arbeit aufnahm, waren wichtige Entscheidungen bereits gefallen: die Ausrufung der Republik, die Errichtung einer parlamentarischen Demokratie, Wahlrecht und Beibehaltung der föderalistischen Struktur. Umstritten blieb hingegen die Frage, wie das Reich gegliedert werden sollte, also in erster Linie, ob Preußen unverändert Bestand haben sollte. Überlegungen, das übermächtige Preußen zu zerschlagen und die Kleinstaaten Mitteldeutschlands zusammenzufassen, scheiterten am Einspruch der betroffenen Länder. Die süddeutschen Staaten sprachen dem Reich generell das Recht ab, über die föderalistische Struktur zu befinden. In der Frage der Symbole des neuen Staates zeigte sich auffällig die Tendenz, Überkommenes zu verteidigen. Die Verfassung bezeichnet das Reich als eine Republik mit den Reichsfarben Schwarz-Rot-Gold. Aber der Versuch der Verfassungsgeber, sich in diesem Punkte vom Kaiserreich abzugrenzen, indem man an die Farben der Burschenschaften und der Revolution von 1848 anknüpfte, endete wegen des Widerstandes der Rechtsparteien und auch einiger Parlamentarier der Koalition mit einem Kompromiß; denn die Handelsflagge blieb schwarz-

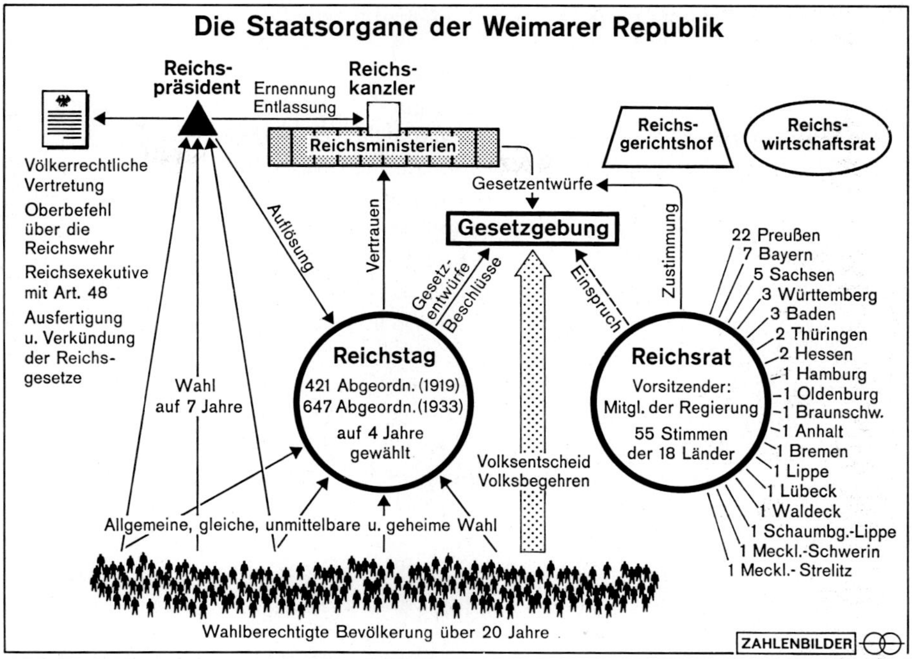


**B 13 Die Verfassung der Weimarer Republik**

weiß-rot mit den neuen Reichsfarben in der oberen inneren Ecke. Bei nationalen Anlässen wurden, je nach politischer Einstellung, Landesfahnen, alte und neue Reichsflagge gezeigt.
Die Bildung der Zentralarbeitsgemeinschaft von Unternehmerverbänden und Gewerkschaften am 15. November hatte den Gewerkschaften eine gleichberechtigte Stellung eingeräumt (siehe T 12); aber andererseits beinhaltete dieses Abkommen auch die prinzipielle Anerkennung der bestehenden Wirtschaftsordnung durch die Gewerkschaften. Artikel 159 der Verfassung garantierte ausdrücklich die Koalitionsfreiheit. Die Verfassung schloß zwar Sozialisierungsmaßnahmen nicht aus, aber in der Praxis blockierte zunächst die neue „Sozialpartnerschaft" alle entsprechenden Bestrebungen. Die anfänglich gebildeten Sozialisierungskommissionen verschwanden nach 1921.
Das Arbeitsverfassungsrecht blieb Stückwerk; die Betriebsräte wurden nur bei Entlassungen und bei bestimmten sozialen Betriebsmaßnahmen eingeschaltet. Artikel 165 der neuen Verfassung sah Wirtschaftsräte in den Betrieben und auf Bezirksebene vor sowie einen Reichsarbeitsrat: „Die Bezirksarbeiterräte und der Reichsarbeiterrat treten zur Erfüllung der gesamten wirtschaftlichen Aufgaben und zur Mitwirkung bei der Ausführung der Sozialisierungsgesetze mit den Vertretungen der Unternehmer und sonstiger beteiligter Volkskreise zu Bezirkswirtschaftsräten und einem Reichswirtschaftsrat zusammen". Der Reichswirtschaftsrat blieb jedoch nahezu bedeutungslos; er gab lediglich Gutachten ab und führte Erhebungen durch.
Die Stellung des Reichspräsidenten wurde von dem Vorbild des starken Oberhauptes in einer konstitutionellen Monarchie abgeleitet. In der Übergangsverfassung, die von der Nationalversammlung schnell beschlossen wurde, war die Wahl des Staatsoberhauptes durch die Nationalversammlung mit absoluter Mehrheit verankert; außerdem wurde dort festgelegt, daß die Reichsminister parlamentarisch verantwortlich waren. Diese Bestimmungen übernahmen weitgehend die Verfassungskonstruktion, die durch die Reformen im Oktober 1918 geschaffen

worden waren. Die endgültige Reichsverfassung, die am 14. August 1919 in Kraft trat, folgte in den Grundzügen der Übergangsverfassung. Die Novemberrevolution hatte also auf der Verfassungsebene wenig bleibende Spuren hinterlassen.
Die Verfassungsgeber hatten versucht, eventuellen Schwierigkeiten bei der Bildung stabiler Regierungen durch ein kompliziertes Gleichgewicht der Verfassungsorgane zu begegnen (siehe B 13). Historische Erfahrungen und Traditionsstränge sollten berücksichtigt werden: Das Vorbild der parlamentarischen Systeme in Westeuropa und deren Probleme sowie die Erfahrungen aus Verfassungskonflikten im Kaiserreich veranlaßten die Verfassungsgeber, Vorkehrungen gegenüber einer Regierungsunfähigkeit der Parteien und gegen einen Parlamentsabsolutismus zu treffen. Diese Überlegungen beeinflußten vor allem die Verankerung des Reichspräsidenten im Verfassungsgefüge. Seine Stellung entsprach derjenigen des amerikanischen oder des französischen Präsidenten in der damaligen Zeit. Die Berufung des Reichspräsidenten durch Volkswahl auf sieben Jahre sollte ein Gegengewicht zum Parlament herstellen. Dem Reichspräsidenten wurden beträchtliche Vollmachten und Rechte eingeräumt: Ernennung und Entlassung des Reichskanzlers, Recht der Auflösung des Reichstages und Unterbreitung eines jeden Gesetzentwurfes zum Volksentscheid. Entsprechend der Absicht, ein Gleichgewicht der Organe zu schaffen, lag die Legislative beim Reichstag und benötigte die Regierung zu ihrer Amtsführung das Vertrauen des Parlaments. Die direkte Wahl verlieh dem Staatsoberhaupt eine besondere Legitimation und Würde; er war gleichsam Symbol der politischen Einheit gegenüber der Vielheit der Parteien. Der zweite Reichspräsident, Paul von Hindenburg, verstand sich als Schiedsrichter über den Einzelinteressen der Parteien und Gruppen und als „Hüter der Verfassung“. Diesem Selbstverständnis des Amtes konnte der Reichspräsident vor allem durch die Anwendung der Befugnisse nach Artikel 48 Nachdruck verschaffen.
Nach diesem Verfassungsartikel führt der Reichspräsident die Reichsexekution gegen ein Land aus, das „die ihm nach der Reichsverfassung oder den Reichsgesetzen obliegenden Pflichten nicht erfüllt“. Weiterhin kann er, „wenn im Deutschen Reiche die öffentliche Sicherheit und Ordnung erheblich gestört oder gefährdet wird, die zur Wiederherstellung der öffentlichen Sicherheit und Ordnung nötigen Maßnahmen treffen“. Zu diesem Zwecke darf er mit Hilfe der bewaffneten Macht eingreifen und vorübergehend Grundrechte ganz oder zum Teil außer Kraft setzen. Er muß alle Maßnahmen dem Reichstag unverzüglich mitteilen und sie auf dessen Verlangen außer Kraft setzen.
Unter die „nötigen Maßnahmen“ fielen auch die „Notverordnungen“, gesetzliche Maßnahmen ohne Mitwirkung des Reichstages. Damit war dem Reichspräsidenten ein Instrumentarium mit weitreichenden politischen Folgen in die Hand gegeben. Der Artikel 48 wurde zwischen 1919 und 1923 u. a. angewandt, um durch Ausrufung des Ausnahmezustandes Putschversuche und Aufstände links- und rechtsradikaler Kräfte abzuwehren (vgl. Kap. 4.3). Friedrich Ebert erließ 135 Verordnungen nach Artikel 48, darunter 44 zur Behebung wirtschaftlicher Mißstände. 1921 erließ er z. B. eine Notverordnung, die es ermöglichte, gegen verfassungsfeindliche Presseorgane und Parteiveranstaltungen vorzugehen. Eine Reichstagsmehrheit hob nach wenigen Monaten die Verordnung wieder auf. Ab 1930 wurde die Anwendung von Artikel 48 auf den Verfassungsnotstand ausgedehnt, wie überhaupt der Reichspräsident ab etwa diesem Zeitpunkt legislative und exekutive Gewalt in seiner Person vereinte. Er ernannte und entließ Kanzler und Minister ohne Zustimmung des Parlaments. Er erließ über Notverordnungen Gesetze; dieses geschah 1930 fünfmal, 1931 vierundzwanzigmal und 1932 sechzigmal. Reichskanzler Heinrich Brüning (Zentrum) erklärte am 1. April 1930, daß sein neues Kabinett entsprechend dem vom Reichspräsidenten erteilten Auftrag an keine Koalition gebunden sei. Als der Reichstag die Notverordnungen vom 16. Juli 1930 ablehnte, löste Hindenburg das Parlament auf. Der Reichspräsident entließ am 30. Mai 1932 Reichskanzler Brüning, obwohl kein Mißtrauensvotum gegen ihn

vorlag; er ernannte von Papen zum Nachfolger, der keine Aussichten auf ein parlamentarisches Vertrauen besaß. Nachdem der Regierung von Papen das Mißtrauen ausgesprochen worden war, verfügte der Reichspräsident die Auflösung des Parlaments, „weil die Gefahr besteht, daß der Reichstag die Auflösung meiner Notverordnung vom 4. September des Jahres 1932 verlangt".

Der liberale Charakter der Verfassung zeigte sich vor allem im Wahlrecht. Das Reichstagswahlgesetz von 1924 behandelte das Reich als einen einzigen Wahlkörper. Auf je 60 000 für eine Liste abgegebene Stimmen mußte ein Mandat entfallen. Abgestimmt wurde nur über die Liste, also über Parteien, nicht aber über die Kandidaten in den einzelnen Wahlkreisen. Mit diesem reinen Verhältniswahlrecht sollte sichergestellt werden, daß jede politische Meinung im gleichen Verhältnis im Parlament zum Ausdruck gebracht wurde, wie sie in der Bevölkerung vertreten war.

Die Offenheit und Liberalität der Verfassung führte letztlich zur Wertneutralität. In die Beratungen der Nationalversammlung hatten alle dort vertretenen Parteien ihre Vorstellungen von Normen und Werten eingebracht. In der Verfassung fanden sich dann Eigentumsgarantien neben Sozialisierungsparagraphen, Verhältniswahlrecht neben Volksentscheiden oder konkurrierende Hoheitsrechte von Reich und Ländern wieder. Aber es fehlte eine Verankerung demokratischer Werte, ein Schutz der Verfassung gegenüber den Gegnern der parlamentarisch-demokratischen Ordnung. Die Rolle und Aufgabe der Parteien blieb unerwähnt. Selbst im Grundrechtsteil waren die geistigen Grundlagen der Staatsordnung nicht klar formuliert. So fanden neben klassischen Freiheitsrechten Schutz der Mutterschaft und der Jugend, Schutz von Kunstwerken und Denkmälern, Beamtenrechte und die politische Freiheit der Beamten dort Eingang. Die Grundrechte waren aber nicht als bindendes materielles Recht wie etwa im Grundgesetz von 1949 festgelegt.

Im Kampf um die politische Macht verhielt sich der Staat von Weimar innenpolitisch neutral; er wachte über die Einhaltung der Gesetze und suchte vor Gewaltanwendung zu schützen. Nach der Verfassung war es möglich, die demokratische Ordnung legal aufzuheben. Man mußte lediglich die Mehrheit im Parlament erlangen.

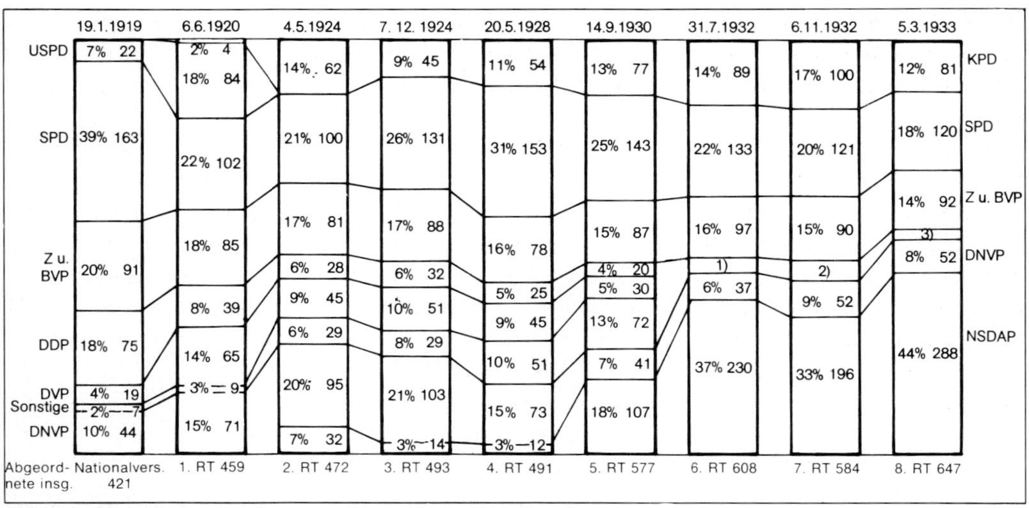


**T 14 Ergebnisse der Reichstagswahlen, 1919–1933** (in %)

BVP = Bayerische Volkspartei; DDP = Deutsche Demokratische Partei; DNVP = Deutschnationale Volkspartei; DVP = Deutsche Volkspartei; KPD = Kommunistische Partei Deutschlands; NSDAP = Nationalsozialistische Deutsche Arbeiterpartei; RT = Reichstag; SPD = Sozialdemokratische Partei Deutschlands; USPD = Unabhängige Sozialdemokratische Partei Deutschlands; Z = Zentrum (Deutsche Zentrumspartei)

(Zusammengestellt und prozentuiert nach: Statistisches Jahrbuch für das Deutsche Reich Bd. 27 [1928], S. 79 und Bd. 32 [1934], S. 302)

**T 15 Die Reichsregierungen von 1919–1933 und ihre Zusammensetzung**

| Beginn | Koalition | Reichskanzler | Zahl der von den Parteien gestellten Minister | | | | | | | | | |
|---|---|---|---|---|---|---|---|---|---|---|---|---|
| | | | USPD/ KPD | SPD | DDP | Zentrum | DVP | BVP | DNVP | NSDAP | $X^1$ | parteilos |
| 10. 11. 1918 | SPD-USPD | (Rat der Volksbeauftragten) | 3 | 3 | 0 | 0 | 0 | 0 | 0 | 0 | 0 | 0 |
| 29. 12. 1918 | SPD | (Rat der Volksbeauftragten) | 0 | 5 | 0 | 0 | 0 | 0 | 0 | 0 | 0 | 0 |
| 13. 2. 1919 | SPD-Z-DDP | Scheidemann (SPD) | 0 | 6 | 4 | 4 | 0 | 0 | 0 | 0 | 0 | 1 |
| 21. 6. 1919 | SPD-Z-(DDP) | Bauer (SPD) | 0 | 7(6) | 2(3) | 6 | 0 | 0 | 0 | 0 | 0 | 0 |
| 27. 3. 1920 | SPD-Z-DDP | Müller (SPD) | 0 | 5(6) | 3 | 4(3) | 0 | 0 | 0 | 0 | 0 | 0 |
| 21. 6. 1920 | Z-DDP-DVP | Fehrenbach (Z) | 0 | 0 | 2 | 4 | 3 | 0 | 0 | 0 | 0 | 2 |
| 10. 5. 1921 | SPD-Z-DDP | Wirth (Z) | 0 | 3 | 3 | 4 | 0 | 0 | 0 | 0 | 0 | 2 |
| 26. 10. 1921 | SPD-Z-DDP | Wirth (Z) | 0 | 4 | 2 | 4 | 0 | 0 | 0 | 0 | 0 | 1 |
| 22. 11. 1922 | Z-DDP-DVP | Cuno (parteilos) | 0 | 0 | 2 | 2 | 2 | 1 | 0 | 0 | 0 | 5 |
| 13. 8. 1923 | SPD-Z-DDP-DVP | Stresemann (DVP) | 0 | 4 | 2 | 3 | 2 | 0 | 0 | 0 | 0 | 1 |
| 6. 10. 1923 | SPD-Z-DDP-DVP | Stresemann (DVP) | 0 | 3 | 2 | 3 | 1 | 0 | 0 | 0 | 0 | 3 |
| 30. 11. 1923 | Z-DDP-DVP-BVP | Marx (Z) | 0 | 0 | 3 | 3 | 1 | 1 | 0 | 0 | 0 | 3(4) |
| 3. 6. 1924 | Z-DDP-DVP | Marx (Z) | 0 | 0 | 3(2) | 3 | 1 | (1) | 0 | 0 | 0 | 4 |
| 15. 1. 1925 | Z-DDP-DVP-DNVP | Luther (parteilos) | 0 | 0 | 1(2) | 3(2) | 2(3) | 1 | (3) | 0 | 0 | 1(3) |
| 20. 1. 1926 | Z-DDP-DVP-BVP | Luther (parteilos) | 0 | 0 | 3 | 4 | 3 | 1 | 0 | 0 | 0 | 0 |
| 17. 5. 1926 | Z-DDP-DVP | Marx (Z) | 0 | 0 | 3 | 4 | 3 | 1 | 0 | 0 | 0 | 0 |
| 29. 1. 1927 | Z-DVP-BVP-DNVP | Marx (Z) | 0 | 0 | (1) | 3 | 2 | 1 | 4 | 0 | 0 | (1) |
| 29. 6. 1928 | SPD-Z-DDP-DVP-BVP | H. Müller (SPD) | 0 | 3 | 2(1) | 2(3) | 2(3) | 2(1) | 0 | 0 | 0 | 0 |
| 30. 3. 1930 | Präsidialkabinett | Brüning (Z) | 0 | 0 | 1(2) | 3(4) | 2(1) | 1 | 1 | 0 | 3(2) | 1(3) |
| 9. 10. 1931 | Präsidialkabinett | Brüning (Z) | 0 | 0 | 1 | 2 | 0 | 1 | 0 | 0 | 3 | 4 |
| 1. 6. 1932 | Präsidialkabinett | von Papen (parteilos, vorher Z) | 0 | 0 | 0 | 0 | 0 | 0 | 4 | 0 | 0 | 9 |
| 3. 12. 1932 | Präsidialkabinett | von Schleicher (parteilos) | 0 | 0 | 0 | 0 | 0 | 0 | 2 | 0 | 2 | 9 |
| 30. 1. 1933 | DNVP-NSDAP | Hitler (NSDAP) | 0 | 0 | 0 | 0 | 0 | 0 | 4 | 3 | 1 | 5 |

$X^1$ = Splitterparteien. Zahlen in Klammern beziehen sich auf Regierungsumbildungen innerhalb der Amtsdauer.
(Nach: H. D. Schmid, Fragen an die Geschichte, Bd. 4, Frankfurt/M. $^4$1984, S. 30)

**T 16 Eröffnung der Nationalversammlung am 6. 2. 1919 durch Friedrich Ebert**

In der Revolution erhob sich das deutsche Volk gegen eine veraltete, zusammenbrechende Gewaltherrschaft. Sobald das Selbstbestimmungrecht des deutschen Volkes gesichert ist, kehrt es zurück auf den Weg der Gesetzmäßigkeit. Nur auf der breiten Heerstraße der parlamentarischen Beratung und Beschlußfassung lassen sich die unaufschiebbaren Veränderungen auch auf wirtschaftlichem und sozialem Gebiete vorwärts bringen, ohne das Reich und sein Wirtschaftsleben zugrunde zu richten. Deshalb begrüßt die Reichsregierung in dieser Nationalversammlung den höchsten und einzigen Souverän in Deutschland. Mit den alten Königen und Fürsten von Gottes Gnaden ist es für immer vorbei. Wir verwehren niemandem eine sentimentale Erinnerungsfeier. Aber so gewiß diese Nationalversammlung eine große republikanische Mehrheit hat, so gewiß sind die alten gottgegebenen Abhängigkeiten für immer beseitigt. Das deutsche Volk ist frei, bleibt frei und regiert in alle Zukunft sich selbst. Diese Freiheit ist der einzige Trost, der dem deutschen Volk geblieben ist, der einzige Halt, an dem es aus dem Blutsumpf des Krieges und der Niederlage sich wieder herausarbeiten kann.

Wir haben den Krieg verloren. Diese Tatsache ist keine Folge der Revolution. [...] Es war die Kaiserliche Regierung des Prinzen Max von Baden, die den Waffenstillstand einleitete, der uns wehrlos machte. Nach dem Zusammenbruch unserer Verbündeten und angesichts der militärischen und wirtschaftlichen Lage konnte sie nicht anders handeln. Die Revolution lehnt die Verantwortung ab für das

**T 17 Im Vergleich: Weimarer Verfassung – Grundgesetz der Bundesrepublik Deutschland**

| | Weimarer Verfassung (WV) | Grundgesetz (GG) |
|---|---|---|
| **Staatsoberhaupt** | Reichspräsident | Bundespräsident |
| Amtsdauer | 7 Jahre | 5 Jahre |
| Wahl | Volkswahl (Art. 41) | durch Bundesversammlung (Art. 54) |
| *Kompetenzen:* | | |
| Ernennung und Entlassung des Kanzlers | ohne Mitwirken des Parlaments (Art. 53) | Ernennung nach Wahl durch Bundestag (Art. 63, 2), Entlassung nach Wahl des Nachfolgers (Art. 67, 1) |
| Wehrmacht | Oberbefehl (Art. 47) | kein Oberbefehl über die Bundeswehr |
| Ausnahmezustand | Art. 48, 2 | – |
| Parlamentsauflösung | Art. 25 | nur beschränkt (Art. 63, 4) und beschränkt bei Mißtrauensvotum (Art. 67) |
| Gesetzgebung | suspensives Veto (Art. 73) | – |
| Eingreifen bei Gesetzgebungsnotstand | Notverordnungen nach Art. 48 | nur zusammen mit Bundesregierung und Bundesrat (Art. 81) |
| **Regierungschef** | Reichskanzler | Bundeskanzler |
| *Verantwortlichkeit:* | Gegenzeichnung von Anordnungen des Reichspräsidenten (Art. 50) Richtlinienkompetenz (Art. 54) | Gegenzeichnung von Anordnungen des Bundespräsidenten (Art. 58) Richtlinienkompetenz (Art. 65) |
| Volksentscheid | gegen Reichstagsbeschluß (Art. 75) Verfassungsänderung (Art. 76) Gesetzgebungsmittel (Art. 73–74) | nur zur Neugliederung des Bundesgebietes (Art. 29) |
| Parteien | – | Organe der politischen Willensbildung (Art. 21) |
| Verfassungsschutz bzw. -widrigkeit | – | Treue zur Verfassung (Art. 18) Parteien (Art. 21, 2) |
| Wahlrecht | reines Verhältniswahlrecht | kombiniertes Verhältnis- und Mehrheitswahlrecht mit 5%-Klausel |
| *Merkmale des demokratischen Rechtsstaates:* | | |
| Volkssouveränität | Art. 1, 2 | Art. 20, 2 — Art. 20 kann nicht geändert werden |
| Sozialstaat | – | Art. 20, 1 |
| Gewaltenteilung | – | Art. 20, 2 |
| *Grundrechte:* | | |
| Einschränkung | Art. 48 | siehe Notstandsgesetze |
| Verwirkung | – | durch Bundesverfassungsgericht bei Verletzung der Grundrechte zum Schaden der Demokratie (Art. 18) |

Elend, in das die verfehlte Politik der alten Gewalten und der leichtfertige Übermut der Militaristen das deutsche Volk gestürzt haben. Sie ist auch nicht verantwortlich für unsere schwere Lebensmittelnot. [...]

Aber nicht nur uns, auch unsere Gegner hat der Krieg ungeheuer erschöpft. Aus dem Gefühl der Erschöpfung bei unseren Gegnern entspringt ihr Bestreben, sich schadlos zu halten am deutschen Volke, wird der Ausbeutungsgedanke in das Friedenswerk hineingetragen. Diese Rache- und Vergewaltigungspläne fordern den schärfsten Protest heraus. Das deutsche Volk kann nicht auf zwanzig, vierzig oder sechzig Jahre zum Lohnsklaven anderer Länder gemacht werden. Das furchtbare Unglück des Krieges für ganz Europa kann nur wieder gutgemacht werden durch Handinhandgehen der Völker. [...]

Weshalb haben nach ihren eigenen Zeugnissen unsere Gegner gekämpft? Um den Kaiserismus zu vernichten. Es gibt ihn nicht mehr, er ist für immer erledigt. Die Tatsache dieser Nationalversammlung selbst zeigt es. Sie haben gekämpft, um den Militarismus zu zerstören. Er ist in Trümmer gestürzt und wird nicht wieder erstehen. Für Gerechtigkeit, Freiheit und einen Dauerfrieden haben unsere Gegner nach ihren feierlichen Proklamationen kämpfen wollen. Die Waffenstillstandsbedingungen aber sind bisher unerhört hart und schonungslos durchgeführt worden.

(Verhandlungen der verfassunggebenden Nationalversammlung, Bd. 326, S. 1ff.)

## 3.2 Politische Parteien und gesellschaftliche Kräfte

Die großen politischen Strömungen des 19. Jahrhunderts (siehe Kap. 1.2) wirkten in einem wenig veränderten Parteienspektrum fort (vgl. S 6). Unverändert blieben SPD (d. h. die Mehrheits-Sozialdemokratie ohne die USPD) und Zentrum. Die Nachfolgepartei der linksliberalen Fortschrittlichen Volkspartei, die Deutsche Demokratische Partei (DDP; siehe T 21) setzte die Zusammenarbeit mit Zentrum und SPD aus der Kriegszeit fort. Diese drei Parteien bekannten sich vorbehaltlos zur Weimarer Republik (siehe T 18) und traten häufig Koalitionen bei (siehe T 15). Die Rechtsliberalen (u. a. Gustav Stresemann und der Industrielle Hugo Stinnes) gründeten Mitte Dezember 1918 die Deutsche Volkspartei (DVP, siehe T 22). Die beiden liberalen Parteien vermochten nur kurzfristig größere Wählermassen bürgerlicher Mittel- und Oberschichten zu mobilisieren. Es mangelte diesen Parteien an der Unterstützung durch starke Verbände, wie sie SPD und Zentrum in ihren jeweiligen Gewerkschaftsorganisationen besaßen. In ihren Organisationsgraden blieben die liberalen Parteien zudem schwach und ähnelten noch den Honoratiorenparteien des 19. Jahrhunderts.
Die DDP wurde 1919 zur politischen Plattform namhafter Intellektueller: u. a. der Sozialwissenschaftler Max Weber, der Verfassungsrechtler Hugo Preuß und der Historiker Friedrich Meinecke. Die Partei, die am 20. November 1918 gegründet wurde. erreichte 1919 über 900 000 Mitglieder, verlor dann aber bereits 1920 mehr als die Hälfte und schrumpfte 1929 auf 113 000. Der Versuch, durch eine Öffnung nach rechts unter dem neuen Parteinamen „Staatspartei“ Wählerpotentiale zurückzugewinnen, scheiterte. Von den Stimmenverlusten der DDP profitierte zunächst die rechtsliberale DVP, die im Unterschied zu der anderen liberalen Partei neben dem traditionellen bürgerlichen Mittelstand (selbständige Handwerker und Kaufleute) auch starken Anhang im industriellen Großbürgertum besaß.
Die nicht-liberalen, rechtsstehenden Kräfte (ehemalige Deutschkonservative, Deutsch-Völkische, Freikonservative u. a.) sammelten sich in der Deutschnationalen Volkspartei (DNVP, siehe T 23). Die Völkischen waren zunächst zersplittert und suchten als Bewegung die bestehenden Parteien zu durchdringen, so daß zunächst die Opposition der Rechten über die DNVP wirksam wurde. Die monarchistischen, national und konservativ geprägten Strömungen der antidemokratischen Rechten (siehe T 26) diffamierten einzelne demokratische Politiker und das „System von Weimar“. Sie bedienten sich dabei der Parole der „Novemberverbrecher“ gegen die demokratischen Parteien, die die Kapitulation unterschrieben und notgedrungen den Versailler Vertrag angenommen hatten (siehe Kap. 4.1).
Zum verbindenden Element aller rechtsstehenden Opposition gegen die Weimarer Republik wurde der Nationalismus. Für nationalistische Parolen – wie etwa die „Kriegsschuldlüge“ im Versailler Vertrag (siehe T 26) oder die „Dolchstoßlegende“ (siehe B 14, S. 48) – wurde besonders das mittelständische Bürgertum anfällig, dessen Glaube an die zivilisatorische Mission Deutschlands und an seine militärische Überlegenheit nachhaltig gestört war. Nach dem Kriege bildete sich eine neue Form des antidemokratischen Nationalismus heraus, der sich nun als revolutionär verstand, den alten monarchischen Staat wilhelminischer Prägung ablehnte und eine sittliche Erneuerung propagierte (siehe T 26–27). Diese Strömung wurde vor allem über die Gruppe um den Schriftsteller Arthur Moeller van den Bruck wirksam, der auch auf die nationalsozialistische Ideologie einwirkte. Der „Neue Nationalismus“ drückte die Ideen einer Volksgemeinschaft, eines „deutschen“ Sozialismus und die Sehnsüchte nach einem Führer aus (siehe T 26a). Die völkische Bewegung, der zunächst auch die Nationalsozialistische Deutsche Arbeiterpartei zuzurechnen war, verband keine ausgeprägte Ideologie wie etwa der Neue Nationalismus. Vielmehr wurde versucht, kleinbürgerliche Vorurteile und einen vulgären Antisemitismus in die

**B 14 Die Lüge vom Dolchstoß, Plakat**

bürgerlichen Parteien hineinzutragen. Erst die Verbindung mit dem Nationalismus und die Aufnahme völkischer Gedanken in das Gedankengut des Nationalsozialismus verlieh solchen Vorstellungen politische Stoßkraft.

Zunächst fanden sich die opponierenden Rechtskreise in der DNVP vertreten, der es neben dem Zentrum als einziger Partei gelang, ihre Basis auf alle großen sozialen Schichten auszudehnen. Unter dem Vorsitz des gemäßigten Oskar Hergt näherte sich die DNVP der Republik und trat 1925 in die Reichsregierung ein (siehe T 15). Als die Partei 1928 erhebliche Stimmenverluste hinnehmen mußte, übernahm der antirepublikanische Flügel unter dem Industriellen Alfred Hugenberg die Parteiführung; viele gemäßigte Konservative verließen die Deutschnationale Volkspartei und gründeten verschiedene verfassungskonforme Parteien, die jedoch ohne Einfluß blieben.

Die Rechtsopposition konnte sich auf einflußreiche Massenmedien stützen, so auf den Pressekonzern von Hugenberg. Dieser Konzern druckte Zeitungen mit einer Auflage von 2–3 Millionen, Illustrierte, vaterländische Romane und Kriegstagebücher. Daneben vertrieb Hugenberg über die „Telegraphen Union" Nachrichten und Korrespondenzen an Provinzblätter und bot über seine „Wirtschaftsstelle der Provinzpresse" fertige Textspalten an. Damit konnte er seinen „nationalen Kurs" über das ganze Land verbreiten und das Meinungsbild der kleineren Zeitungen prägen.

Von den politischen Parteien in der Weimarer Republik besaß eigentlich nur das Zentrum (siehe T 20) Integrationskraft; denn nur diese Partei vermochte – neben der DVNP, die sich jedoch nicht eindeutig für die Republik aussprach – alle sozialen Schichten anzusprechen. Wie die DNVP, die zu über 90 Prozent evangelische Wähler an sich zog, war auch das Zentrum konfessionell gebunden, wenn auch gegen Ende der Weimarer Republik nur noch ein Drittel der Katholiken diese Partei wählte. Der Charakter einer Volkspartei zeigte sich darin, daß das Zentrum einen erheblichen Anteil an Arbeitern über die christlichen Gewerkschaften mobilisieren konnte, gleichzeitig aber die Interessen des Mittelstandes, der Bauern und Industriellen ansprach. Gegen Ende der Weimarer Republik nahm jedoch die Integrationsfähigkeit des Zentrums ab, weil es sich dauernd gezwungen sah, die auseinanderstrebenden Interessen seiner Anhänger auszugleichen. Da die Partei an allen Regierungen beteiligt war, mußte sie zudem ihr Profil in wechselnden Koalitionen behaupten. Das Zentrum blieb aufgrund seiner antikapitalistischen wie antisozialistischen Ausrichtung relativ flexibel. Nach 1928 nahm die Partei eine opportunistische Haltung ein, sah in dem ehemaligen Koalitionspartner SPD den politischen Gegner und suchte Annäherungsmöglichkeiten an die DNVP. Dieses Taktieren war durch die

Nationalsozialistische

# Deutsche Arbeiter-Partei

## Alle

Volksschichten erklären uns, euer Programm erscheint uns richtig, und nur eines hindert uns mit euch zu gehen, wir verstehen nicht warum ihr

## Judengegner

seid.

Gibt es nicht auch gute Juden, umgekehrt aber auch

## Lumpen unter den Christen?

Seht ihr nicht auch die christlichen **Wucherer, Schieber** und **Ausbeuter, Großkapitalisten** und ihre **Presse?**
Kann der Jude etwas dafür, daß er kein Deutscher, sondern eben Jude ist?

Da erklären wir euch:

Wir bekämpfen jedes **Kapital** gleich ob **jüdisch** oder **deutsch,** wenn es nicht in schaffender Arbeit liegt, sondern im Prinzip des **Zinses,** des **mühe-** und **arbeitslosen Einkommens** überhaupt.
Wir bekämpfen den Juden nicht als alleinigen Träger dieses Kapitals, sondern als den planmäßigen **Verhinderer seiner Bekämpfung,** sowie als ursprünglichen Begründer dieses Systems.
Wir bekämpfen ihn nicht als einzigen Wucherer, aber als denjenigen, der auf ein Prozent der Bevölkerung **90 Prozent aller Wucherer** stellt.
Wir bekämpfen ihn nicht als einzigen Schlemmer in unserer jetzigen Not, aber als denjenigen, der zu 90 Prozent bei wieder nur 1 Prozent Bevölkerungsanteil **alle Schlemmerstätten füllt.**
Wir bekämpfen ihn aber vor allem, als denjenigen, der es immer versteht, selber unschuldig zu erscheinen und andere hängen zu lassen.

Der in Deutschland Millionen kleiner Hamsterer als

## Christliche Schieber

aussuchen läßt, um selber desto sicherer **Milliarden** verschieben zu können.
Wir bekämpfen ihn vor allem auch als denjenigen, der jedes Gesetz nur solange vertritt, solange andere davon betroffen werden, jede Anwendung aber auf Verbrecher seiner eigenen Rasse sofort als

## Judenhetze

bezeichnet.

Wir bekämpfen ihn als fremde Rasse nicht weil er kein Deutscher ist, sondern weil er vorschwindelt einer zu sein.
Wir bekämpfen ihn, weil er nach Mommsen ein **„Ferment der Zerstörung"** von Staaten und Rassen ist, und während er Staaten zerstört und hungernde Völker als Auswanderer in die Fremde treibt, sich selber als Fremder in diese Staaten setzt.
Wir bekämpfen sein Wirken als

## Rassentuberkulose der Völker,

und sind überzeugt, daß Genesung nur eintritt, nach Entfernung des Erregers.

Deshalb fordern wir Euch auf, kommt **Alle** **zur großen öffentlichen** **Versammlung**

## Heute Freitag, den 13. August im Hofbräuhausfestsaal (Platzl)

**Es spricht Herr Adolf Hitler über:**

# „Warum sind wir Antisemiten?"

**Beginn der Versammlung 7½ Uhr abends.**

**Erst hört uns, und dann erst urteilt!**

J. Schreibers-Buchdruckerei
München, Rosental 6

Zur Deckung der Saalunkosten werden 50 Pfg. Eintritt erhoben.

**Einberufer für die Parteileitung: Anton Drexler.**

**B 15 Plakat. München 1920.** (Das Zitat stammt wahrscheinlich nicht von Mommsen.)

Erfahrungen aus der Zeit vor 1917 geprägt, als die Partei aus der politischen Verantwortung ausgeschlossen war. Während der Weimarer Republik versuchte das Zentrum daher, sofern irgend möglich, an der Regierung beteiligt zu bleiben.
Die andere große, staatstragende Partei, die SPD (siehe T 19), stand als klassengebundene Arbeiterpartei und mögliche Regierungspartei in einem Spannungsfeld zwischen allgemeinen politischen und gewerkschaftlichen Interessen. Sie sollte als Regierungspartei mit bürgerlichen Parteien zusammen die politische Verantwortung tragen und als Arbeiterpartei gleichzeitig die Interessen ihres beträchtlichen Wählerpotentials in der Arbeiterschaft gegenüber der USPD und später der KPD vertreten. Die SPD mußte immer auch Rücksicht auf ihren starken Gewerkschaftsflügel nehmen; dieses Taktieren führte im März 1930 zum Auseinanderbrechen der großen Koalition (siehe Kap. 7.1 und T 46).
Die SPD hatte die Zusammenarbeit der Mehrheitsparteien des alten Reichstags im Interfraktionellen Ausschuß auch in der Novemberrevolution auf informeller Ebene fortgesetzt; sie bildete mit dem Zentrum und DDP die „Weimarer Koalition" der staatstragenden Parteien. Trotz der Konkurrenz durch USPD und KPD konnte die SPD ihre starke Stellung in der Arbeiterschaft behaupten. Die USPD zerfiel 1920, und ihr rechter Flügel schloß sich wieder der SPD an (1922 schloß sich die Rest-USPD wieder formell mit der MSPD zur SPD zusammen). Die SPD stützte sich vor allem auf den Rückhalt des über 5 Millionen Mitglieder zählenden Allgemeinen Deutschen Gewerkschaftsbundes (ADGB) und des Allgemeinen freien Angestelltenbundes. In diese traditionelle Verbindung konnte auch die KPD nicht tief einbrechen.
Die Kommunistische Partei Deutschlands verkörperte den Typus einer proletarischen, klassenkämpferischen Partei (siehe T 25). Im Verlauf der Weimarer Republik bestimmte zunehmend die Kommunistische Internationale den Kurs in Anlehnung an die Sowjetunion. In einer kurzen Zeitspanne nach dem Zusammenschluß mit der USPD-Linken im Dezember 1920 erreichte die KPD eine Verdoppelung ihrer Mitgliederzahl; sie blieb jedoch mit 130 000 Mitgliedern (1928) und trotz steigendem Zulauf gegen Ende der Republik auf etwa einem Fünftel der Mitgliederzahl der SPD stehen.
Die sozialen Gruppen und Berufe wurden durch eine Vielzahl organisierter Interessen vertreten. Unterschiedliche wirtschaftliche, soziale und kulturelle Verbände suchten Einfluß auf die Politik zu gewinnen. Auf dem Agrarsektor schlossen sich ehemals konkurrierende Verbände zum „Reichslandbund" zusammen, der vor allem über die DNVP und DVP Einflußnahme suchte. Der „Centralverband deutscher Industrieller", der in erster Linie die Großindustrie vertrat, und der „Bund der Industriellen" gründeten den „Reichsverband der deutschen Industrie". Jedoch bestanden Gegensätze und Richtungskämpfe weiter und hemmten die Durchsetzungskraft des Verbandes. Die beiden großen wirtschaftlichen Spitzenverbände waren bürokratisch organisiert in zentralen und regionalen Geschäftsstellen. Außerdem existierten Verbände von Groß- und Überseehandel, Kleinhandel, Banken und Versicherungen sowie Handwerk.
Die Gewerkschaften und sonstigen Arbeitnehmerverbände sind drei großen Richtungen zuzuordnen: Innerhalb der Freien Gewerkschaften vertraten der ADGB und der Allgemeine deutsche Beamtenbund sozialdemokratische Arbeitnehmer. Der Allgemeine freie Angestelltenbund (AfA) galt als besonders links gerichtet. Die christlichen Gewerkschaften bekannten sich zum Zentrum; die liberalen Hirsch-Dunckerschen Gewerkvereine spielten nur eine untergeordnete Rolle.
Im Unterschied zu anderen westlichen Industriestaaten strebten in Deutschland diese Interessenverbände nach umfassenden Großorganisationen. Diese Entwicklung mündete schließlich nach dem Zweiten Weltkrieg in der Bundesrepublik Deutschland in die Gründung einer Einheitsgewerkschaft.

**T 18 Politische und wirtschaftliche Vorstellungen der Parteien in der Weimarer Republik**
in Schlagworten und Kernaussagen der Parteiprogramme

| Partei | Grundlagen des Staates / Innenpolitik | Außenpolitik |
|---|---|---|
| **KPD**<br>24. 8. 1930<br>(s. auch T 25) | Aufbau des Sozialismus / Zerschlagung des Machtapparates / Sowjetdemokratie / Klassenkampf / Sturz der Macht der Kapitalisten und des Großgrundbesitzes / brüderliches Bündnis mit den Proletariern aller Länder | Annullierung aller internationalen Schulde und Reparationsleistungen / politisches un wirtschaftliches Bündnis mit der Sowjetunion Selbstbestimmungsrecht aller Nationen |
| **SPD**<br>18. 9. 1925<br>(s. T 19) | Einheitsrepublik mit dezentralisierter Selbstverwaltung / Abwehr monarchistischer und militaristischer Bestrebungen / Demokratisierung der Verwaltung / Schutz des Koalitions- und Streikrechts / weltliche Schulen | gegen Imperialismus / Verwirklichung de Sozialismus / friedliche Lösung internationale Konflikte / Selbstbestimmungsrecht / internationale Abrüstung / europäische Wirtschaftseinheit |
| **Zentrum**<br>16. 1. 1922<br>(s. T 20) | Einigung starker Parteienkoalition auf festes Arbeitsprogramm / gegen gewaltsamen Umsturz / Vereinheitlichung der Verwaltung / Selbstverwaltung / Unparteilichkeit der Justiz / Bekenntnisschule | Gleichberechtigung Deutschlands / internationale Prüfung der Kriegsschuldfrage / Befreiun der besetzten Gebiete mit rechtmäßigen Mitteln |
| **DDP**<br>13.–15.<br>12. 1919<br>(s. T 21) | Bekenntnis zur Weimarer Verfassung / Erziehung des Volkes zur staatsbürgerlichen Gesinnung / Volksstaat / gleiches Recht für alle in Gesetzgebung und Verwaltung / kommunale Selbstverwaltung | Revision der Friedensverträge / Selbstbestimmungsrecht / Gleichberechtigung Deutschland / gegen Absplitterung deutscher Volksteile |
| **DVP**<br>19. 10. 1919<br>(s. T 22) | gesetzmäßig aufgerichtetes Kaisertum als geeignetste Staatsform / verantwortliche Mitarbeit der Volksvertretung / Verwaltungsreform / Selbstverwaltung / Stärkung der Familie / gegen Überflutung durch Fremdstämmige / nationale Einheitsschule / Koalitionsfreiheit | Völkerversöhnung erstrebenswert, jedoc unmöglich, solange die Ehre des Volkes vor Feinden zertreten / Vereinigung aller Deutschen einschließlich Österreichs / gegen aufgezwungenen Frieden |
| **DNVP**<br>1920<br>(s. T 23) | über den Parteien stehende Monarchie sichert Einheit des Volkes / starkes Preußen / Mitwirkung der Volksvertretung bei der Gesetzgebung / starke Exekutive / unabhängiges Berufsbeamtentum (Justiz) / kommunale Selbstverwaltung / starkes deutsches Volkstum / gegen zersetzenden undeutschen Geist (Antisemitismus) | Befreiung von fremder Zwangsherrschaft starke Außenpolitik / feste Vertretung de deutschen Interessen / Volksgemeinschaft mi allen Deutschen im Ausland / Selbstbestimmungsrecht |
| **NSDAP**<br>24. 2. 1920<br>(s. T 24) | als Staatsbürger gelten nur Volksgenossen deutschen Blutes, keine Juden / gegen korrumpierende Parlamentswirtschaft / starke Zentralgewalt / unbedingte Autorität des Zentralparlaments über das gesamte Reich und seine Organisation | Zusammenschluß aller Deutschen auf de Grundlage des Selbstbestimmungsrechts / Aufhebung der Friedensverträge / Kolonien zu Ernährung und Ansiedlung unseres Volkes gegen Einwanderung Nichtdeutscher |

## Auszüge aus Parteiprogrammen zu politischen Grundfragen

Wirtschaft

entschädigungslose Enteignung der Industriebetriebe, des großen Hausbesitzes und des Großgrundbesitzes / Übergabe ihres Grund und Bodens an landarme Bauern, Abschaffung der Unternehmerprofite

wirtschaftliches Rätesystem / Kontrolle des Reichs über Kartelle / Förderung der Genossenschaften / Verstaatlichung von Grund und Boden

Gewährleistung des Rechts der Privatunternehmen und Genossenschaften / Verstaatlichung gegen Entschädigung / Schutz des Mittelstandes / Aufsicht über Kartelle

gegen Vergesellschaftung der Produktionsmittel / Privatwirtschaft / gegen Monopole / Aufteilung des Großgrundbesitzes / Schutz von Handwerk und Kleinhandel

Privateigentum / nur bedingte Verstaatlichung gegen Entschädigung; vorzugsweise statt dessen Beteiligung des Staates an freien Betrieben / Genossenschaftswesen / Förderung der Landwirtschaft und des Mittelstandes

Privateigentum / gegen Kommunismus / berufliche und genossenschaftliche Zusammenschlüsse / Förderung der Landwirtschaft und des Mittelstandes / Sozialisierung nur mit erhöhter Vorsicht

Verstaatlichung aller bereits vergesellschafteten Betriebe / Gewinnbeteiligung an Großbetrieben / gesunder Mittelstand / Bodenreform / Kommunalisierung der Groß-Warenhäuser

### T 19 Heidelberger Programm der (Vereinigten) Sozialdemokratischen Partei Deutschlands (1925)

*Seit der Vereinigung von Mehrheitssozialdemokratie und USPD fehlte ein verbindliches Programm. Das von der Kommission vorgelegte neue Programm wurde auf dem Parteitag in Heidelberg im September 1925 angenommen. Der grundsätzliche Teil geht weitgehend auf einen Vorentwurf Kautskys zurück.*

#### Grundsätzlicher Teil

Die ökonomische Entwicklung hat mit innerer Gesetzmäßigkeit zum Erstarken des kapitalistischen Großbetriebes geführt [...]. Das Kapital hat die Massen der Produzenten von dem Eigentum an ihren Produktionsmitteln getrennt und den Arbeiter in einen besitzlosen Proletarier verwandelt. [...]

Ununterbrochen sind im Kapitalismus Tendenzen wirksam, die arbeitenden Schichten in ihrer Lebenshaltung zu drücken. [...] Das kapitalistische Monopolstreben führt zur Zusammenfassung von Industriezweigen, zur Verbindung aufeinanderfolgender Produktionsstufen und zur Organisierung der Wirtschaft in Kartelle und Trusts. Dieser Prozeß vereinigt Industriekapital, Handelskapital und Bankkapital zum Finanzkapital. [...]

#### Aktionsprogramm

*Verfassung*

Die demokratische Republik ist der günstigste Boden für den Befreiungskampf der Arbeiterklasse und damit für die Verwirklichung des Sozialismus. Deshalb schützt die Sozialdemokratische Partei die Republik und tritt für ihren Ausbau ein. Sie fordert: Das Reich ist in eine Einheitsrepublik auf Grundlage der dezentralisierten Selbstverwaltung umzuwandeln. Auf dem organisch neu zu gliedernden Unterbau der Gemeinden und Länder erhebt sich eine starke Reichsgewalt. [...]

Ausdehnung der unmittelbaren Reichsverwaltung auf die Justiz: Alle Gerichte werden Gerichte des Reichs. [...]

Abwehr aller monarchistischen und militaristischen Bestrebungen, Umgestaltung der Reichswehr zu einem zuverlässigen Organ der Republik.

Vollständige Verwirklichung der verfassungsmäßigen Gleichstellung aller Staatsbürger ohne Unterschied des Geschlechts, der Herkunft, der Religion und des Besitzes.

*Verwaltung*

Ziel der sozialdemokratischen Verwaltungspolitik ist die Ersetzung der aus dem Obrigkeitsstaat übernommenen polizeistaatlichen Exekutive durch eine Verwaltungsorganisation, die das Volk auf Grundlage der demokratischen Selbstverwaltung zum Träger der Verwaltung macht. Darum wird gefordert:

Demokratisierung der Verwaltung.

Reichsgesetzliche Vereinheitlichung der Länderverwaltung.

Die Grundsätze der Verwaltung bestimmt das Reich. Die Durchführung obliegt den Selbstverwaltungskörpern, soweit es sich nicht um Angelegenheiten handelt, die wegen ihrer zentralen Natur der unmittelbaren Verwaltung durch das Reich bedürfen.

*Sozialpolitik*
Der Schutz der Arbeiter, Angestellten und Beamten und die Hebung der Lebenshaltung der breiten Massen erfordern:
Schutz des Koalitions- und Streikrechts. Gleiches Recht der Frauen auf Erwerbsarbeit. Verbot jeder Erwerbsarbeit schulpflichtiger Kinder. [...]
*Kultur- und Schulpolitik*
Die Sozialdemokratische Partei erstrebt die Aufhebung des Bildungsprivilegs der Besitzenden.
Erziehung, Schulung und Forschung sind öffentliche Angelegenheiten; ihre Durchführung ist durch öffentliche Mittel und Einrichtungen sicherzustellen. [...]
Jede öffentlich-rechtliche Einflußnahme von Kirche, Religions- und Weltanschauungsgemeinschaften auf diese Einrichtungen ist zu bekämpfen. Trennung von Staat und Kirche, Trennung von Schule und Kirche, weltliche Volks-, Berufs- und Hochschulen. Keine Aufwendung aus öffentlichen Mitteln für kirchliche und religiöse Zwecke.
(Jahrbuch der deutschen Sozialdemokratie. Berlin 1931; S. 316ff.)

### T 20 Richtlinien der Deutschen Zentrumspartei vom 16. Januar 1922

*Am 30. Dezember 1918 hatte der Reichsausschuß der Partei unter Erzberger Leitsätze verabschiedet, in denen das Zentrum für eine demokratische Republik eintrat. In der Kulturpolitik führte das Zentrum Traditionen weiter. Das endgültige Programm wurde nach heftigen innerparteilichen Auseinandersetzungen, u. a. auch über die Frage einer Koalition mit der SPD, auf dem zweiten Reichsparteitag in Berlin verabschiedet.*

Die Zentrumspartei ist die christliche Volkspartei, die bewußt zur deutschen Volksgemeinschaft steht und fest entschlossen ist, die Grundsätze des Christentums in Staat und Gesellschaft, in Wirtschaft und Kultur zu verwirklichen. Sie sieht in einer zielklaren christlich-nationalen Politik die sichere Gewähr für die Erneuerung und die Zukunft des deutschen Volkes.
Die Zentrumspartei bekennt sich zum deutschen Volksstaat, dessen Form durch den Willen des Volkes auf verfassungsmäßigem Wege bestimmt wird. Das Volk muß als Träger der Staatsgewalt mit dem Bewußtsein der Verantwortung für die Staatsgeschicke erfüllt werden. Darum sind die Bürger aller Volksschichten in weitgehender Selbstverwaltung an den öffentlichen Angelegenheiten zu beteiligen, wobei das Berufsbeamtentum Rückgrat der Verwaltung bleiben muß. Die Vorherrschaft einer Klasse oder Kaste ist mit dem Wesen des Volksstaates unvereinbar. Die verantwortliche Anteilnahme aller Bürger an den Aufgaben des Volksstaates bedingt die politische Gleichberechtigung der Frau und volle Ausweitung der weiblichen Mitarbeit in Gesetzgebung und Verwaltung.
Die Reichseinheit, die begründet ist in der Kulturgemeinschaft und Schicksalverbundenheit der deutschen Stämme, gilt der Zentrumspartei als unverletzlich. Mit ihr steht und fällt die staatliche Lebenskraft des deutschen Volkes. Im Rahmen der Reichseinheit ist das Eigenleben der Länder zu schützen und zu pflegen. [...]
Das organische Wachstum der deutschen Volksgemeinschaft beruht auf der Solidarität aller Schichten und Berufsstände. Die Zentrumspartei will die natürlich gegebene Gemeinsamkeit im Geiste christlich-sozialer Lebensauffassung zu einem starken Gemeinschaftsbewußtsein entwickeln und damit dem staatlichen Leben dienstbar machen. Sie lehnt Klassenkampf und Klassenherrschaft grundsätzlich ab, will dagegen die Auswirkung der sozialen Triebkräfte des Berufsgedankens und der Berufsgemeinschaft. Als Grundlage des berufsständischen Aufbaues hat die organisierte Selbsthilfe und die freie Genossenhaft zu gelten.
(Offizieller Bericht des zweiten Reichsparteitages der deutschen Zentrumspartei vom 15.–17. Januar 1922. Berlin 1922, S. Vff.)

### T 21 Deutsche Demokratische Partei. Auszug aus dem Programm, Dezember 1919

*Die Partei wurde Ende 1918 gegründet; die DDP trat die Nachfolge der Fortschrittspartei und des linken Flügels der Nationalliberalen an. Friedrich Naumann wurde zum ersten Vorsitzenden gewählt. 1930 bildete sich aus der Partei die Deutsche Staatspartei, der auch ehemalige Mitglieder der DVP beitraten.*

In der höchsten Not unseres Vaterlandes ist die Deutsche Demokratische Partei geboren. Sie will das ganze Volk vorwärts und aufwärts führen in stetiger Entwicklung. Freiheit und Recht sind ihre Wegemarken.
Das ganze Volk! – ohne Unterschied von Klasse, Beruf und Religion; innere Einheit tut uns vor allem not, und der einzige Weg zu ihr ist die Demokratie: Sie bedeutet Interessenausgleich und Aufhebung der Begriffe Herrschaft und Untertanenschaft auf allen Gebieten, bedeutet gleiches Recht für alle in den Einrichtungen des Staates und der Gesellschaft. Der demokratischen Staatsauffassung gelten Personen und Gemeinschaften nur als lebendige Zellen und Glieder; den einheitlichen Körper aber bildet die Gesamtheit. [...]
Die Deutsche Demokratische Partei steht auf dem Boden der Weimarer Verfassung; zu ihrem Schutz und zu ihrer Durchführung ist sie berufen. Voraussetzung des Erfolges ist die Erziehung des Volkes zur staatsbürgerlichen Gesinnung. Das Verhältnis des Einzelnen zur Gesamtheit bestimmt sich durch

den Gedanken der staatsbürgerlichen Pflicht. Sie verleiht den Rechten der Volksgenossen Inhalt wie Begrenzung. Die deutsche Republik muß ein Volksstaat sein und unverbrüchlich zugleich ein Rechtsstaat.
Wir erstreben die Einheit des Reiches, aber unter Berücksichtigung und Erhaltung der Eigenart der deutschen Stämme.
In Gesetzgebung und Verwaltung muß gleiches Recht für alle gelten; die noch bestehenden Zurücksetzungen der Frauen sind zu beseitigen.
(W. Mommsen, Deutsche Parteiprogramme. München 1960, S. 508–509)

### T 22 Deutsche Volkspartei. Grundsätze, Oktober 1919.

*Die Partei wurde im Dezember 1918 von Mitgliedern der ehemaligen Nationalliberalen Partei gebildet. Großen Einfluß auf die politische Ausrichtung der Partei hatte Gustav Stresemann.*

Deutsches Wesen besteht von alters her in dem Streben nach freier Entfaltung des einzelnen und seiner Eigenart im Rahmen der vom Gemeinsinn beherrschten Volksgesamtheit. Deutsches Wesen zu pflegen und ihm Geltung und Achtung in der Welt zu erringen, ist das Bestreben der Deutschen Volkspartei.
Die Deutsche Volkspartei vertritt daher auf der Grundlage nationaler Staatsgesinnung die Vertiefung und Aussöhnung der liberalen und sozialen Gedanken. Sie ruft alle geistigen und sittlichen Kräfte des deutschen Volkes auf zur Mitarbeit an einer inneren Erneuerung von Volksleben und Staat auf Grund voller Gleichberechtigung, ernster Pflichterfüllung und echter Liebe zum Vaterlande.

I. Vom Staatswesen

1. *Staatsgewalt.* Eine starke, festgefügte Staatsgewalt – gestützt auf sorgsame Pflege staatsbürgerlichen Pflichtbewußtseins, letzten Endes aber auch auf die unerläßlichen Machtmittel – ist die erste Voraussetzung für eine gedeihliche Entfaltung der deutschen Volkskraft nach außen und innen. Je geringer die Machtmittel des Reiches sind, um so notwendiger ist es, das Pflichtbewußtsein gegen den Staat bis zum Tode [...] im deutschen Volke lebendig zu erhalten. Dafür wird die Deutsche Volkspartei allezeit eintreten.
Sie fordert volle politische Gleichberechtigung aller Staatsbürger; sie erblickt aber in der freiwilligen, vertrauensvollen Gefolgschaft, die das Volk seinen selbstgewählten Führern leistet, eine wesentliche Vorbedingung für Deutschlands Freiheit und Aufstieg. Sie wird diese Gesinnung besonders pflegen.
[...]
3. *Staatsform.* Die Deutsche Volkspartei wird den Wiederaufbau des Reiches mit allen Mitteln fördern. Daher wird sie im Rahmen ihrer politischen Grundsätze innerhalb der jetzigen Staatsform mitarbeiten. Die Deutsche Volkspartei fordert den deutschen Einheitsstaat mit weitgehender Selbstverwaltung und Sicherung der Eigenart der einzelnen geschichtlich, kulturell und wirtschaftlich zusammenhängenden Landschaften.
Solange sich aber nicht alle deutschen Länder gleichmäßig dem deutschen Einheitsstaat einfügen, wird die Deutsche Volkspartei sich jedem Versuch einer Zertrümmerung Preußens widersetzen.
Wir fordern die Wiederherstellung der ruhmvollen schwarz-weiß-roten Reichsfarben.
Die Deutsche Volkspartei erblickt in dem durch freien Entschluß des Volkes auf gesetzmäßigem Wege aufzurichtenden Kaisertum, dem Sinnbild deutscher Einheit, die für unser Volk nach Geschichte und Wesensart geeignetste Staatsform.
Verantwortliche Mitarbeit der Volksvertretung an der Regierung, ohne Ausbeutung der jeweiligen Parteimacht, gilt uns als wesentliche Grundlage jeder Verfassung.
(W. Mommsen, Deutsche Parteiprogramme, a. a. O., S. 519ff.)

### T 23 Deutschnationale Volkspartei, Grundsätze 1920.

*Zu der neuen Partei schlossen sich Ende 1918 konservative und christlich-soziale Gruppen, Vertreter der Landwirtschaft und der Wirtschaft zusammen.*

Das Kaisertum hat uns auf den Gipfel staatlicher Macht geführt. Das deutsche Volk hat seine Kraft glänzend bewährt. Durch feindliche Übermacht und eigene Schuld ist es jäh zusammengebrochen. Darin ruht die erschütternde Tragik seines Geschickes.
[...]
Es ist das schwere Geschick unseres Volkes, daß der nationale Gedanke bei uns nicht als natürliche Frucht einer stetigen Entwicklung durch die Jahrhunderte heranreifte. Aus Scherben und Trümmerhaufen brach er meist nach langem Schlummer hervor, um sich dann als Wurzel großer staatenbildender Kräfte und Ereignisse zu bewähren. In ruhigem Vertrauen harren wir der Zeit, wo die heilige Flamme vaterländischer Begeisterung die müde gewordenen Herzen und trägen Geister entzündet, wo der feurige Idealismus der Jugend sich in männlichen Taten bewährt und in der nationalen Einheit eines geläuterten Volkes unter den alten Reichsfarben schwarz-weiß-rot das Kaiserreich der Zukunft erwächst.
Von diesen Leitgedanken ausgehend, fordert die Deutschnationale Volkspartei im einzelnen:

I. Volks- und Staatsleben

1. *Deutschlands Befreiung.* Die Freiheit des deutschen Volkes von fremder Zwangsherrschaft ist die Voraussetzung der nationalen Wiedergeburt. [...]

4. *Monarchie.* Die monarchische Staatsform entspricht der Eigenart und geschichtlichen Entwicklung Deutschlands. Über den Parteien stehend verbürgt die Monarchie am sichersten die Einheit des Volkes. [...] Für das Reich erstreben wir die Erneuerung des von den Hohenzollern aufgerichteten deutschen Kaisertums.
5. *Wesen des Reiches.* Ein fest geeintes Deutsches Reich ist die wichtigste Grundlage deutscher Größe. Nur durch freudiges und freiwilliges Bekenntnis aller seiner Teile zum Reichsgedanken kann sein Bestand gesichert sein. [...] Um der Reichseinheit willen ist die Selbständigkeit der Einzelstaaten zu schützen und ihre und der Stämme berechtigte Eigenart zu pflegen. Das deutsche Gesamtinteresse erfordert ein unzerstückeltes, in seinem Bestande und in seinen Rechten nicht geschmälertes Preußen; auf seine staatenbildende Kraft kann das Reich für seinen Wiederaufbau nicht verzichten.
6. *Volksvertretung.* Auf dem Boden der verfassungsmäßigen Fortbildung unserer politischen Zustände vertreten wir den organischen Staatsgedanken. Uns ist der Staat der lebendige Volkskörper, in dem alle Glieder und Kräfte zu tätiger Mitwirkung gelangen sollen. Der aus allgemeinen, gleichen, unmittelbaren und geheimen Wahlen beider Geschlechter hervorgehenden Volksvertretung gebührt entscheidende Mitwirkung bei der Gesetzgebung und wirksame Aufsicht über Politik und Verwaltung. Neben diesem Parlament verlangen wir eine Vertretung, die auf einem, nach Berufen gegliederten Aufbau der wirtschaftlichen und geistigen Arbeit beruht.
(W. Mommsen, Deutsche Parteiprogramme, a. a. O., S. 533ff.)

### T 24 Aus dem Programm der Nationalsozialistischen Deutschen Arbeiterpartei, 1920

*Die NSDAP wurde Anfang 1919 in München gegründet.*

Das Programm der Deutschen Arbeiterpartei ist ein Zeitprogramm. Die Führer lehnen es ab, nach Erreichung der im Programm aufgestellten Ziele neue aufzustellen, nur zu dem Zweck, um durch künstlich gesteigerte Unzufriedenheit der Massen das Fortbestehen der Partei zu ermöglichen.
1. Wir fordern den Zusammenschluß aller Deutschen auf Grund des Selbstbestimmungsrechtes der Völker zu einem Großdeutschland.
2. Wir fordern die Gleichberechtigung des deutschen Volkes gegenüber den anderen Nationen, Aufhebung der Friedensverträge von Versailles und St. Germain.
3. Wir fordern Land und Boden (Kolonien) zur Ernährung unseres Volkes und die Ansiedlung unseres Bevölkerungsüberschusses.
4. Staatsbürger kann nur sein, wer Volksgenosse ist. Volksgenosse kann nur sein, wer deutschen Blutes ist, ohne Rücksichtnahme auf Konfession. Kein Jude kann daher Volksgenosse sein.
5. Wer nicht Staatsbürger ist, soll nur als Gast in Deutschland leben können und muß unter Fremdengesetzgebung stehen.
6. Das Recht, über Führung und Gesetze des Staates zu bestimmen, darf nur dem Staatsbürger zustehen. Daher fordern wir, daß jedes öffentliche Amt [...] nur durch Staatsbürger bekleidet werden darf. Wir bekämpfen die korrumpierende Parlamentswirtschaft einer Stellenbesetzung nur nach Parteigesichtspunkten ohne Rücksichten auf Charakter und Fähigkeiten.
7. Wir fordern, daß sich der Staat verpflichtet, in erster Linie für die Erwerbs- und Lebensmöglichkeiten der Staatsbürger zu sorgen. Wenn es nicht möglich ist, die Gesamtbevölkerung des Staates zu ernähren, so sind die Angehörigen fremder Nationen (Nicht-Staatsbürger) aus dem Reiche auszuweisen.
8. Jede weitere Einwanderung Nichtdeutscher ist zu verhindern. Wir fordern, daß alle Nichtdeutschen, die seit 2. August 1914 in Deutschland eingewandert sind, sofort zum Verlassen des Deutschen Reiches gezwungen werden.
9. Alle Staatsbürger müssen gleiche Rechte und Pflichten besitzen.
10. Erste Pflicht jedes Staatsbürgers muß sein, geistig oder körperlich zu schaffen. Die Tätigkeit des einzelnen darf nicht gegen die Interessen der Allgemeinheit verstoßen, sondern muß im Rahmen des Gesamten und zum Nutzen aller erfolgen.
(W. Mommsen, Deutsche Parteiprogramme, a. a. O., S. 548f.)

### T 25 Programm der Kommunistischen Partei Deutschlands, 31. 12. 1918

*Das Programm wurde zuerst von Rosa Luxemburg in der ‚Roten Fahne', Nr. 29 (14. 12. 1918) unter dem Titel ‚Was will der Spartakusbund?' veröffentlicht und dann vom Gründungsparteitag der KPD beschlossen.*

Die Verwirklichung der sozialistischen Gesellschaftsordnung ist die gewaltigste Aufgabe, die je einer Klasse und einer Revolution der Weltgeschichte zugefallen ist. Diese Aufgabe erfordert einen vollständigen Umbau des Staates und eine vollständige Umwälzung in den wirtschaftlichen und sozialen Grundlagen der Gesellschaft.
Dieser Umbau und diese Umwälzung können nicht durch irgendeine Behörde, Kommission oder ein Parlament dekretiert, sie können nur von der Volksmasse selbst in Angriff genommen und durchgeführt werden. [...]
Das Wesen der sozialistischen Gesellschaft besteht darin, daß die große arbeitende Masse aufhört, eine regierte Masse zu sein, vielmehr das ganze politische

und wirtschaftliche Leben selbst lebt und in bewußter freier Selbstbestimmung lenkt.
Von der obersten Spitze des Staates bis zur kleinsten Gemeinde muß deshalb die proletarische Masse die überkommenen Organe der bürgerlichen Klassenherrschaft, die Bundesräte, Parlamente, Gemeinderäte, durch eigene Klassenorgane, die Arbeiter- und Soldatenräte, ersetzen, alle Posten besetzen, alle Funktionen überwachen, alle staatlichen Bedürfnisse an dem eigenen Klasseninteresse und den sozialistischen Aufgaben messen. Und nur in ständiger, lebendiger Wechselwirkung zwischen den Volksmassen und ihren Organen, den A- und S-Räten kann ihre Tätigkeit den Staat mit sozialistischem Geiste erfüllen.
Auch die wirtschaftliche Umwälzung kann sich nur als ein von der proletarischen Massenaktion getragener Prozeß vollziehen. [...]
Sozialisierung der Gesellschaft kann nur durch zähen, unermüdlichen Kampf der Arbeitermasse in ihrer ganzen Breite verwirklicht werden, auf allen Punkten, wo Arbeit mit Kapital, wo Volk mit bürgerlicher Klassenherrschaft einander ins Weiße des Auges blicken. Die Befreiung der Arbeiterklasse muß das Werk der Arbeiterklasse selbst sein.
(H. Weber [Hrsg.], Der Gründungsparteitag der KPD. Protokolle und Materialien. Frankfurt 1969, S. 295f.)

## T 26 Leitideen der antidemokratischen Rechten

### a) Moeller van den Bruck: Das dritte Reich, 1923

*Der Publizist und Schriftsteller Arthur Moeller van den Bruck (1876–1925) war einer der einflußreichsten Denker und Kulturkritiker im rechten Lager. Er entwarf das „Dritte Reich" als Reich der Mitte zwischen Ost und West.*

Das Genie des deutschen Volkes ist nicht revolutionär. Es ist erst recht nicht liberal. Es ist konservativ. [...] Der liberale Mensch verstand, die Jahre zu nutzen, die hinter uns liegen. Er befestigte während dieser Zeit seine politische Stellung in den Errungenschaften der Revolution und, wenn es nur eben anging, durch ergebene Erfüllung des Friedens von Versailles. Er nahm die Verhältnisse hin, zu denen der Ausgang des Weltkrieges das Reich heruntergebracht hatte, ja, er suchte sich mit ihnen abzufinden und fand sie, indem er sie nach Möglichkeit beschönigte, durchaus erträglich und wohlgefällig. Der liberale Mensch ist immer Bejaher, schon um des Lebens willen, das er so liebt. Also bejahte er auch dieses Leben, das wir nach dem Befehle unserer Führer führen mußten. Der liberale Mensch frißt jede Schande, die man ihm hinwirft. [...]
Welche Sache ist heute unsere Sache? Welche kann sie nur sein? Welche muß sie sein? Der liberale Mensch möchte noch immer eine westliche Sache aus ihr machen, und der revolutionäre Mensch seine weltproletarische. Alle Erfahrungen von Versailles haben den Einen, alle Erfahrungen mit Moskau und der Nationalisierung des Sowjetstaates haben den Anderen nicht von gehegten Lieblingsvorstellungen abzubringen vermocht. Der konservative Mensch ist sich klar darüber, daß es sich für uns nunmehr und nur noch um die deutsche Sache handelt.
[...] Die Entstehung der deutschen Republik ist beispiellos. Sie entstand aus der Revolution. Und die Revolution entstand aus Verrat. Und der Verrat entstand aus Dummheit.
[...] Wir brauchen nicht Demokraten, die von vornherein Partei sind, sondern volkliche Führer, die wir [...] gar nicht erst zu fragen brauchen, welcher Partei sie angehören, weil ihre Partei von vornherein Deutschland ist. [...] Wir brauchen, es ist sehr möglich, vielleicht sogar eine sehr lange und wechselnde Folge von solchen Führern, in denen sich die Politisierung der Nation als Nationalisierung des Volkes verkörpert; von Führern, in denen sich der Übergang von der deutschen Geschichte von Gestern über die Revolution hinweg in eine deutsche Geschichte von Morgen vollzieht, in der wir ohne sie führerlos hineintreiben würden. Die Enttäuschung durch den Parteigedanken bedeutet Bereitschaft für den Führergedanken. Und die Jugend hat sich diesem Führergedanken ganz unterstellt. In der Monarchie war kein Raum für ihn. Die Monarchie beanspruchte selber die Führung. Aber sie tat es mit einer Ausschließlichkeit, die nicht mehr auf Verdienst, sondern auf Herkommen beruhte. Erst die Revolution hat den Führergedanken freigegeben. Sie selber hat ihn als revolutionären Führergedanken in den Verführern verfehlt. Aber sie hat ihn als konservativen Führergedanken ausgelöst und dem Manne überantwortet, der nicht zersetzt, sondern erhält.
(A. Moeller van den Bruck, Das dritte Reich. Hamburg [3]1931, S. 192ff.)

### b) Die Ideologie des Antisemitismus (1926)

Nicht nur zahlenmäßig, sondern auch an Bedeutung der wichtigste ist der nordisch-germanische Blutsteil. Der nordischen Rasse werden folgende Eigenschaften zugeschrieben: geistige Schöpferkraft [...], bisweilen gesteigert bis zum Genie, hohe geistige Beweglichkeit, staatenbildende Befähigung. Ihr Geist ist beweglich, ruhelos, strebt zur Unendlichkeit und umfaßt das Firmament. [...]
Die ostische (alpine) Rasse ist klein, dunkeläugig, dunkelhaarig und rundschädlig. Der ostische Mensch ist nicht schöpferisch veranlagt. [...] Er ist das typische Material für die Demokratie, der Massenmensch. [...] Eingehende Untersuchungen haben ferner gezeigt, daß der Prozentsatz des nordischen Blutes in den oberen Gesellschaftsschichten höher ist als in den niederen. Die bis zur Revolution herr-

schende Schicht war vorwiegend nordisch. [...] Vorwiegend nordisch kann der Adel aber nur bleiben, wenn er den Vermischungsprozeß nicht weiter fortsetzt. [...] Im deutschen Volk findet ständig eine negative Auslese in Richtung auf eine Ausmerzung des edlen nordischen Blutes statt. [...]
Gewiß verführt der Jude bewußt und unbewußt das Volk zur materialistischen Weltanschauung. Nie aber könnte ihm dies gelingen, wenn nicht ein großer Teil des Volkes, eben jener ostisch bestimmte, entsprechend veranlagt wäre. Mit der Ausschaltung des jüdischen Einflusses allein ist es also keineswegs getan. Es gilt dem nordischen Gedanken im deutschen Volke wieder zur Herrschaft zu verhelfen. [...] Es ist notwendig, endlich zu erkennen, daß im Germanentum die Wurzel unseres Wesens und das Geheimnis unserer Kraft ruht.
(H. Konopacki-Konopath, Ist Rasse Schicksal? Grundfragen der völkischen Bewegung. München 1926, S. 14ff.)

**c) Die Nation (1923/1925)**

Eine Nation braucht eine unabhängige Oberschicht, die selbständiger Träger des nationalen Wollens ist. [...] Der Mangel einer einheitlichen, nationalbewußten Oberschicht ist es, der unser Volk heute daran hindert, Nation zu werden, sich überhaupt als Nation zu empfinden und darzustellen.
(H. von Gleichen, Oberschicht und Nation. In: Bozi/Niemann, Die Einheit der nationalen Politik. Stuttgart 1925, S. 235)
Leben im Bewußtsein seiner Nation heißt Leben im Bewußtsein ihrer Werte. [...] Eine Nation ist eine Wertungsgemeinschaft. [...] Der nationalistische Mensch geht umgekehrt von den Werten als dem Eigentümlichsten aus, das eine Nation besitzt.
(Moeller van den Bruck, a.a.O., S. 332ff.)

**d) Organismus (Nationalsozialistische Studentenschaft, 1932)**

Das Element, die Wurzel, aus der unsere Weltanschauung kommt, ist der Organismusgedanke, der Wachstumsgedanke. Das heißt die Anschauung, die Auffassung alles Seins als eines Gewordenen und Wachsenden, als ein organisches Ganzes.
(E. Anrich, Drei Stücke über Nationalsozialistische Weltanschauung. Heft 2 der Kulturpolitischen Schriftenreihe der deutschen Gildenschaft. Stuttgart 1932)

## T 27 Kritik an der parlamentarischen Demokratie

**a) Müller-Meiningen, ehemaliger bayerischer Justizminister, 1931**

Interessenhaufen, nicht Staatsbürger. [...] Nur die seelenlose Masse herrscht! Freies, denkendes Führertum ist erdrückt, machtlos. „Staat" nennt sich heute etwas, was sich als Volksstaat ausgibt, was aber nichts anderes ist als die jeweiligen an der Macht sitzenden Parteien und ihre Führer. [...] Eine ungeheure Gleichgültigkeit, Müdigkeit, ja wahrer Ekel vor dem ganzen politischen Treiben [...] hat die weitesten Kreise erfaßt. [...] Jeder wahren Führung bar, wußte das Volk nicht wohin. [...] Überall Zersetzung [...]; die politische Vernunft – verdrängt durch bloße, gemeine Parteitaktik und ein zersetzendes, [...] charakterloses politisches Literatentum – war zu Grabe getragen.
(E. Müller-Meiningen, Bolschewismus, Faschismus oder Freistaat. München 1931, S. 95)

**b) Ein völkischer Autor, 1923**

Der neudeutsche Staat ist hervorgegangen aus dem Verrat einer Partei, die sich dem jüdischen Marxismus und Internationalismus verschrieben hatte, am Volksganzen. Er ist also ein geschichts- und wurzelloser Parteistaat ohne jeden Halt im Volke. Das Parteiwesen und der daraus entstandene Parlamentarismus sind durch und durch undeutsch und widervölkisch, weil sie nicht naturgesetzlich von unten heraufgewachsen sind, sondern gewaltsam nach fremden Vorbildern geschaffen wurden. Die Parteien zerreißen die Einigkeit der Volksgemeinschaft und lassen die Einheit von Volk und Staat nicht zu, weil jede nach Vorherrschaft und nach Besetzung von Ämtern strebt. Der auf dem Parteiwesen beruhende Parlamentarismus ist der verkörperte Volksbetrug, denn dem Volke wird vorgegaukelt, er verbürge die Volksherrschaft, während das Wesen des Parlamentarismus [...] Parteiherrschaft übelster Art ist.
(Karl Nüse, Der völkische Neuaufbau Deutschlands. Göttingen [2]1923, S. 71)

**c) Aufruf der KPD zur Unterstützung ihres Präsidentschaftskandidaten Thälmann, 1925**

*Ernst Thälmann (1886–1944) wurde 1924 Vorsitzender der KPD. Unter seiner Führung ordnete sich die KPD dem stalinistischen Kurs in der Sowjetunion unter. 1933 wurde Thälmann verhaftet; er wurde im KZ Buchenwald ermordet.*

Arbeiter! Ausgebeutete!
Nicht *mit* der Bourgeoisie – nur im Kampfe *gegen* ihre schwarzrotgoldenen Agenten könnt ihr die stärkste Ausbeutung und Unterdrückung, die Auslieferung als Kanonenfutter für neue Imperialistenkriege verhindern.
Nur das revolutionäre Proletariat, das die Monarchie im November 1918 zerschlagen, das den Kampf für die sozialistische Republik geführt hat und von Ebert und Hindenburg blutig niedergeschlagen wurde, das den Kapp-Putsch abgewehrt hat, das 1923 aufmarschierte, um die Faschisten zu verjagen [...], nur das revolutionäre Proletariat, als Klasse geeinigt, von der Kommunistischen Partei geführt, unter der roten Fahne, kann die Schlacht gegen die

**B 16 Wahlplakat der Kommunistischen Partei, 1920.** Die Kommunisten haben zwar Kandidaten für den Reichstag aufgestellt, sie sind aber gegen konstruktive Mitarbeit im Parlament (vgl. T 4).

**B 17 Wahlplakat des Völkischen Blocks, 1924.** „Völkischer Block" nannten sich die Rechtsextremisten nach dem Verbot der NSDAP 1923. Aus ihrer Einstellung zum Parlamentarismus machen sie keinen Hehl.

reaktionäre Bourgeoisie schlagen. Diese Schlacht wird nicht mit dem Stimmzettel geschlagen. [...] Heraus zur Massendemonstration gegen die monarchistische Reaktion, gegen ihre Schrittmacher, die schwarzrotgoldenen Reaktionäre! Für die rote Klassenfront des Proletariats!
Für den Sturz der Bourgeoisie und für die Errichtung der proletarischen Diktatur!
(Die Rote Fahne, 12. April 1925)

### Problem und Diskussion

**1** *Skizzieren Sie die Weimarer Verfassung in ihren Grundzügen nach Politik- und Staatsverständnis, Organisation und Funktionen der Staatsorgane.*
**2** *Vergleichen Sie die Weimarer Verfassung mit dem Bonner Grundgesetz hinsichtlich Gemeinsamkeiten und Unterschieden.*
**3** *Beschreiben Sie anhand der Texte die Einstellung der politischen Parteien zur Weimarer Republik.*
**4** *Prüfen Sie die These, die Parteien in der Weimarer Republik seien wenig integrationsfähig gewesen. Bedienen Sie sich hierzu auch T 14, T 15 und T 18–24.*
**5** *Im darstellenden Teil wird ausgesagt, der Neue Nationalismus sei die wichtigste Leitidee der antidemokratischen Rechten gewesen. Nehmen Sie hierzu Stellung, und prüfen Sie die Texte in T 26–T 27 daraufhin.*
**6** *T 27 enthält drei kritische Einstellungen zum Parlamentarismus. Vergleichen Sie die Aussagen miteinander.*

# 4. ÄUSSERE UND INNERE BELASTUNGEN INFOLGE DES VERLORENEN KRIEGES

## 4.1 Der Versailler Vertrag – Folge der Vergangenheit und Ursache künftiger Entwicklung

Am 11. November 1918 unterzeichnete der Zentrumsabgeordnete Matthias Erzberger in Compiègne den Waffenstillstand; die OHL hatte die Verantwortung für den verlorenen Krieg den parlamentarischen Kräften zugeschoben. Dann begannen die Siegermächte damit, das europäische Staatensystem neu zu ordnen. Der Zusammenbruch der Monarchien Deutschland und Österreich-Ungarn schien die westlichen Alliierten auch ihrem Kriegsziel, demokratischen Ordnungen zum Durchbruch zu verhelfen, näher zu bringen. Die politischen Voraussetzungen für ein Friedensprogramm, die der amerikanische Präsident Wilson mehrfach geäußert hatte (vgl. T 2), entsprachen den Zielen der europäischen Großmächte England und Frankreich (T 29 und T 30). Die Friedenskonferenz trat erstmalig am 18. Januar 1919 in Versailles unter dem Vorsitz des französischen Ministerpräsidenten George Clemenceau zusammen. Die Verhandlungen führten die 27 Alliierten und Assoziierten Mächte; die wesentlichen Entscheidungen trafen jedoch die Großmächte USA, England, Frankreich und Italien. Die Bürgerkriegsparteien Rußlands fehlten. Die ehemaligen Feindmächte Deutschland, Österreich-Ungarn, Bulgarien und Türkei durften nur schriftliche Stellungnahmen abgeben. Entsprechend der Tradition früherer Friedenskonferenzen wurden getrennte Verhandlungen mit den einzelnen Feindstaaten geführt.

Der Vertrag mit Deutschland sollte einerseits die militärische Niederlage des Deutschen Reiches besiegeln und für absehbare Zukunft jede mögliche „deutsche Gefahr“ ausschalten; Deutschland sollte die alleinige Kriegsschuld übernehmen und Schadensersatz leisten. Andererseits sollte der Vertrag eine neue, dauerhafte Grundlage für das friedliche Zusammenleben der Völker schaffen. Die unterschiedliche geographische Lage zum Deutschen Reich, andersartige und anders ausgelegte historische Erfahrungen und voneinander abweichende politische Zielvorstellungen führten zu unterschiedlicher Betonung dieser beiden Ziele durch George Clemenceau, Woodrow Wilson und den englischen Premierminister David Lloyd George.

Dementsprechend erwiesen sich die Friedensverhandlungen als äußerst schwierig. Den gemäßigten Forderungen, die der amerikanische Präsident u. a. in seinen „Vierzehn-Punkten“ erhoben hatte (T 2; s. auch Kap. 2.1), standen die französischen Forderungen gegenüber (T 29), die aus sicherheitspolitischen Interessen eine weitgehende Entmachtung Deutschlands beinhalteten. Großbritannien wollte die möglicherweise dadurch entstehende Vormachtstellung Frankreichs auf dem Kontinent verhindern (T 30). Lloyd George trat deshalb besonders in den Auseinandersetzungen um die Zukunft von Saar und Rhein, um den Status von Danzig und in der Frage einer Volksabstimmung in Oberschlesien den französischen Ansprüchen entgegen.

Das von dem amerikanischen Präsidenten geforderte Recht der nationalen Selbstbestimmung (s. T 2) wurde in den Friedensverträgen der Alliierten mit Deutschland in Versailles (am 28. Juni 1919 unterzeichnet), mit Österreich und Ungarn, die als Rechtsnachfolger der Donaumonarchie betrachtet wurden, zu St. Germain (1919) und Trianon (1920) sowie im Frieden von Neuilly (1919) mit Bulgarien und mit dem Türkischen Reich in Sèvres (1920) trotz einiger Einschränkungen zumindest formal angewendet (s. auch Kap. 5.1). Hierfür sprachen die Volksbefragungen (s. T 32), wenn auch deren Durchführung manchmal anfechtbar war (vgl. T 33).

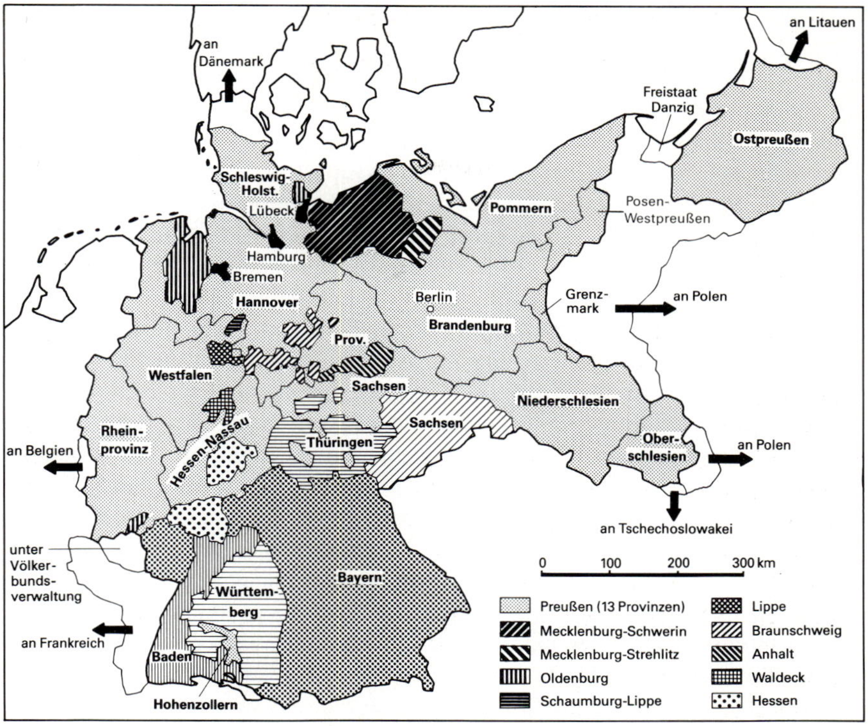


**K 2 Das Deutsche Reich nach dem Versailler Vertrag 1920**
(Nach: H. Schulze, a. a. O., S. 93)

Zum Versailler Vertragswerk gehörte außerdem die Völkerbundssatzung, deren Zustandekommen im wesentlichen auf Wilson zurückzuführen war. Mitglieder des Völkerbundes wurden zunächst 32 alliierte und 13 neutrale Staaten; die USA traten nicht bei. Auf der Grundlage des Selbstbestimmungsrechts der Völker und unter Ächtung jeder Geheimdiplomatie sollte der Völkerbund die politische Unabhängigkeit der einzelnen Mitgliedsstaaten garantieren, als internationales Schiedsgericht eventuelle Streitigkeiten zwischen den Staaten schlichten, den internationalen Handel erleichtern, die Abrüstung ermöglichen und so eine dauerhafte Friedensordnung begründen (s. T 31).

Im Versailler Vertrag mußte Deutschland in Artikel 231 die Alleinschuld am Ausbruch des Ersten Weltkriegs anerkennen. Damit war zugleich die völkerrechtliche Grundlage für Reparationsforderungen gegeben: Der Aggressor Deutschland wurde zur Wiedergutmachung der widerrechtlich zustandegekommenen Schäden verurteilt. Mit seinen Verbündeten sollte Deutschland in zunächst unbestimmter Höhe materielle Wiedergutmachung leisten, bis eine Reparationskommission das Ausmaß des angerichteten Schadens festgestellt hatte. Sofort mußte das Reich 90% seiner Handelsflotte, 5000 Lokomotiven, 136 000 Waggons, 130 000 landwirtschaftliche Maschinen, 135 000 Rinder und 50 000 Pferde abliefern. Bis zur Festsetzung der Reparationsleistungen im Mai 1921 auf 132 Milliarden Goldmark wurden weiterhin 24 Mio. t Kohle und 15 Mio. t Farbstoffe abgeliefert.

Deutschland mußte im Versailler Vertrag etwa 13% seiner Fläche und 10% seiner Bevölkerung abtreten (s. K 2). Wichtige Industriegebiete und Rohstofflager gingen damit verloren: 15% der Anbaufläche, 17% der Kartoffel- und 13% der Weizenernte, 75% der Eisenerze, 58% der Zinkvorkommen, 26% der Steinkohleförderung und das Kalimonopol. Außerdem wurden über das

Deutsche Reich Abrüstungsmaßnahmen verhängt, die nach dem Versailler Vertrag zu ersten Schritten einer allgemeinen Abrüstung erklärt wurden. Die schweren Waffen (Panzer, Flugzeuge, U-Boote und die Kriegsflotte) mußten abgetreten werden; die Armee wurde auf ein 100 000-Mann-Heer langdienender Freiwilliger beschränkt. Außerdem wurde die westliche Rheinseite entmilitarisiert.

Einwendungen von deutscher Seite gegen diese harten Vertragsbestimmungen, die von der Reichsregierung als „unerträglich und unerfüllbar" bezeichnet wurden, nahmen die Alliierten lediglich zur Kenntnis. Da es unmöglich war, die Kampfhandlungen wieder aufzunehmen, mußte die deutsche Delegation die Friedensbedingungen annehmen. Am 28. Juni 1919 wurde der Vertrag im Spiegelsaal des Schlosses von Versailles unterzeichnet.

Die Versailler Vertragsbestimmungen, vor allem die Zuweisung der alleinigen Kriegsschuld und die hierauf gegründeten Forderungen der Alliierten, riefen in Deutschland eine starke Verbitterung und große Empörung in weiten Teilen der Bevölkerung hervor. Die Gegner der Republik nutzten diese Gefühle aus. Sie konnten darauf verweisen, daß beim Abschluß des Waffenstillstandes die Front außerhalb der Reichsgrenzen verlaufen war. Die Legende wurde geschürt, daß das siegreiche Heer durch die politische Umwälzung in der Heimat „von hinten erdolcht" worden sei (s. B 14). Die Legende von der ungebrochenen Kraft des deutschen Heeres bot vielen Deutschen eine willkommene Alternative zur nüchternen Analyse der Ursachen der militärischen Niederlage. Sie verdrängte die selbstkritische Vergangenheitsbewältigung, und sie benannte auch die Sündenböcke: die „Erfüllungspolitiker" der Weimarer Republik.

Nach dem Ersten Weltkrieg existierte das alte europäische Staatensystem der fünf Großmächte nicht mehr. Österreich-Ungarn war untergegangen; Rußland und Deutschland schieden zunächst aus dem Kreis der Großmächte aus; Italien war durch den Krieg geschwächt. Die einzige Großmacht auf dem Kontinent blieb somit zunächst Frankreich, das in seinem Streben nach Vormachtstellung allenfalls von Großbritannien zurückgehalten wurde. Die USA zogen sich wieder aus Europa zurück.

Das Prinzip der nationalen Selbstbestimmung konnte nicht vollständig verwirklicht werden; geographische Gegebenheiten oder geschichtliche Erinnerungen überlagerten es; Macht- oder Gleichgewichtsdenken verletzten es z. B. in der Ablehnung der Eingliederung Deutsch-Österreichs in das Deutsche Reich und in der Grenzziehung zwischen Österreich und Italien. Nationales Selbstbestimmungsrecht und kollektive Sicherheit konnten nicht mit politischem Machtstreben vereinbart werden; es kam zu Widersprüchen und Konflikten, zu umstrittenen Grenzfragen.

Oberschlesien wurde 1921 geteilt, obwohl sich seine Bevölkerung mehrheitlich für Deutschland ausgesprochen hatte. Das Memelgebiet, das litauische Freischärler im Januar 1921 besetzt hatten, gaben die Alliierten 1924 an Litauen. Die vom englischen Außenminister Curzon vorgeschlagene polnische Ostgrenze (Memel – Grodno – Bug) deckte sich nicht mit der polnischen Grenze aus der Zeit vor der ersten Teilung Polens 1772. Polen und Rußland erkannten die Grenze nicht an. 1919 drangen polnische Truppen bis in die Ukraine vor, wurden aber von der Roten Armee zurückgeworfen. Polen behauptete jedoch im Friedensschluß 1921 über die Curzon-Linie hinaus einen 150 km breiten Streifen in Weißrußland und in der Ukraine. Die Türkei konnte im Krieg mit Griechenland Gebietsabtretungen aus dem Friedensvertrag zurückgewinnen; im Frieden von Lausanne mußte Griechenland wieder auf seine kleinasiatischen Erwerbungen verzichten. Irland wurde 1920 nach jahrelangen Unruhen geteilt; die Republik Irland erhielt 1922 ihre Unabhängigkeit von Großbritannien. Fiume, das 1919 von italienischen Freischärlern erobert wurde, fiel 1924 an Italien. Die italienische Besetzung des französischen Korsika wurde hingegen auf Druck des Völkerbundes wieder rückgängig gemacht.

Abgesehen von dieser erfolgreichen Schlichtung in der Auseinandersetzung zwischen Griechenland und Bulgarien konnte der Völkerbund jedoch kaum zur Festigung des Status quo bzw. zur Friedenssicherung beitragen. Da jede Entscheidung des Völkerbundsrates einstimmig getroffen werden mußte und durch ein Veto blockiert werden konnte, verhinderten häufig bereits Verfahrensweisen ein wirksames Eingreifen. Zudem gehörten von den Großmächten nur Frankreich und Großbritannien ununterbrochen diesem Gremium an. Deutschland war 1926–1933 Mitglied des Völkerbundes, Italien bis 1937, Spanien und die Sowjetunion nur zeitweise (1934–1939) und die USA überhaupt nicht.

### T 29 Note des französischen Marschalls Foch an die Alliierten vom 10. 1. 1919

*Ferdinand Foch (1851–1929) war ab Mai 1917 französischer Oberkommandierender und ab April 1918 Oberkommandierender aller hier eingesetzter Truppen der Entente, also auch des amerikanischen Expeditionskorps.*

Das Deutschland von 1914 war das Ergebnis einer andauernden Arbeit von 150 Jahren, die, von Friedrich II. begonnen und von seinen Nachfolgern methodisch fortgesetzt, zur Verpreußung Deutschlands geführt hat. [...]

Kurz, Deutschland bleibt noch für lange Zeit, bis zu einer völligen Wandlung seiner Politik und seiner Weltanschauung eine furchtbare Drohung für die Zivilisation. Unter solchen Umständen gebietet die elementarste Vorsicht den alliierten Nationen, die den ersten Ansatz zu einem Völkerbunde bilden, Deutschland gegenüber eine Gesamtheit von reinen Abwehrmaßnahmen und von grundlegenden Vorbereitungsmaßregeln zu ergreifen. [...]

Wollen wir den Unternehmungen Deutschlands gegen Westen Einhalt tun – Deutschlands, das, von jeher kriegslustig und auf den Besitz anderer neidisch, in jüngster Vergangenheit unter Verachtung aller Rechte und mit den gesetzwidrigsten Mitteln zur gewaltsamen Eroberung herangebildet und geschult worden ist und das sofort einen furchtbaren Krieg zu unternehmen vermag –, so müssen wir, um die Entscheidung durch die Waffen mindestens aufzuschieben, von vornherein zu allen von der Natur gebotenen Mitteln greifen. Die Natur hat nur eine Schranke über den Weg des einbrechenden Feindes gezogen: den Rhein. Er muß benutzt und umstritten und darum schon im Frieden besetzt und befestigt werden. Ohne diese grundlegenden Vorsichtsmaßnahmen bleibt Westeuropa ohne jede natürliche Grenze und steht wie früher den Gefahren eines feindlichen Einfalls offen, der noch gewaltsamer werden kann. Ohne diese Vorsicht werden die friedlichen Industriegegenden Nordwesteuropas unmittelbar von der zerstörenden Flut des Barbarenkrieges überschwemmt, dem kein Damm Halt gebietet.

Der Rhein, schon an sich ein gewaltiges Hindernis, macht einen Übergang besonders schwierig in einem Zeitalter, wo die Maschinengewehre der Verteidigung den Angreifer zum Gebrauch von Tanks nötigen. [...]

Fortan muß der Rhein die militärische Westgrenze der deutschen Völker bilden: Deutschland muß am linken Rheinufer jede Eintrittspforte, jeder Waffenplatz, d. h. jede Landeshoheit genommen werden, mit einem Wort, jede Möglichkeit, wie im Jahre 1914, rasch in Belgien und Luxemburg einzufallen, die Nordseeküste zu erreichen und England zu bedrohen, die natürlichen Verteidigungslinien Frankreichs, Rhein und Maas, zu umgehen, Nordfrankreich zu erobern und gegen Paris vorzudringen.

Das ist für die Gegenwart und die nahe Zukunft eine unerläßliche Bürgschaft für die Erhaltung des Friedens, und zwar

1. wegen der materiellen und geistigen Verfassung Deutschlands,
2. wegen seiner zahlenmäßigen Überlegenheit über die demokratischen Länder Westeuropas. [...]

Selbstverständlich wird es Sache des Friedensvertrages sein, den Rechtsstand für die linksrheinischen Bevölkerungen festzusetzen, die außerhalb der französischen oder belgischen Grenze wohnen.

Aber bei der Gestaltung, welcher Art sie auch sei, muß der oben dargelegten militärischen Notwendigkeit Rechnung getragen werden. Daraus folgt:

1. Der militärische Zutritt zu den linksrheinischen Gebieten und die politische Propaganda in ihnen muß Deutschland völlig untersagt, ja es müssen diese Gebiete vielleicht durch eine militärisch neutrale Zone auf dem rechten Ufer gedeckt werden.
2. Die militärische Besetzung der linksrheinischen Gebiete muß durch alliierte Streitkräfte sichergestellt werden.
3. Den linksrheinischen Gebieten müssen die erforderlichen Absatzgebiete für ihre wirtschaftliche Tätigkeit gesichert werden, und zwar dadurch, daß sie mit den übrigen Weststaaten durch ein gemeinsames Zollsystem verbunden werden.

Unter diesen Bedingungen kann man gemäß dem allgemein anerkannten Grundsatz der Freiheit der Völker die Bildung neuer unabhängiger Staaten am linken Rheinufer, die sich unter den oben entwickelten Vorbehalten selbst verwalten, ins Auge fassen. Die Bildung solcher Staaten wird, unterstützt von einer festen natürlichen Grenze, dem Rhein, allein es ermöglichen, Westeuropa den Frieden zu sichern.

(Die französischen Dokumente zur Sicherheitsfrage 1919–1923. Amtliches Gelbbuch des Französischen Ministeriums der Auswärtigen Angelegenheiten. Berlin 1924, S. 1ff.)

**T 30 Lloyd George über die englischen Kriegsziele**

*David Lloyd George (1863–1945) war 1916–1922 britischer Premierminister.*

Wir führen keinen Angriffskrieg gegen das deutsche Volk, das von seinen Führern überzeugt wurde, es kämpfe einen Verteidigungskrieg gegen eine Vereinigung neidischer Völker, die die Zerstörung Deutschlands beabsichtigen. Das ist nicht der Fall. Eine Zerstörung Deutschlands oder des deutschen Volkes war niemals unser Kriegsziel, vom ersten Tage des Krieges an bis heute. Wir wurden tatsächlich überaus widerstrebend und äußerst unvorbereitet für die schreckliche Feuerprobe gezwungen, in diesen Krieg einzutreten, zur Selbstverteidigung, zur Verteidigung des vergewaltigten öffentlichen Rechtes in Europa und zur Rettung der feierlichen Vertragsverpflichtungen, auf welche die politische Struktur Europas gegründet ist. Deutschland dagegen hat mit seinem Einfall in Belgien dieses rücksichtslos zu Boden getreten. Wir mußten entweder in den Kampf eintreten oder beiseite stehen, um dem Untergang Europas und dem Triumph der rohen Macht über das öffentliche Recht und die internationale Gerechtigkeit zuzuschauen. Es war lediglich das Bewußtsein dieser schrecklichen Alternative, das das britische Volk in den Krieg gezwungen hat. Das englische Volk hat sich niemals von dieser ursprünglichen Haltung getrennt, es hat niemals eine Trennung der deutschen Stämme oder die Auflösung des deutschen Staates oder Landes beabsichtigt. Deutschland hat eine große Stellung in der Welt. [...]

Die ersten Forderungen, die daher die britische Regierung und ihre Verbündeten immer vorangestellt haben, sind die vollständige Wiederaufrichtung Belgiens und die möglichst weitgehende Entschädigung für seine verwüsteten Städte und Provinzen. Dies ist nicht die Forderung einer Kriegsentschädigung, wie sie Deutschland im Jahre 1871 auferlegt hat. Es ist auch kein Versuch, die Kosten der Kriegshandlungen von einem Kriegführenden auf einen anderen zu schieben. Es ist nicht mehr und nicht weniger als das feste Bestehen darauf, daß, bevor es irgendeine Hoffnung auf einen dauerhaften Frieden geben kann, dieser große Bruch des öffentlichen europäischen Rechtes seine Zurückweisung erfahren und soweit wie möglich gutgemacht werden muß. Wiedergutmachung bedeutet Anerkennung. Solange das internationale Recht nicht durch das Beharren auf Zahlung des Schadens, der in Nichtachtung seiner Grundlagen zugefügt wurde, besteht, kann es niemals Wirklichkeit sein.

Als nächstes kommt die Wiederherstellung Serbiens, Montenegros sowie der besetzten Teile Frankreichs, Italiens und Rumäniens, vollständige Zurückziehung der feindlichen Armeen. Wiedergutmachung von Unrecht ist die grundlegende Bedingung für einen dauernden Frieden. [...]

Schließlich muß eine Gutmachung des in Vergewaltigung des internationalen Rechtes verübten Schadens eintreten. Die Friedenskonferenz darf nicht unsere Seeleute und die Dienste vergessen, die sie der gemeinsamen Sache der Freiheit geleistet, sowie die Gewalttätigkeiten, unter denen sie gelitten haben. Eine Unterlassung, die wir in dem Angebot der Mittelmächte bemerkt haben und die uns besonders bedauernswert erscheint, ist, daß es wünschenswert, ja tatsächlich wesentlich ist, daß der herbeigeführte Zustand nach dem Kriege ein solcher sei, der nicht wieder den Keim für einen künftigen Krieg in sich trägt. Aber das ist nicht alles. Wie klug und gut wir auch Vereinbarungen über Gebiete und andere Gegenstände treffen mögen, es werden viele Gegenstände für eine internationale Aussprache übrigbleiben. Einige sind tatsächlich unvermeidlich.

(Purlitz' Deutscher Geschichtskalender 1918, I,1, S. 141ff. Nach: Ursachen und Folgen, Bd. II, S. 139–144)

**T 31 Der Friedensvertrag von Versailles, 28. Juni 1919**

*Die Völkerbundssatzung, die auch Bestandteil des Friedensvertrags der alliierten Mächte mit Deutschland wurde, war am 29. April von der Vollversammlung auf der Friedenskonferenz angenommen worden. Die Friedensbedingungen wurden von der Mehrheit der Nationalversammlung am 23. Juni notgedrungen akzeptiert; die Vertragsunterzeichnung konnte am 28. Juni in Versailles vorgenommen werden.*

**Teil I: Völkerbundssatzung**

Art. 2: Der Bund übt seine in dieser Satzung bestimmte Tätigkeit durch eine Bundesversammlung und durch einen Rat, denen ein ständiges Sekretariat beigegeben ist, aus. [...]

Art. 8: Die Bundesmitglieder bekennen sich zu dem Grundsatz, daß die Aufrechterhaltung des Friedens eine Herabsetzung der nationalen Rüstungen auf das Mindestmaß erfordert, das mit der nationalen Sicherheit und mit der Erzwingung internationaler Verpflichtungen durch gemeinschaftliches Vorgehen vereinbar ist. [...]

Art. 10: Die Bundesmitglieder verpflichten sich, die Unversehrtheit des Gebiets und die bestehende politische Unabhängigkeit aller Bundesmitglieder zu achten und gegen jeden äußeren Angriff zu wahren. [...]

Art. 12: Alle Bundesmitglieder kommen überein, eine etwa zwischen ihnen entstehende Streitfrage [...] der Schiedsgerichtsbarkeit oder der Prüfung durch den Rat (des Völkerbundes) zu unterbreiten. [...]

Art. 14: Der Rat wird mit dem Entwurf eines Planes zur Errichtung eines Ständigen Internationalen Gerichtshofs betraut. [...] Dieser Gerichtshof befin-

**K 3 Rheinland 1920–1935.**
(Nach: K. D. Erdmann, Adenauer in der Rheinlandpolitik nach dem Ersten Weltkrieg. Historische Kommission bei der Bayerischen Akademie der Wissenschaften. Stuttgart 1966)

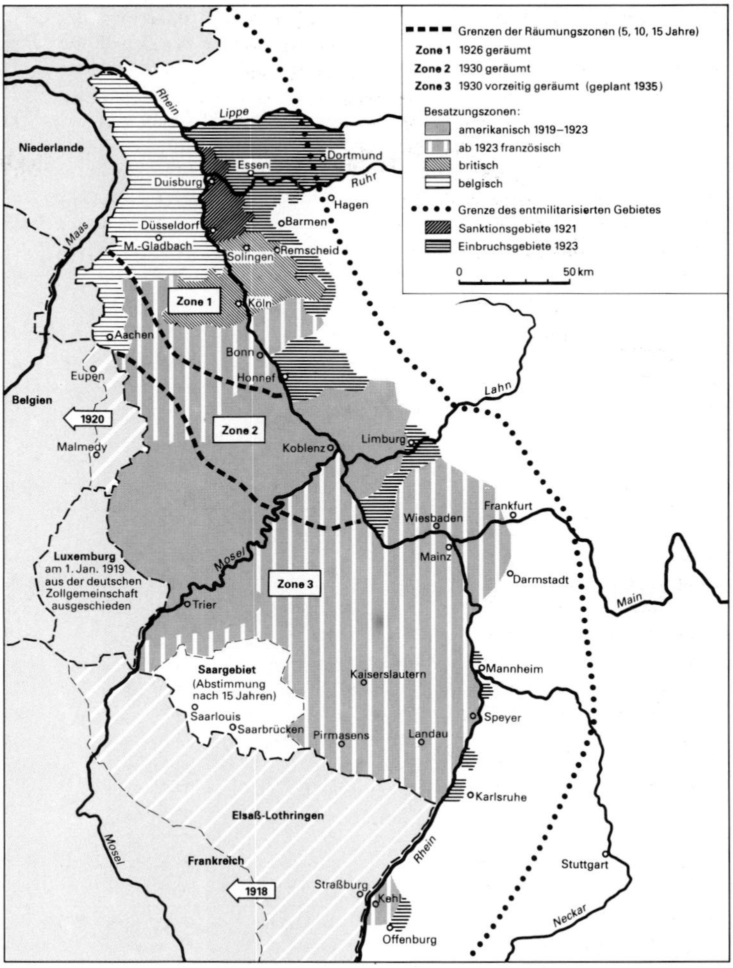


det über alle ihm von den Parteien unterbreiteten internationalen Streitfragen. [...]
Art. 16: Schreitet ein Bundesmitglied entgegen den [...] übernommenen Verpflichtungen zum Kriege, so wird es ohne weiteres so angesehen, als hätte es eine Kriegshandlung gegen alle anderen Bundesmitglieder begangen. Diese verpflichten sich, unverzüglich alle Handels- und Finanzbeziehungen zu ihm abzubrechen [...].

**Teile II–XV**

Art. 42: Es ist Deutschland untersagt, auf dem linken Ufer des Rheines und auf dem rechten Ufer westlich einer 50 km östlich des Flusses verlaufenden Linie Befestigungen beizubehalten oder anzulegen. [...]
Art. 45: Als Ersatz für die Zerstörung der Kohlengruben in Nordfrankreich und als Anzahlung auf den Betrag der von Deutschland geschuldeten Wiedergutmachung der Kriegsschäden tritt Deutschland das volle und unbeschränkte, völlig schulden- und lastenfreie Eigentum an den Kohlengruben im Saarbecken mit dem ausschließlichen Ausbeutungsrecht an Frankreich ab. [...]
Art. 80: Deutschland erkennt die Unabhängigkeit Österreichs [...] an und verpflichtet sich, sie unbedingt zu achten; es erkennt an, daß diese Unabhängigkeit unabänderlich ist, es sei denn, daß der Rat des Völkerbundes einer Änderung zustimmt. [...]
Art. 87: Deutschland erkennt [...] die völlige Unabhängigkeit Polens an. [...]
Art. 119: Deutschland verzichtet zugunsten der alliierten und assoziierten Mächte auf alle seine Rechte und Ansprüche bezüglich seiner überseeischen Besitzungen. [...]
Art. 213: Solange der gegenwärtige Vertrag in Kraft bleibt, verpflichtet sich Deutschland, jede Untersuchung zu dulden, die der Rat des Völkerbundes mit Mehrheitsbeschluß für notwendig erachtet. [...]
Art. 228: Die deutsche Regierung räumt den alliierten und assoziierten Mächten die Befugnis ein, die

wegen eines Verstoßes gegen die Gesetze und Gebräuche des Krieges angeklagten Personen vor ihre Militärgerichte zu ziehen. [...]
Art. 231: Die alliierten und assoziierten Regierungen erklären, und Deutschland erkennt an, daß Deutschland und seine Verbündeten als Urheber für alle Verluste und Schäden verantwortlich sind, die die alliierten und assoziierten Regierungen und ihre Staatsangehörigen infolge des ihnen durch den Angriff Deutschlands und seiner Verbündeten aufgezwungenen Krieges erlitten haben. [...]
Art. 428: Um die Ausführung des gegenwärtigen Vertrags durch Deutschland sicherzustellen, bleiben die deutschen Gebiete westlich des Rheins einschließlich der Brückenköpfe während eines Zeitraums von 15 Jahren nach Inkrafttreten des gegenwärtigen Vertrags durch die Truppen der alliierten und assoziierten Mächte besetzt.
(Der Friedensvertrag zwischen Deutschland und den alliierten und assoziierten Mächten. Amtliche deutsche Übertragung im Auftrag des Auswärtigen Amtes. Charlottenburg 1919)

**T 32 Gebietsverluste (Reichsteile) nach dem Ersten Weltkrieg**

| abgetretene Landesteile | an Staat | Fläche (in qkm) | Bevölkerung 1910 (in 1000) | davon mit Muttersprache Deutsch[4] (in 1000) | (in %) |
|---|---|---|---|---|---|
| Posen[1] | Polen | 26042 | 1946 | 670 | 34,4 |
| Westpreußen[1] | Polen | 15865 | 965 | 412 | 42,7 |
| Südostpreußen[1] | Polen | 501 | 25 | 9 | 36,0 |
| Pommern[1] | Polen | 10 | 0,2 | 0,2 | 100,0 |
| Schlesien[1] | Polen | 512 | 26 | 9 | 34,6 |
| Westpreußen (Danzig)[1] | Freie Stadt Danzig | 1914 | 331 | 315 | 95,2 |
| Ostpreußen (Memelgebiet)[1] | Litauen | 2657 | 141 | 72 | 51,1 |
| Ostoberschlesien[2] | Polen | 3213 | 893 | 264 | 29,5 |
| Schlesien (Hultschin)[1] | Tschechoslowakei | 316 | 48 | 7 | 14,6 |
| Nordschleswig[2] | Dänemark | 3992 | 166 | 40 | 24,1 |
| Eupen-Malmedy[2] | Belgien | 1036 | 60 | 49 | 81,7 |
| Elsaß-Lothringen[1] | Frankreich | 14522 | 1874 | 1634 | 87,2 |
| insgesamt | | 70579 | 6476 | 3482 | 53,8 |
| in %[3] | | 13,0 | 10,0 | | |

1 Ohne Abstimmung. 2 Mit Abstimmung. 3 Der Fläche und Bevölkerung des Deutschen Reiches von 1910.
4 Deutsch als einzige Muttersprache.
(Hagen Schulze, Weimar. Berlin 1982, S. 195)

**T 33 Volksabstimmungen nach dem Versailler Vertrag**

**1920** **Schleswig I.** (nördliche Zone): 75% für Dänemark.
**Schleswig II.** (südliche Zone): 80% für Deutschland.
**Bezirk Allenstein:** 98% für Deutschland.
**Bezirk Marienwerder:** 92% für Deutschland.

**1920** **Eupen und Malmedy:** auf Beschluß des Völkerbundes an Belgien nach umstrittenen Abstimmungsverfahren. Anstelle einer Volksabstimmung mußte sich die Bevölkerung in öffentliche Listen eintragen. Nach massiver belgischer Einschüchterung trugen sich nur 271 der 33700 Stimmberechtigten ein.

**1921** **Oberschlesien:** Obwohl sich 60% der abstimmenden Bevölkerung und 55% der Gemeinden für das Verbleiben im Deutschen Reich aussprachen, wurde Oberschlesien im Oktober 1921 durch den Obersten Rat der Alliierten geteilt. Der wirtschaftlich wertvollste Teil des Industriereviers (Kattowitz, Tarnowitz, Pleß, Königshütte, Lublinitz, Rybnik, Myslowitz) fiel an Polen, das damit 91% der Kohlevorkommen in Oberschlesien erhielt.

**1935** **Saargebiet:** 91% der Bevölkerung stimmten für Deutschland. Daraufhin kam das Gebiet an Deutschland zurück.

## 4.2 Die wirtschaftlichen und gesellschaftlichen Folgen des Krieges

Wirtschaftlich stand die junge Republik vor schwierigen Problemen und Aufgaben. Bereits während des Krieges waren alle europäischen Industriestaaten durch die enormen Kriegskosten (u. a. Investitionen für Umstellung auf Rüstungsproduktion), durch den Rückgang der Handelsbeziehungen untereinander und durch den Verlust überseeischer Exportmärkte an die USA und an Japan geschädigt worden. Die Produktion von Rüstungsgütern hatte in einzelnen Industriesektoren – so in der Schwerindustrie, im Schiffbau und im Kohlebergbau – große Produktionskapazitäten geschaffen, die nach dem Kriege lange Zeit nicht mehr ausgelastet werden konnten. Die größten Schwierigkeiten bereitete den europäischen Staaten jedoch der Abbau der kriegsbedingten Schulden. Die europäischen Alliierten waren stark bei den USA und in Großbritannien verschuldet (s. T 34). Diese hohen Anleihen und Kreditaufnahmen der Staaten waren nicht mehr durch Gold gedeckt. Nach dem Ersten Weltkrieg brach das auf Gold beruhende internationale Währungssystem zusammen.

Die Finanzierung des Krieges hatte das Deutsche Reich 164 Mrd. Mark gekostet, die durch Schatzanweisungen und Kriegsanleihen gedeckt wurden. Der öffentliche und private Geldumlauf war bei Kriegsende auf das Fünffache und der Notenumlauf auf das Zwölffache der Vorkriegszeit gestiegen. Die Steuereinnahmen deckten nur etwa 14% der Ausgaben des Reiches. Da der Krieg im wesentlichen durch Anleihen finanziert wurde, war das Reich verpflichtet, seinen Bürgern ihre Anleihen zu verzinsen und zurückzuzahlen. Letztlich war das Problem, wie der Krieg bezahlt werden sollte, auf die Nachkriegszeit verschoben worden. Ähnlich sah die Situation in anderen europäischen Staaten aus. Frankreich finanzierte etwa 2% der Kriegskosten durch zusätzliche Steuereinnahmen, jedoch 20% über Kredite, die Großbritannien und die USA gewährten. Solche Finanzierung durch Anleihen oder Kredite bei Verbündeten ging jeweils von der Voraussetzung aus, daß der unterlegene Kriegsgegner die Schulden mitbezahlen sollte.

Deutschland, das nach den Versailler Vertragsbestimmungen die Hauptlasten des Krieges tragen und durch seine Reparationsleistungen auch die Rückzahlung der interalliierten Schulden ermöglichen sollte, war dementsprechend zusätzlichen wirtschaftlichen Problemen ausgesetzt. Der Verlust von Rohstoffen und Industriegebieten sowie die Schädigung der Infrastruktur durch Sachlieferungen gemäß den Versailler Vertragsbestimmungen (s. Kap. 4.1) erschwerten die Situation in den Jahren 1919 bis 1922. In dieser Phase der Umstellung der Wirtschaft von Kriegs- auf Friedensproduktion benötigte die Industrie Gelder für Neuinvestitionen; diese waren durch Verkaufserlöse auf dem ausgezehrten nationalen Markt nicht zu erbringen. Die benötigten Mittel hätten nur auf dem Weltmarkt durch Exportgewinne solide finanziert werden können. Jedoch ging, neben traditionellen Exportmärkten in Übersee, auch der russische Raum verloren. Das bolschewistische System staatlicher Planwirtschaft im Inneren und staatlichen Außenhandelsmonopols entzogen diese Wirtschaftszone dem europäischen Güterverkehr. Großbritannien gewährte nur den Commonwealth-Staaten handelspolitische Erleichterungen und hielt ansonsten die Einfuhrzölle sehr hoch. Das mittel- und osteuropäische Wirtschaftsgebiet war infolge der territorialen Veränderungen nach dem Ersten Weltkrieg in zahlreiche Klein- und Mittelstaaten aufgelöst worden (s. K 4). Frankreich, dessen Wirtschaft ebenfalls durch den Krieg stark geschädigt war, fürchtete ein wirtschaftlich überlegenes Deutschland und war auch aus starken antideutschen Gefühlen nicht bereit, seine Märkte für deutsche Waren zu öffnen.

Die Weiterführung der inflationären Politik bot nur einen kurzfristigen und scheinbaren Ausweg. Auch abgesehen von dem Problem der Reparationen hätte die deutsche Währung nur mit drastischen Maßnahmen gesunden können. Steuererhöhungen, die zu Beginn des Krieges unterblieben waren, konnten nunmehr ebenfalls nicht durchgeführt werden, ohne den Zusammenbruch der

**B 18 Frauen suchen Kohle**

neuen Staatsordnung zu riskieren. Die hohen Reparationslasten boten in dieser Situation einen willkommenen Anlaß, um die wirtschaftspolitischen Schwierigkeiten dem verlorenen Krieg und den Alliierten anzulasten.

Während der inflationäre Prozeß nach dem Weltkrieg immer schneller voranschritt, die Kredit- und Tilgungskosten mit der Geldentwertung sehr stark sanken und damit neue Kredite für Sachinvestitionen leichter finanzierbar wurden, hielt man die Illusion aufrecht, die Papiermark entspreche dem Wert der alten Goldmark. So konnten vor allem Industrie und Landwirtschaft ihre Kredite leichter zurückzahlen. Ab dem Sommer 1923 konnte die Reichsregierung den Kurs der Mark nicht mehr stützen, die Lebensmittelversorgung brach stellenweise zusammen, die Löhne und Gehälter reichten kaum noch zur Deckung des Existenzminimums. Während die Kaufkraft des Geldes immer rascher sank, setzte eine allgemeine „Flucht in Sachwerte" ein. Spekulanten suchten zu kaufen, was sich an Sachwerten anbot; sie nahmen hierauf Kredite auf, um damit neue Werte – Fabriken, Unternehmensbeteiligungen oder Grund und Boden – zu erwerben. Von solchen Praktiken profitierten Industrielle wie etwa Hugo Stinnes. Der Ruhrindustrielle hatte hohe Entschädigungen für seine Verluste in Elsaß-Lothringen erhalten; zusammen mit Krediten kaufte er sich dann ein Wirtschaftsimperium, zu dem Banken, Zeitungen, Hotels und Fabriken gehörten (s. T 36). Neben einzelnen Personen verdiente der Staat in großem Umfang an der Inflation; denn er wurde mit der anschließenden Sanierung der Währung entschuldet.

Das Vertrauen der Bevölkerung in die Währung wurde mittels eines psychologischen Kunstgriffes wiederhergestellt. Der Staat gründete die sogenannte Rentenbank, die er mit der Ausgabe einer Rentenmark beauftragte. Der Wert der neuen Mark wurde auf eine Billion Papier-

**B 19 Höhepunkt der Inflation.** Lohnzahlungen wurden in Wäschekörben voller Papiergeld abgeholt.

mark bei einer Parität (Gleichstellung) von 4,20 Mark zum Dollar festgelegt. Diese Währung, die am 15. November 1923 eingeführt wurde, war in Rentenbriefen einlösbar, deren Deckung in Hypotheken auf landwirtschaftlich genutzten Boden und industrielle Vermögen in Höhe von 3,2 Mrd. Mark bestand. Das Reich erhielt von der Rentenbank 1,2 Mrd. zur Begleichung der notwendigsten Ausgaben; weitere 1,2 Mrd. wurden der Wirtschaft an Krediten gegeben. Die Geldumlaufmenge wurde drastisch beschränkt. Es gelang mit diesen Maßnahmen, den Wert der Rentenmark zu festigen und das Wirtschaftsleben zu normalisieren.
Mit dieser Währungsreform waren die inneren Kriegsschulden in Höhe von 154 Mrd. Mark nur noch 15,4 Pfennige aus der Vorkriegszeit wert. Diesem rein fiskalischen Gewinn steht ein unermeßlicher Verlust an politischem Vertrauen in den Staat gegenüber: Breite mittelständische Schichten hatten ihre in festen Geldbeträgen angelegten Vermögenswerte verloren, z. B. Staatsanleihen, Hypotheken, Pfandbriefe oder Sparkassenguthaben. Der Verlust dieser Rücklagen traf vor allem kleine Unternehmer, Händler und Handwerker, Angehörige der freien Berufe, Beamte und Angestellte, also diejenigen bürgerlichen Schichten, die traditionell den Staat getragen haben. Viele dieser Menschen lehnten den Staat, der sie „betrogen und bestohlen" hatte, ab; sie wandten sich von der demokratischen Republik ab.
In der Phase der galoppierenden Inflation wurde die deutsche Wirtschaft durch die Reparationsforderungen der Alliierten zusätzlich belastet. Am 27. April 1921 waren die zu erbringenden Zahlungen auf 132 Milliarden Goldmark festgesetzt worden, obwohl auch die englischen und französischen Experten davon überzeugt waren, daß Deutschland diese Summe nicht leisten konnte. Realistische Schätzungen bewegten sich in der Größenordnung von 40 Milliarden. Dieser Ansicht schloß sich auch der englische Nationalökonom John Maynard Keynes an (s. T 35).

Auf der Londoner Konferenz 1921 wurde die Reparationsschuld auf 132 Milliarden Mark festgesetzt, die jährlich mit 6 Prozent verzinst und getilgt werden sollten. Es gelang der Reichsregierung nicht, Erleichterungen zu erreichen. Neben der jährlichen Zahlung von 2 Milliarden sollten 26 Prozent des Wertes der deutschen Ausfuhren auf ein Reparationskonto überwiesen werden. Die jährlichen Zahlungen hätten etwa sieben Prozent des deutschen Volkseinkommens ausgemacht. Die Reichsregierung unter Joseph Wirth (Zentrum) versuchte die Forderungen der Alliierten mit äußersten Anstrengungen zu erfüllen, um französischen Einwänden zuvorzukommen, die Deutschen wollten nicht zahlen. Die Reichsregierung wollte mit ihrer Haltung zeigen, daß die Reparationsforderungen unerfüllbar waren. Während der galoppierenden Inflation mußte Deutschland Barzahlungen in Gold und Devisen leisten. Da die Alliierten Sachlieferungen ablehnten und die Reserven nur für eine erste Rate ausreichten, war auf dem Wege über die „Erfüllungspolitik" keine Lösung der Reparationsfrage möglich. In Deutschland griffen rechtsradikale Kreise verstärkt die Weimarer Koalition aus DDP, Zentrum und SPD an; man bezichtigte diese Parteien, die auch den Versailler Vertrag unterzeichnet hatten, des Verrats an Deutschland. Dabei scheuten rechtsradikale Gruppen auch vor politischen Morden nicht zurück. Am 24. Juni 1922 wurde Reichsaußenminister Rathenau (DDP) auf offener Straße ermordet. Diese Tat löste eine große Sympathiewelle für die Weimarer Republik aus; sozialdemokratische, katholische und kommunistische Gewerkschaften und Verbände demonstrierten gemeinsam für den Staat.

### T 34 Zwischenstaatliche Darlehen der Alliierten 1914–1918 in Mrd. Mark

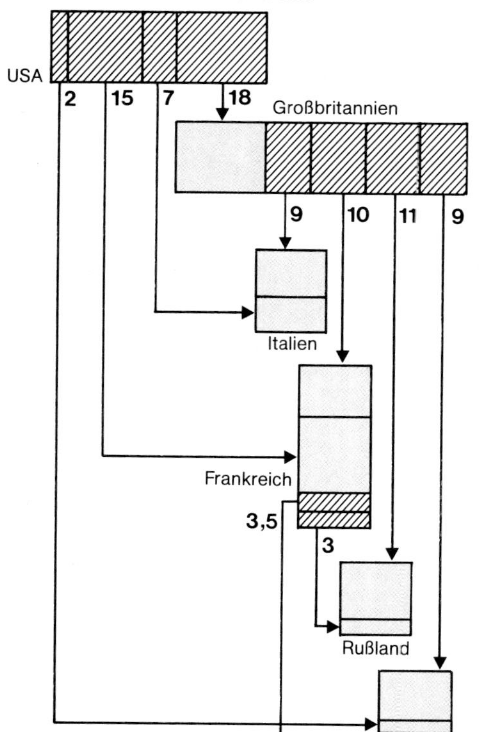


(Nach: F. W. Henning, Das industrialisierte Deutschland 1914 bis 1972. Paderborn 1974, S. 45)

### T 35 John Maynard Keynes: Die Auswirkungen des Versailler Vertrages auf die wirtschaftliche Struktur Europas (1919)

*John Maynard Keynes (1883–1938) war Mitglied der englischen Delegation in Versailles. Er war einer der führenden Volkswirtschaftler Europas im 20. Jahrhundert. Seine beschäftigungs- und geldtheoretischen Auffassungen sind bis heute einflußreich geblieben.*

Der Friedensvertrag enthält keine Bestimmungen zur wirtschaftlichen Wiederherstellung Europas, nichts, um die geschlagenen Mittelmächte wieder zu guten Nachbarn zu machen, nichts, um die neuen Staaten Europas zu festigen, nichts, um Rußland zu retten. Auch fördert er in keiner Weise die wirtschaftliche Interessengemeinschaft unter den Verbündeten selbst. Über die Ordnung der zerrütteten Finanzen Frankreichs und Italiens oder den Ausgleich zwischen den Systemen der alten und der neuen Welt konnte man sich in Paris nicht verständigen. Der Rat der Vier schenkte diesen Fragen keine Aufmerksamkeit, da er mit anderem beschäftigt war – Clemenceau, das Wirtschaftsleben seiner Feinde zu vernichten, Lloyd George, ein Geschäft zu machen und etwas nach Hause zu bringen, was wenigstens eine Woche lang sich sehen lassen konnte, der Präsident (Wilson), nur das Gerechte und Rechte zu tun. Es ist eine bemerkenswerte Tatsache, daß das wirtschaftliche Grundproblem eines vor ihren Augen verhungernden und verfallenden Europa die einzige Frage war, für die es nicht möglich war, die Teilnahme der Vier zu erwecken. Wiedergutmachung war ihr Hauptinteresse auf wirtschaftlichem Gebiet, und sie behandelten sie als eine Frage der Theologie, der Politik, der Wahl-

taktik, kurz, von jedem anderen Gesichtspunkt als dem der wirtschaftlichen Zukunft der Staaten, deren Schicksal in ihrer Hand lag. [...]
Die bezeichnenden Züge der gegenwärtigen Lage lassen sich in drei Gruppen zusammenfassen:
1. Das vollständige Nachlassen der inneren Produktivität Europas.
2. Der Zusammenbruch des Verkehrswesens und des Austausches, mittels deren seine Erzeugnisse dorthin gebracht werden konnten, wo man ihrer am meisten bedurfte.
3. Europas Mangel an Kaufkraft zur Beschaffung der gewohnten Waren von Übersee.
[...] Vor uns steht ein leistungsunfähiges, arbeitsloses, desorganisiertes Europa, zerrissen vom Haß der Völker und von innerem Aufruhr, kämpfend, hungernd, plündernd und schwindelnd, wo soll man weniger düstere Farben hernehmen?
(J. M. Keynes, Die wirtschaftlichen Folgen des Friedensvertrages. München und Leipzig 1920, S. 184ff.)

**T 36 Leben unter der Inflation 1923**

*Augenzeugenbericht von Egon Larsen, Korrespondent der Münchener Neuesten Nachrichten und der New York Times, Sommer 1923 in Berlin.*

Der Tauschhandel griff mehr und mehr um sich. Nicht nur Studenten, sondern auch Ärzte, Anwälte und andere Angehörige akademischer Berufe zogen es vor, ihre Honorare in Form von Lebensmitteln zu bekommen. Das galt auch für Handwerker. Einmal ließ ich mir für zwei Eier die Haare schneiden; Uhrmacher klebten Zettel an ihre Schaufenster: „Reparaturen werden im Austausch gegen Eßwaren ausgeführt." An der Kasse des kleinen Kinos in meiner Straße wurde ich eines Abends gefragt, ob ich nicht ein paar Briketts statt Bargeld für zwei Eintrittskarten bringen könne. [...]
Die augenfälligsten Veränderungen der Berliner Szene waren die unzähligen Bettler in den Straßen, die langen Schlangen alter Leute vor den Volksküchen, die in den Arbeitervierteln eingerichtet worden waren, und die Straßenmärkte, die es überall in der Stadt gab. Diese Märkte hatten keine Stände oder Buden; Männer und Frauen, zumeist respektabel, aber schäbig angezogen, boten Schmuckstücke, Nippsachen, Uhren, Füllfedern und ähnliche Objekte an. Diese ‚Händler' waren sichtlich Leute aus dem Mittelstand, die keinen anderen Weg wußten, um ihren Hunger zu stillen, als den Verkauf all der Dinge, die sie noch besaßen. Viele waren Altersrentner – zweifellos die von der Inflation am schlimmsten betroffenen Menschen.
Den Kern der Straßenmärkte bildeten jedoch die Schwarzhändler. Sie boten alles an, was irgendwie transportabel war. [...]
Ihre Kunden waren im allgemeinen besser gekleidet als die Verkäufer, nämlich Leute mit zuviel Papiergeld, das in ein paar Tagen ohnehin wertlos sein würde, und der schwarze Markt bot ihnen die Gelegenheit zur ‚Flucht in die Sachwerte'. Auch die Warenhäuser und Läden, die noch etwas Wertbeständiges anzubieten hatten, konnten sich nicht über Kundenmangel beklagen. Alles wurde gekauft: Möbel, Antiquitäten, Juwelen, Parfüm, Autos. [...]
Einer meiner Onkel nahm es [das Geld], um die zynischste aller damaligen Moden mitzumachen – das Klosett mit Banknoten zu tapezieren. Manche Väter klebten für ihre Kinder Drachen aus Papiergeld zusammen.
Die Arbeiterfrauen hatten eine Methode entwickelt, die ihnen wenigstens genug zu essen für ihre Familien garantierte. Man sah sie an den Zahltagen – nun mindestens zweimal in der Woche – in Haufen vor den Fabriktoren stehen und auf ihre Männer warten; die Löhne wurden ebenfalls nach dem Dollar-Index berechnet. Am Nachmittag eines Zahltags kamen Lastwagen voller Papiergeld von den Banken, wo das Geld nicht mehr gezählt, sondern die Dicke der Bündel mit Linealen gemessen wurde. Sobald sich die Fabriktore öffneten und die Arbeiter mit ihren Lohnpaketen (oft in Zigarrenkisten) herausströmten, begann eine Art Stafettenlauf: Die Frauen nahmen das Geld, liefen zu den nächsten Läden und kauften ein, ehe die Preise wieder erhöht wurden.
Die Gehaltsempfänger waren viel schlimmer daran; oft bekamen sie ihr Geld noch immer, wie üblich, erst am Monatsende.
[...]. Ein vertrauter Anblick in den Straßen waren Handkarren und Wäschekörbe voller Papiergeld, die zu oder aus den Banken geschoben oder getragen wurden. Es geschah hier und dort, daß Diebe nur die leeren Körbe stahlen – nachdem sie erst das Geld auf die Straße gekippt hatten.
(E. Larsen, Die Weimarer Republik. Ein Augenzeuge berichtet. München 1980, S. 62–67)

## 4.3 Die innenpolitische Bewährung der jungen Republik 1920–1923

Nach dem Inkrafttreten des Versailler Vertrages mußten die deutschen Truppen auf ein Berufsheer von 100 000 Mann reduziert werden. Teile der Freikorps (vgl. auch Kap. 2.2), die auf Anforderung der Alliierten im Baltikum die ostpreußische Grenze vor den anrückenden bolschewistischen Truppen schützen sollten und im Rahmen der Interventionspolitik der Westmächte einen Stellvertreterkrieg führten, weigerten sich, die Waffen niederzulegen. Die Freikorps im Baltikum setzten die lettische Regierung ab und wollten einen deutschen Militärstaat errichten. Erst nach massivem Vorgehen englischer und lettischer Verbände und nach der Sperrung des Nachschubs aus Deutschland wurden die Verbände zum Rückzug nach Deutschland gezwungen. Auf Gütern in Ostpreußen, Pommern und der Mark Brandenburg fanden die Soldaten Anstellung als „Arbeitskommandos". Unter der Führung des ostpreußischen Generallandschaftsdirektors Wolfgang Kapp planten dort Gutsbesitzer, ehemalige Militärs, agrarische Interessenvertreter und reaktionäre Politiker den Sturz der Reichsregierung.

In Berlin stand die Marinebrigade Ehrhardt, die 1919 vor allem gegen Räterepubliken eingesetzt worden war. Die Einheit galt als rechtsradikal; sie fand Unterstützung beim Befehlshaber des Reichswehrkommandos Ost- und Mitteldeutschland, von Lüttwitz, der zum Kreis um Kapp gehörte. Die Brigade Ehrhardt marschierte am 13. März 1920 in Berlin ein; die Reichsregierung verließ Berlin. Kapp ernannte sich selbst zum Reichskanzler und von Lüttwitz zum Reichswehrminister. Der Putsch brach am 17. März zusammen, da von Kapp keine Unterstützung fand. Die Bürokratie verweigerte die Mitarbeit, die Reichswehr gehorchte Befehlen der „neuen Regierung" nicht; der Aufruf von Gewerkschaften und legaler Regierung zum Generalstreik wurde hingegen befolgt.

Die Reichswehr verhielt sich „neutral"; sie unterstützte also nicht vorbehaltlos die Reichsregierung (s. T 37). Der Chef der Heeresleitung, General Walther Reinhard, einer der wenigen Offiziere, die bereit waren, während des Kapp-Putsches militärisch die Reichsregierung zu unterstützen, trat zurück. Ihm folgte General Hans von Seeckt. Der sozialdemokratische Reichswehrminister Gustav Noske, der wegen der blutigen Niederschlagung des Aufstandes im Januar 1919 (vgl. Kap. 2.2) bei der gesamten Linken verhaßt war, mußte zurücktreten, weil er nicht rechtzeitig Vorsorge gegen einen Putsch von Rechts getroffen hatte. Während der Putsch schnell zusammengebrochen war, breitete sich der Generalstreik zu einer Aufstandsbewegung der Linksextremisten gegen Ebert und die Weimarer Republik aus. In Thüringen und Sachsen gingen Selbstschutzeinheiten der Arbeiter gegen Reichswehr und Freikorps vor; im Ruhrgebiet wurde eine 50 000 Mann starke „Rote Armee" aus Anhängern aller linksradikalen Gruppierungen gebildet. Die Regierung sah sich gezwungen, Freikorpseinheiten einzusetzen, die zuvor während des Kapp-Putsches eine zwielichtige Rolle gespielt hatten.

Bedenklicher als die Putschversuche war der Ausgang der Reichstagswahlen am 6. Juni 1920, in denen die Parteien der Weimarer Koalition (SPD – Zentrum – DDP) ihre Mehrheit verloren (s. T 14). Gewinne verzeichneten die Parteien, die gegen die demokratische Verfassung gestimmt hatten: DNVP, DVP und USPD. Die USPD wurde wenige Monate später gespalten, als ihr linker Flügel sich an der Kommunistischen Internationale orientierte. Die KPD wurde dadurch zur Massenpartei mit zeitweise bis zu 360 000 Mitgliedern. Im März 1921 trat die KPD in der sogenannten „Märzaktion" zum Kampf gegen die Republik an. Dieses Unterfangen wurde schon im Keim erstickt. Als radikale Arbeiter in Mitteldeutschland (Mansfelder Revier) einen Aufstand entfesselten, folgten weder die erhoffte Massenerhebung noch der Generalstreik. Der Aufstand wurde in wenigen Tagen blutig niedergeschlagen. Die Niederlage zog heftige parteiinterne Auseinandersetzungen und Austritte führender Funktionäre nach sich;

die Reichstagsfraktion der KPD wurde gespalten; der revolutionäre Elan der Kommunisten war gebrochen.
Die militanten rechtsradikalen Kräfte formierten sich neu. Sie organisierten sich in „Vaterländischen Verbänden" und in Geheimbünden, die die Nachfolge der offiziell aufgelösten Freikorps antraten. Die „Organisation Consul" – aus der Brigade Ehrhardt hervorgegangen – trat dabei besonders in Erscheinung. Diese Gruppen scheuten auch nicht vor Morden zurück: der USPD-Führer Karl Gareis, Matthias Erzberger und Walther Rathenau waren die bekanntesten Mordopfer.
Neben der dauernden Bedrohung der Weimarer Republik durch rechts- und linksextremistische Parteien und Gruppierungen gefährdete auch die ungelöste Reparationsfrage die innere Sicherheit und Ordnung. Aufgrund des drastischen Wertverfalls der deutschen Währung und starker Widerstände gegen die „Erfüllungspolitik" versuchte die Reichsregierung im Herbst 1922 eine Revision der Reparationsregelungen zu erreichen. Die französische Regierung Poincaré erklärte Anfang November 1922, Deutschland ruiniere absichtlich seine Währung und Finanzen, um die Reparationszahlungen zu umgehen. Die alliierte Reparationskommission stellte fest, daß Deutschland aus eigener Kraft die Inflation stoppen und die fälligen Raten zahlen könnte. Als sich die politische Unruhe steigerte, versuchte Reichskanzler Wirth die Weimarer Koalition durch Einbeziehung der DVP zu einer Großen Koalition zu erweitern. Die SPD zog sich daraufhin aus der Regierung zurück. Am 22. 11. 1922 wurde die Regierung Wirth von einem bürgerlichen Minderheitskabinett aus Zentrum, DDP und DVP unter dem parteilosen Wilhelm Cuno abgelöst. Frankreich nahm geringfügige Rückstände bei Sachlieferungen zum Vorwand, um am 11. Januar 1923 in das Ruhrgebiet einzumarschieren. Poincaré wollte mit „produktiven Pfändern" den französischen Interessen Nachdruck verleihen. Die Ruhr war in den Augen der Franzosen das Zentrum Deutschlands, in dem die Stahl- und Kohlebarone saßen und von dem der Widerstand gegen Versailles ausging. Die deutsche Regierung rief den passiven Widerstand aus; die Ruhrbevölkerung verweigerte jegliche Form der Zusammenarbeit mit den Franzosen; die Produktion wurde drastisch gedrosselt. Der gemeinsame Kampf gegen die Besatzungsmacht fand nahezu überall in Deutschland Zustimmung. Frankreich, das durch belgische Truppenkontingente unterstützt wurde, verhängte über das Ruhrgebiet den Ausnahmezustand und behinderte Warenlieferungen ins unbesetzte Gebiet. Die Kosten, die der sogenannte Ruhrkampf verursachte, waren von der Reichsregierung bald nicht mehr aufzubringen; denn das Reich mußte bei sinkenden Steuereinnahmen die streikenden Arbeiter und Firmen unterstützen und Nahrungsmittel für die Ruhrbevölkerung kaufen. Die neugebildete Regierung einer großen Koalition unter Gustav Stresemann (DVP) mußte am 26. September 1923 den passiven Widerstand abbrechen. Der Schaden für die deutsche Volkswirtschaft wurde auf 3 bis 4 Milliarden Goldmark geschätzt. Die Inflation hatte inzwischen schwindelerregende Ausmaße erreicht (s. Kap. 4.2).
1923 wurde der Bestand der Weimarer Republik außerdem durch Auseinandersetzungen zwischen Reich und Ländern und durch separatistische Bewegungen gefährdet. In Bayern hatte der konservativ-monarchistisch eingestellte Dr. von Kahr im März 1920 die Regierung übernommen. Außerparlamentarischen Rechtsgruppen gewannen an politischem Einfluß. Sie sammelten sich im November 1922 in den „Vereinigten Vaterländischen Verbänden".
Zwischenzeitlich wurde die Regierung von Kahr zum Rücktritt gezwungen, als sie sich gegen das vom Reichstag erlassene Republikschutz-Gesetz auflehnte. Das Gesetz erlaubte u. a., gegen republik- und verfassungsfeindliche Vereinigungen vorzugehen. Gegen dieses Gesetz hatten im Reichstag die DNVP, KPD, einige DVP-Abgeordnete und die Bayerische Volkspartei (BVP) gestimmt. Die BVP, die in Bayern ab 1920 zusammen mit DDP, Deutschnationalen und einem monarchistischen Bauernbund Koalitionen bildete, lehnte sich gegen das Gesetz wegen der hiermit verbundenen Eingriffe in die föderalen Rechte, aber auch wegen der betont antimonar-

chistischen und der republikanischen Tendenzen auf. Die meisten rechtsradikalen Bünde, die in Preußen verboten waren, konnten in Bayern weiterhin agitieren. Hierzu zählte auch die radikal nationalistisch und antisemitisch eingestellte Nationalsozialistische Deutsche Arbeiterpartei (NSDAP) unter Adolf Hitler (vgl. T 24). Es gelang der Partei 1922/23 innerhalb der „Vaterländischen Verbände" eine führende Position einzunehmen. Obwohl in norddeutschen Staaten als republikfeindliche Organisation verboten und von der bayerischen Regierung in ihrem Handlungsspielraum eingeengt, konnte die NSDAP dennoch im Frühjahr 1923 in München ihren Parteitag und eine öffentliche Fahnenweihe abhalten, da Adolf Hitler in von Kahr und General von Lossow, dem Befehlshaber des bayerischen Wehrkreises der Reichswehr, einflußreiche Fürsprecher fand. Anläßlich der Maifeiern traten auf einer Gegenveranstaltung rechtsradikaler Verbände die paramilitärischen „Sturmabteilungen" (SA) der NSDAP bewaffnet in der Öffentlichkeit auf.
Der Streit zwischen dem Reich und Bayern um die Aufteilung der Kompetenzen – Bayern wünschte größere Vollmachten bezüglich Wehrhoheit, Finanzhoheit und Polizei- und Justizhoheit – ging weiter. Im September 1923 erklärte die bayerische Staatsregierung mit Zustimmung des Landtages den Ausnahmezustand; sie ernannte von Kahr zum Generalstaatskommissar mit besonderen Vollmachten für die Aufrechterhaltung der Sicherheit des Staates. In den folgenden fünf Monaten wirkte das Generalkommissariat mit seinem eigenen Verwaltungsapparat parallel zur Regierung.
Die rechtsradikalen Verbände hatten Anfang September einen Kampfbund ihrer paramilitärischen Einheiten gebildet, dessen politische Führung Adolf Hitler übernahm; man plante eine „nationale Revolution". Die NSDAP führte Massendemonstrationen durch. Die Reichsregierung, die in der Ernennung von Kahrs eine gegen das Reich gerichtete Maßnahme sah, beauftragte Reichswehrminister Gessler mit der Reichsexekution gegen Bayern. Gessler sollte Bayern zwingen, den Ausnahmezustand wieder aufzuheben. Er befahl am 27. September das Verbot des „Völkischen Beobachters", des wichtigsten Presseorgans der NSDAP, wegen dessen Hetzkampagne gegen die Reichsregierung. Von Lossow, der die Durchführung des Befehls übernehmen sollte, wurde von Kahr zum bayerischen Landeskommandanten ernannt; die Reichswehreinheiten wurden auf die bayerische Verfassung vereidigt. In dieser Machtprobe zwischen dem Reich und Bayern spielte das Verbot des „Völkischen Beobachters" nur am Rande eine Rolle. Der eigentliche Streitpunkt war, ob die Reichsregierung einen Wehrkreiskommandanten gegen den Willen eines Landes ablösen konnte. Die Affäre war insofern für die rechtsradikalen Kräfte in München wichtig, als sie annahmen, zumindest indirekte Unterstützung für ihren geplanten „Marsch auf Berlin" bei der bayerischen Staatsregierung und bei von Kahr zu finden.
Von Kahr verfolgte jedoch monarchistische und bayerisch-partikularistische Ziele. Am 6. November trafen sich Vertreter des Kampfbundes mit von Kahr und von Lossow, die beide die Errichtung einer nationalen, vom Reichstag unabhängigen Regierung in Berlin forderten, für eine Rechtsdiktatur eintraten, aber die Kampfverbände vor einem unüberlegten Putsch warnten. Obwohl Hitler und seine Anhänger wußten, daß die Befehlshaber von bayerischer Reichswehr und Landespolizei sich gegen einen Putsch stellen würden, drangen sie in der Nacht zum 9. November in eine Versammlung von Kahrs ein und proklamierten eine provisorische deutsche Nationalregierung. Von Kahr alarmierte wenige Stunden später die Reichswehr und die Landespolizei und schlug den Putschversuch nieder. Von Kahr und Lossow einigten sich wieder mit der Reichsregierung.
Zur gleichen Zeit sah sich die Reichsregierung gezwungen, gestützt auf eine Notverordnung nach Artikel 48 zur Reichsexekution gegen die Landesregierungen in Sachsen und Thüringen zu schreiten. In beiden Ländern waren neben den regierenden Sozialdemokraten USPD bzw. KPD überdurchschnittlich stark vertreten. Die Kommunistische Internationale entsandte sowjetische

Berater nach Deutschland, um die „Proletarischen Hundertschaften", die kommunistischen Kampfverbände, auf den Bürgerkrieg vorzubereiten. Mitte Oktober traten jeweils zwei KPD-Minister in die beiden Landesregierungen ein, um eine legale Ausgangsposition für die „Abwehr der faschistischen Gefahr" – gemeint waren die bayerischen Rechtsextremisten – zu schaffen. Diese Volksfrontregierungen waren möglich geworden, weil die sächsischen und thüringischen Sozialdemokraten im Gegensatz zur SPD-Parteispitze keine ablehnende Haltung gegenüber den Kommunisten mehr einnahmen. Reichswehreinheiten gingen gegen die Proletarischen Hundertschaften vor. In Sachsen Ende Oktober und in Thüringen Anfang November traten die Volksfrontregierungen zurück. In Hamburg wurde ein kommunistischer Umsturzversuch von Polizeieinheiten niedergeschlagen.
Zwischen Juli und Oktober 1923 wurden im besetzten Rheinland mehrere separatistische Gruppen aktiv; sie verjagten die kommunalen Abgeordneten und Behörden in einigen Städten, so in Landau, Mainz, Wiesbaden, Koblenz und Trier. Hierbei verhielten sich die französischen Truppen nach außen hin neutral, während sie insgeheim die Separatisten mit Geldmitteln und Waffen unterstützten. Die Ausrufung der Rheinischen Republik und der Autonomen Pfalz, die beide von Preußen bzw. Bayern losgelöst werden und einen besonderen Status zu Frankreich erhalten sollten, scheiterte nach wenigen Tagen kläglich am Widerstand der Bürger.
Die Weimarer Republik hatte sich im Herbst 1923 gegen Putschversuche von rechts und von links behauptet, die Inflation durch eine Währungsreform erfolgreich gestoppt und die Lage innenpolitisch stabilisiert. Obwohl die KPD nach dem Scheitern ihres Umsturzversuchs stark geschwächt war und die NSDAP, deren Führer verhaftet wurden, in den nächsten Jahren ebenfalls keine unmittelbare Gefahr darstellte, bestand dennoch ein großes antirepublikanisches und antidemokratisches Potential; weite bürgerliche Schichten standen der Weimarer Republik gleichgültig oder neutral gegenüber (s. T 26 und T 27).
Die Reichswehrführung stellte nach dem Ersten Weltkrieg die Homogenität im Offizierskorps wieder her, die sich während des Krieges verschoben hatte. Nach der Reduzierung der Armee auf 100 000 Mann und der Offiziere von 24 000 auf 4000 stieg der Anteil des Adels am Offizierskorps wieder auf etwa 24%; 48% der Offiziere entstammten Offiziersfamilien. Gegenüber der Reichswehr hegte besonders die Sozialdemokratie Mißtrauen (s. T 37d); sie wollte deshalb die parlamentarische Kontrolle verstärken, zumal die Reichswehrführung die Weimarer Republik ohne Anteilnahme hingenommen hatte. Die Offiziere, deren soziale, politische und moralische Werte durch preußisch-monarchistische Tradition geprägt waren, konnten sich nur schwerlich mit einer Ordnung identifizieren, die aus einer militärischen Niederlage und einer Revolution hervorgegangen war (s. Dolchstoßlegende; vgl. Kap. 3.2). Hinzu kam, daß diese Republik sich dem Willen der Siegermächte unterordnen mußte. Diese Fakten diskreditierten die staatstragenden Parteien in den Augen der Militärs. Während von Seeckt, der 1923–1926 Chef der Heeresleitung war, vorrangig das Ziel verfolgte, Deutschland wieder zu einer militärischen Großmacht zu machen, änderte sich mit General Kurt von Schleicher (1883–1934) der Kurs der Reichswehr. Von Schleicher, der 1929 Staatssekretär des Reichswehrministers Groener und 1932 Reichswehrminister und Reichskanzler wurde, strebte ein Bündnis von Reichswehr und Arbeiterschaft an, um die innenpolitischen Verhältnisse zu beeinflussen (s. Kap. 7.3).
Die Weimarer Republik litt auch darunter, daß sie in Verwaltung und Justiz keinen demokratischen Rückhalt fand. Beamte, die im Geiste des alten, preußischen Obrigkeitsstaates aufgewachsen waren, verrichteten weiterhin ihren Dienst auch in höchsten Stellen der Ministerien. Sie leisteten keinen offenen Widerstand, erfüllten in Pflichtbewußtsein ihre Aufgaben und dienten insofern der legalen Gewalt. So brachten sie den Kapp-Putsch zum Scheitern. Aber häufig wurden linke Gewalttäter intensiv verfolgt und streng bestraft, während rechtsradikale Gruppen eher mit Milde rechnen konnten (vgl. T 38).

In Situationen, in denen die demokratische Regierungsform bedroht war, zeitigte die mangelnde Identifikation von Reichswehr, Justiz und Bürokratie mit der demokratischen Ordnung von Weimar verheerende Auswirkungen auf die innere Stabilität.

### T 37 Reichswehr und Weimarer Republik

#### a) Erlaß des Chefs der Heeresleitung von Seeckt, 18. 4. 1920

Die Reichswehr soll in allen Stellen jedem Volksgenossen offen stehen; die Auswahl ihrer Führer wird nach wie vor auf Grund dienstlicher Eignung und des Charakters erfolgen. Mit allen Kräften soll die politische Betätigung jeder Art dem Heere ferngehalten werden. Politische Kämpfe innerhalb der Reichswehr vertragen sich weder mit dem Geist der Kameradschaft noch mit der Disziplin und können die militärische Ausbildung nur schädigen. Wir fragen nicht nach der politischen Färbung des Einzelnen; aber von jedem, der jetzt noch in der Reichswehr dient, muß ich annehmen, daß er seinen Eid ernst nimmt.

(Fr. v. Rabenau, Seeckt. Aus seinem Leben 1918–1936. Leipzig 1940, S. 239f.)

#### b) Schreiben von Seeckt an von Kahr, 5. 11. 1923

*General von Seeckt, der im Herbst 1923 auch die Exekutivgewalt zur Sicherung des Reichs gegen innere Unruhen innehatte, entwarf ein Schreiben an den bayerischen Generalstaatskommissar von Kahr. Die in Klammern gesetzten Teile stehen nur im Entwurf Seeckts, nicht im endgültigen Brief an von Kahr.*

Als ich das letzte Mal Sie zu sprechen die Ehre hatte, war das Kabinett Wirth am Ruder, das Ihnen mit seinem sozialdemokratischen Einschlag als zu bekämpfen galt [...] Nachdem der Wechsel eingetreten und das Kabinett Cuno ohne sozialdemokratische Beteiligung gebildet war, glaubte ich eine bessere Übereinstimmung zwischen Reichswehr bzw. Reichspolitik feststellen zu können. [...]

Im übrigen habe ich es von Anfang an für meine Aufgabe gehalten und erblicke sie auch heute noch darin, die Reichswehr zu einer (solchen) Stütze der Autorität des Reiches, nicht einer bestimmten Regierung auszugestalten. Hierin liegt auch mein Festhalten an den verfassungsmäßigen Formen und Wegen [...].

(Die Weimarer Verfassung ist für mich kein noli me tangere; ich habe sie nicht mit gemacht, und sie widerspricht in den grundlegenden Prinzipien meinem politischen Denken. Ich verstehe daher vollkommen, daß Sie ihr den Kampf angesagt haben. [...] Ich glaubte, die Entwicklung zu einer Änderung der Verfassung herannahen zu sehen, und glaubte, sie auf einem Weg, der nicht unnötig durch den Bürgerkrieg führten mußte, mit herbeiführen zu helfen.)

(O.-E. Schüddekopf, Das Heer und die Republik. Quellen zur Politik der Reichswehrführung 1918–1933. Hannover/Frankfurt 1955, S. 186f.)

#### c) Reichswehrminister Groener über die Aufgabe der Reichswehr, 25. 10. 1930

*Wilhelm Groener (1867–1939) war der letzte Generalquartiermeister der OHL im Kaiserreich. 1928 wurde der parteilose Groener Reichswehrminister. In den beiden Kabinetten von Heinrich Brüning nahm Groener eine wichtige Rolle ein; im Sommer 1932 wurde er entlassen.*

Seit ich Reichswehrminister bin, ist mein ganzes Sinnen und Trachten nur auf ein Ziel, die Befreiung unseres Landes gerichtet. Es ist klar, daß ich dieses weder von der Bühne des parlamentarischen Lebens in die Öffentlichkeit hinausrufen noch bei meinen Besuchen an der Front erörtern kann. [...] Die Wehrmacht für diese kommende Zeit als das scharfe, schlagfertige Instrument modernster Kriegsführung auf die höchste Stufe zu entwickeln und es zu gegebener Zeit weiter auszubauen, ist mein Bestreben in den schweren parlamentarischen Kämpfen gewesen. Die ganze Wehrmacht müßte allmählich wissen, wie ich in diesen Kämpfen ihre Interessen gewahrt und sie frei von jeder politischen Beeinflussung, vor allem von linker Seite, gehalten habe. Denn nur eine über allen Parteien stehende und in sich gefestigte Reichswehr ist für den ihr zugedachten hohen Zweck zu gebrauchen.

(O.-E. Schüddekopf, Das Heer und die Republik. A.a.O., S. 304)

#### d) Der Reichstagsabgeordnete Stücklen (SPD) über die Reichswehr, 26. 5. 1925

*Daniel Stücklen war 1920–1933 Abgeordneter des Reichstags.*

Wir haben heute ein Heer der Republik, das, wie ich feststellen will, diesem Staate dient, dessen Leitung erklärt, wir stehen auf dem Boden der Verfassung; aber das schließt natürlich nicht aus, daß wir, wenn die Verfassung geändert, ein anderes Staatswesen aufgezogen wird, dann auch dem neuen Staatswesen dienen.

Es sind aber [...] recht deutliche Anzeichen dafür vorhanden, daß die Entwicklung der Reichswehr dahin geht, eine Art Staat im Staate zu werden. Das war das, was früher bei den Verhandlungen über die Reichswehr im Hauptausschuß und im Plenum

dieses Hauses immer wieder betont wurde, eine gewisse Abgeschlossenheit, ein Korpsgeist, der zur Abgeschlossenheit führen mußte und letzten Endes bewirkte, daß die alte Armee wirklich ein Staat im Staate war, mit einem eigenen Ehrbegriff, ihrem eigenen Strafkodex, mit einem Wort eine Menge Einrichtungen, die von den Einrichtungen der zivilen Bevölkerung losgelöst waren. Im Hauptausschuß wurde darauf hingewiesen, daß die Anzeichen für eine solche Entwicklung abermals vorhanden seien. Die Gefahr ist um so größer, als früher der Soldat nur zwei Jahre diente und nach zwei Jahren in die Massen des Volkes zurücktrat, aus denen er gekommen war. Heute dient der Reichswehrsoldat zwölf Jahre. Zwölf Jahre verlebt er in einer ganz anderen Umwelt. Er ist ganz anderen Einflüssen und Eindrücken preisgegeben; das führt letzten Endes dazu, daß eine gewisse Entfremdung nicht vermieden werden kann.
(Ursachen und Folgen. Bd. 7. A.a.O., S. 476)

### T 38 Die Justiz

#### a) Politische Morde 1919–1922

| | Politische Morde begangen von Links-stehenden | Rechts-stehenden |
|---|---|---|
| Gesamtzahl der Morde | 22 | 354 |
| davon ungesühnt | 4 | 326 |
| Verurteilungen | 38 | 24 |
| geständige Täter freigesprochen | – | 23 |
| Dauer der Einsperrung je Mord | 15 Jahre | 4 Monate |
| Hinrichtungen | 10 | – |

Von im Zusammenhang mit dem Kapp-Putsch begangenen Verbrechen wurden 705 amtlich bekannt. Davon fielen 412 unter Amnestie, 176 Verfahren wurden eingestellt, 1 Strafe wurde vollzogen.
(Zusammengestellt nach: Harry Pross, Die Zerstörung der deutschen Politik. Frankfurt 1959, S. 139)

#### b) Wilhelm Hoegner über die Justizbürokratie, 1934

*Wilhelm Hoegner (1887–1980), SPD, war 1924–1932 Mitglied des bayerischen Landtages und 1930–1933 des Reichstages.* (Vgl. auch T 9, 10)

Die hohe Staatsbürokratie, insbesondere auch die Justizbürokratie [...], war im Grunde ein Fremdkörper im demokratischen Staat. Ihre Vertreter hingen zum größten Teil den Idealen an, die mit dem Zusammenbruch der kaiserlichen Macht [...] außer Geltung gekommen schienen: wirtschaftliche und politische Vorherrschaft der besitzenden Klassen, Obrigkeitsstaat und militärischer Machtstaat [...]. Ein großer Teil der höheren Justizbeamten hatte dem Offizierskorps angehört. In ihnen wirkte die Erinnerung nach, daß die Zugehörigkeit zur Sozialdemokratie oder die Billigung ihrer Forderungen ehemals den Ausschluß aus dem Offizierskorps und den Standesvereinen nach sich gezogen hatte [...]. Der Nachwuchs, der von den Universitäten kam, gehörte überwiegend der völkischen Richtung an.
(W. Hoegner, Der politische Radikalismus in Deutschland 1919–1933. Geschichte und Staat 118/119. München/Wien 1966, S. 114–116.)

### Problem und Diskussion

**1** *Prüfen Sie anhand der Entwicklung in den Jahren 1919–1923 die These, daß Außen- und Innenpolitik miteinander verwoben sind.*

**2** *Beschreiben Sie anhand der Texte und Materialien das Phänomen „Inflation".*

**3** *Welche gesellschaftlichen, wirtschaftlichen und politischen Auswirkungen hatte die Inflation?*

**4** *John Maynard Keynes (T 35) behauptete, daß der Versailler Friedensvertrag keine Bestimmungen zur wirtschaftlichen Wiederherstellung Europas enthalte. Nehmen Sie hierzu Stellung.*

**5** *Diskutieren Sie die Auswirkungen der Reparationsforderungen bzw. Reparationszahlungen auf die innen- und wirtschaftspolitische Handlungsfähigkeit Deutschlands.*

**6** *Skizzieren Sie die Sicherheitsinteressen Englands und Frankreichs, und zeigen Sie deren Auswirkungen auf die Deutschlandpolitik.*

**7** *Stellen Sie die wesentlichen Ereignisse des Jahres 1923 unter verschiedenen Aspekten zusammen, z. B. innenpolitische Stabilität und Unsicherheit, wirtschaftspolitische Faktoren usw.*

**8** *Untersuchen Sie, wie sich wichtige gesellschaftliche und politische Kräfte der Weimarer Republik gegenüber Putschversuchen und Revolten republikfeindlicher Gruppen und Parteien verhalten haben.*

**9** *Welche Ziele verbanden die Franzosen mit der Ruhrbesetzung und welche die deutsche Regierung mit dem Aufruf zum passiven Widerstand?*

**10** *Erläutern Sie den Zusammenhang zwischen passivem Widerstand und Inflationsverlauf.*

**K 4 Europa nach dem Ersten Weltkrieg**
(Nach: Propyläen Geschichte Europas. K. D. Bracher, Die Krise Europas 1917–1975. S. 402)

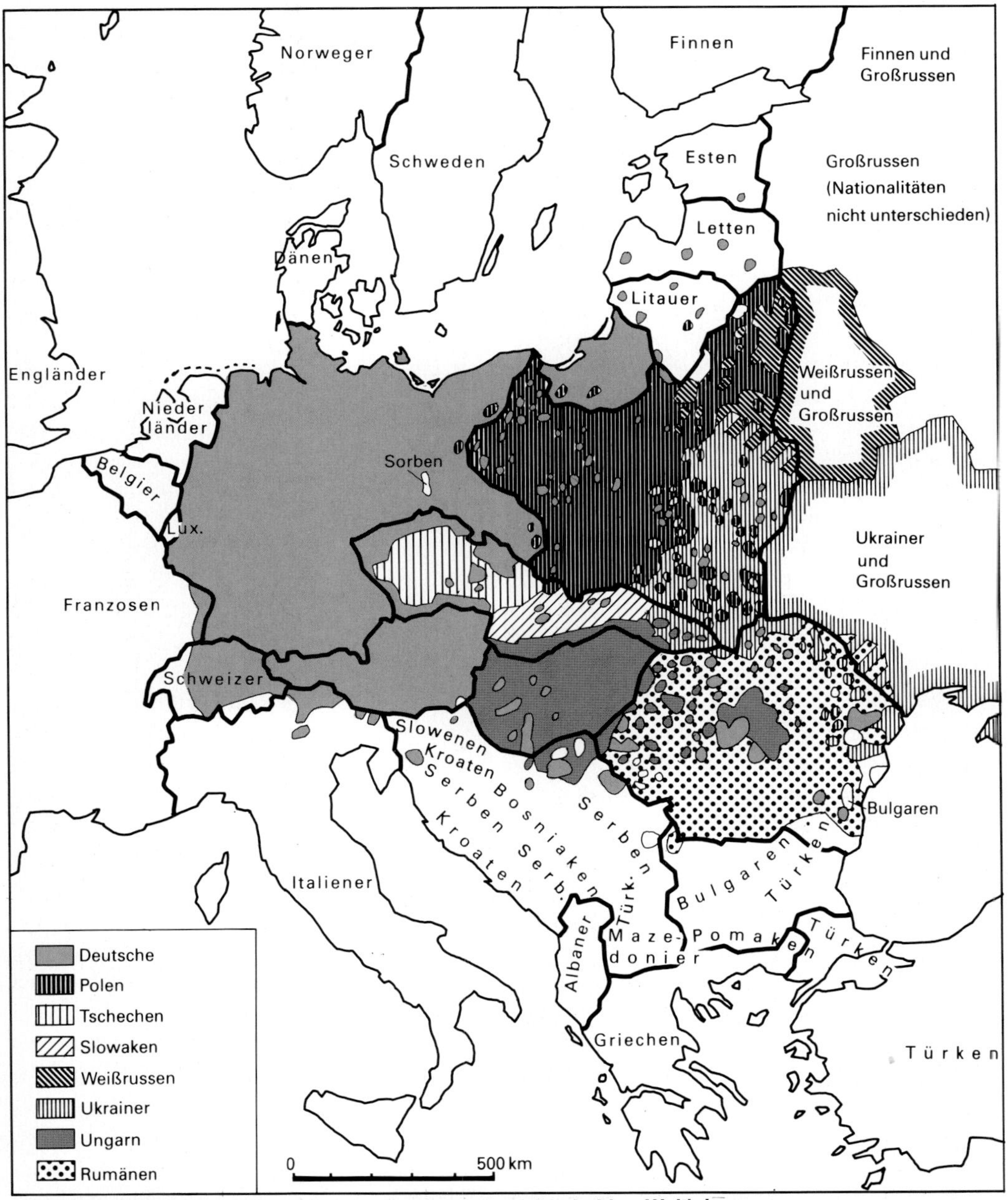


**K 5 Nationalitäten in Mittel- und Osteuropa zwischen den beiden Weltkriegen**
(Nach: Propyläen Geschichte Europas. A. a. O., S. 403)

## 5.1 Das europäische Kräftefeld nach dem Ersten Weltkrieg

Der Erste Weltkrieg hatte das traditionelle Kräftefeld in Europa zerstört; die autoritären Monarchien in Deutschland und Österreich-Ungarn waren zusammengebrochen. Damit waren zugleich die Voraussetzungen geschaffen, demokratische Ordnungen in Europa zu stärken. Mit Ausnahme von Rußland, in dem nach Bürgerkriegswirren ein kommunistisches System errichtet wurde, und wenigen anderen Staaten, schienen sich zunächst parlamentarisch-demokratische Regierungssysteme durchsetzen zu können. So bauten neben der Weimarer Republik und der ersten Republik in Österreich auch die neuen Staaten in Ostmitteleuropa auf liberalen Verfassungsideen auf. In den skandinavischen Ländern – Norwegen, Dänemark und Schweden –, in Großbritannien, in den Niederlanden, in Belgien und in Luxemburg blieben konstitutionelle Monarchien bestehen; jene Regierungsform konnte sich in Griechenland und Spanien nur vorübergehend behaupten.
Die neuen Staaten in Ost- und Mitteleuropa waren keine historisch gewachsenen Gebilde. Sie wurden in ihrer Einheit durch Nationalitätenfragen gefährdet; dies belastete auch die zwischenstaatlichen Beziehungen in diesem Raum (siehe K 5). Das Fehlen demokratischer Traditionen und breiter Schichten, die die demokratischen Ordnungen trugen, ließen vor allem die neuen Staaten anfällig werden für autoritäre und totalitäre Ordnungsvorstellungen.
Totalitäre Machtstaaten und autoritäre Staaten bzw. Diktaturen verdrängten in Süd-, Mittel- und Osteuropa bald wieder den liberalen Verfassungsstaat. In Italien errichtete Mussolini 1922 das erste faschistische Herrschaftssystem, das demokratische Formen der Willensbildung durch hierarchisch-militärische Strukturen ersetzte. In Italien, wie später in Deutschland, Ungarn und Spanien, wurde das Führerprinzip zur Grundlage der politischen Ordnung. Einheitsparteien, die ihrem Charakter nach eher Massenbewegungen waren, durchdrangen als politische Herrschaftsapparate den Staat oder wollten sich über ihn stellen.
Die vielfältigen Ausprägungen autoritärer Staaten, die in Europa entstanden, stützten sich nicht immer auf einheitliche Massenbewegungen; häufig verfolgten sie vorrangig das Ziel, den absoluten Führungsanspruch einer kleinen Elite zu verwirklichen. Meistens bildeten sich Diktaturen, die sich als „Notlösungen in Ausnahmesituationen“ tarnten, aber selten ideologische Grundlagen besaßen. So kam in Polen 1926 Marschall Pilsudski gestützt auf das Militär an die Macht; er errichtete ein Regime mit diktatorischen Vollmachten. In Jugoslawien hob König Alexander 1929 das parlamentarische Regierungssystem durch einen Staatsstreich auf; er herrschte danach als Monarch mit diktatorischen Vollmachten. Ähnlich war die Stellung Carols II. in Rumänien. Der bürgerliche Politiker Salazar errichtete 1932 eine Diktatur in Portugal; er versuchte, sein Regime durch eine Verfassung mit repräsentativen und ständischen Beratungsorganen zu legalisieren. Andere Formen autoritärer Herrschaft entstanden in den baltischen Staaten, in Ungarn, in Bulgarien und in Griechenland (s. K 4). In Österreich wurde 1933 die parlamentarische Demokratie durch ein christlich-konservativ geprägtes Regime unter Dollfuß abgelöst; sozialdemokratische, kommunistische und nationalsozialistische Parteien wurden verboten.
Ein neuer Typ des antiliberalen Einparteienstaates war die Sowjetunion. Im Unterschied zu den faschistischen und anderen totalitären Systemen gründete dieses Regierungssystem auf einer durchgebildeten Ideologie, die die historische Begründung für die Notwendigkeit eines kommunistischen Staates und dessen Charakter als Durchgangsstadium auf dem Wege zu einem utopischen Ideal lieferte und die Vergesellschaftung der Produktionsmittel politisch-ökonomisch rechtfertigte. Anderen totalitären und autoritären Regimen entsprach dieses Sowjetsystem in der einheitlichen politischen Ausrichtung: Zensur, Überwachungsmechanismen (politische Polizei), Monopol einer Partei oder einer Massenbewegung, bürokratischer Apparat und

Indoktrination in allen Lebensbereichen waren die wichtigsten Mittel zur Herrschaftssicherung. Ein neues Instrument zur Manipulation der Massen lieferte der gezielte Einsatz des Mediums Rundfunk in Verbindung mit der Presse.
Die Gestaltung des internationalen Systems in Europa wurde nach dem Ersten Weltkrieg von ideologischen Interessen und Gegensätzen und von politischen und wirtschaftlichen Machtaspekten bestimmt, zumal das neuartige System des Völkerbundes, das den Frieden sichern sollte, vor allem in Fragen des Schutzes nationaler Minderheiten und bei der Schlichtung internationaler Streitigkeiten versagte. Der Kellogg-Pakt (1928), an dem auch die USA beteiligt waren, verurteilte zwar moralisch den Krieg als Mittel für die Lösung internationaler Streitfälle; für die praktische Politik blieb er jedoch ohne Sanktionsverpflichtung. Die Bemühungen scheiterten, die Völkerbundssatzung im Sinne des Kellogg-Paktes zu erweitern.
Die Neuordnung Europas in den Pariser Verträgen (vgl. Kap. 4.1) hatte bei den besiegten Staaten den Wunsch und den Willen auch zur gewaltsamen Revision hinterlassen; in Ost- und Mitteleuropa wurden die neuen Klein- und Mittelstaaten zu Unsicherheitsfaktoren (s. K. 4). Diese zwischen den zunächst außenpolitisch isolierten Mächten Deutschland und Sowjetunion gelegenen Staaten fühlten sich von ihren starken Nachbarn bedroht.
Frankreich hatte mit diesen Staaten einen Cordon sanitaire, einen Sperrgürtel, gegen das bolschewistische Rußland zu errichten versucht und wollte zugleich eine erneute Großmachtstellung Deutschlands verhindern. Der Staatengürtel von Finnland über die baltischen Staaten und Polen bis zum Balkan war jedoch innenpolitisch instabil, wirtschaftlich und militärisch zu schwach, um auf sich gestellt eine revisionistische Politik der Sowjetunion oder Deutschlands zu verhindern. Frankreich hatte deshalb ein umfangreiches Bündnissystem mit den osteuropäischen Staaten errichtet. Neben Verträgen mit Polen (1921), mit der Tschechoslowakei (1924) und mit Jugoslawien (1927) wurde ein Freundschaftsvertrag mit Rumänien (1926) geschlossen. Unter französischem Schutz schlossen sich Rumänien, die Tschechoslowakei und Jugoslawien zur Kleinen Entente gegen die Revisionspolitik Ungarns zusammen (1921). Streitigkeiten der osteuropäischen Staaten untereinander, so der polnisch-tschechische Konflikt um das Gebiet von Teschen und der polnisch-litauische Streit um das Wilnagebiet, verhinderten größere regionale Zusammenschlüsse. Auch die 1934 geschlossene Baltische Entente (Estland, Litauen und Lettland) und der Balkanpakt (Jugoslawien, Griechenland, Rumänien und Türkei) vermochten die Stellung der osteuropäischen Klein- und Mittelstaaten nicht entscheidend zu stärken.
Im Gegensatz zu Frankreich rückte Großbritannien bereits nach dem Ende des polnisch-russischen Krieges 1920 von der Politik des gegen die Sowjetunion gerichteten Cordon sanitaire ab und schloß Anfang 1921 einen Handelsvertrag mit Moskau. Die englischen Kriegsziele waren mit der Zerstörung der deutschen Seemacht und dem Ende der deutschen Kolonialpolitik erreicht worden. Die Oktoberrevolution hatte zunächst die Gefahr einer russischen Großmacht in Europa und Asien abgewendet. Den englischen Interessen in Europa stand daher in den ersten Nachkriegsjahren nur die Gefahr einer französischen Hegemonie auf dem Kontinent entgegen (s. Kap. 4.1 und 4.2).
Das faschistische Italien unter Mussolini verfolgte anfänglich eine auf Ausgleich und Versöhnung gerichtete Außenpolitik, die ihren Ausdruck in dem Freundschaftsabkommen mit Jugoslawien und der Lösung der zwischen beiden Ländern stehenden Fiume-Frage fand (1924 Teilung der Region Fiume). Trotzdem brach der alte Nationalismus wieder durch; 1923 wurde vorübergehend die Insel Korfu besetzt. Aber erst nach 1933 verfolgte Mussolini eine Politik der wirtschaftlichen Autarkie und versuchte, das rohstoffarme Italien unabhängig zu machen; die Folge war eine expansive Kolonialpolitik in Nordafrika.
Österreich-Ungarn war aus dem Kreis der Großmächte ausgeschieden. Rußland bzw. die Sowjetunion und Deutschland waren zumindest vorübergehend als Machtfaktoren isoliert und

ausgeschaltet. Ein Bündnissystem wie etwa im 19. Jahrhundert besaß unter den europäischen Großmächten in der Zwischenkriegszeit nur Frankreich. Die Sowjetunion schloß neben dem Berliner Vertrag (s. Kap. 5.2) nur Nichtangriffspakte mit seinen osteuropäischen Nachbarn, mit Italien und mit Frankreich ab. Auf anderer Ebene entfaltete sie jedoch über die Komintern Aktivitäten, um die westlichen Demokratien zu schwächen, indem sie Streiks und revolutionäre Bewegungen schürte. Großbritannien war nur über den Locarno-Pakt (s. Kap. 5.2) unmittelbar mit den kontinentalen Mächten verbunden.
Das internationale System in Europa geriet nach 1930 wieder in Bewegung; die Rivalitäten der Nationen untereinander wuchsen; die Verlierermächte verstärkten ihre Bemühungen, die Ergebnisse des Ersten Weltkrieges zu verändern. Das führte zu akuten Krisen.

## 5.2 Deutsche Außenpolitik zwischen Revision und Ausgleich mit den Alliierten

Die Verurteilung Deutschlands als Kriegsverursacher im Versailler Vertrag und die hieraus abgeleiteten Reparationsforderungen der alliierten Siegermächte hatten die Weimarer Republik außenpolitisch isoliert und zudem wirtschaftlich wie politisch zunächst weitgehend handlungsunfähig gemacht (vgl. auch Kap. 4.1–4.2).
Von den alliierten Siegermächten beharrte besonders Frankreich auf der vollen Erfüllung der Verpflichtungen Deutschlands nach dem Versailler Vertrag. Die zunehmenden Spannungen zwischen den beiden Staaten entluden sich 1923 im Ruhrkampf, der beiden Seiten schwere wirtschaftliche Opfer abverlangte. Ein Ausweg aus der außenpolitischen Isolation Deutschlands bot sich auf der Konferenz von Genua im Mai 1922 in Gesprächen mit der sowjetischen Delegation an. Der englische Ministerpräsident Lloyd George hatte zu der Konferenz eingeladen, um über die wirtschaftlichen Probleme in Europa zu sprechen.
Das deutsch-russische Verhältnis war vorbelastet; die Sowjetunion hatte kommunistische Aufstände in Deutschland 1919 (s. Kap. 2.2) unterstützt. Andererseits gab es jedoch Anknüpfungspunkte, die eine Annäherung in der Folgezeit nahelegten: Beide Mächte waren mit den westlichen Alliierten verfeindet (Interventionspolitik der Westmächte im russischen Bürgerkrieg) bzw. außenpolitisch isoliert. Außerdem verband beide Mächte die Gegnerschaft zu Polen, das mit Frankreich verbündet war.
Deutschland verhielt sich bei Ausbruch des russisch-polnischen Krieges im April 1920 neutral; es versagte daher auch der französischen Schutzmacht, über das Reichsgebiet Truppenverbände nach Polen zu entsenden. Erste Kontakte mit der Sowjetunion kamen über die Führungsstäbe der Armeen zustande; deutsche Waffenfabriken wurden in der Sowjetunion gebaut und gemeinsame Manöver durchgeführt. Die deutsche Schwerindustrie, die ihre Produktion vor allem in den Jahren 1921–1923 auf westlichen Märkten nur schwerlich absetzen konnte, verstärkte die Handelsbeziehungen. Sogar die antikommunistischen Rechtsparteien DVP und DNVP traten aus wirtschaftlichen Erwägungen für eine deutsche Ostorientierung ein.
Am Rande der Konferenz von Genua unterzeichneten der sowjetische Delegationsführer Tschitscherin und der damalige Außenminister Walther Rathenau in Rapallo einen Vertrag. Hierin verzichteten beide Staaten gegenseitig auf die Erstattung der Kriegsschäden. Der Grundsatz der Meistbegünstigung sollte im gegenseitigen Handel gelten. Außerdem beschloß man wechselseitige wirtschaftliche Förderung. Der Vertrag stellte die normalen diplomatischen Beziehungen wieder her, enthielt aber keine geheimen Klauseln oder militärische bzw. politische

Bündnisverpflichtungen. Dennoch rief er eine scharfe Kritik der westlichen Mächte, vor allem Frankreichs, hervor (vgl. T 42b). In Deutschland fand der Vertrag ein einhellig positives Echo, weil sich hiermit wieder eine gewisse außenpolitische Handlungsfreiheit andeutete.
Im Krisenjahr 1923 erfolgte außenpolitisch eine neue Orientierung in Deutschland, die eng mit der Person des Außenministers Gustav Stresemann (DVP) verknüpft war (s. T 39). Der Vorsitzende der Deutschen Volkspartei, ein konservativ ausgerichteter „Vernunftrepublikaner", übernahm bis zu seinem Tode 1929 die Leitung der Außenpolitik. Stresemann führte seine Partei in eine konstruktive Regierungsverantwortung. Daß Stresemann von August 1923 bis Oktober 1929 ununterbrochen Außenminister blieb, trug erheblich zur Stabilisierung und Kontinuität der deutschen Außenpolitik bei.
Ende 1923 war innen- und wirtschaftspolitisch die Lage entspannt; auch in der Regelung der Reparationen zeichnete sich Anfang 1924 mit dem sogenannten Dawes-Plan (s. unten) eine für die Weimarer Republik akzeptable Lösung ab. Damit waren günstige Rahmenbedingungen für eine erfolgversprechende Außenpolitik gegeben, deren erstes Ziel die Revision des Vertrages von Versailles war. Alle Parteien stimmten grundsätzlich darin überein, daß dieser Vertrag für die Weimarer Republik untragbar war (vgl. auch T 18). Gustav Stresemann erkannte, daß ohne die Abwehr der französischen Sanktionsdrohungen an Rhein und Ruhr und letztlich ohne die langfristige Aussöhnung mit Frankreich auch die wichtigsten außenpolitischen Ziele unerreichbar bleiben mußten. Der erste Schritt mußte sein, durch eine Regelung der strittigen Reparationen den Abzug der französischen Truppen aus dem Ruhrgebiet zu erreichen.
Im April 1924 legte ein Sachverständigenrat britischer und amerikanischer Bankiers und Wirtschaftsfachleute unter der Leitung von Charles G. Dawes ein Gutachten vor, das die Reparationszahlungen Deutschlands nach dessen Leistungsfähigkeit bemaß:
„Je mehr es gelingt, die Zahlungen automatisch, geregelt und unabhängig von den Schwankungen der politischen Haltungen gegenüber der Reparationsfrage zu gestalten, um so weniger Reibungen werden entstehen und um so größer wird die tatsächliche Stabilität des deutschen Staatshaushaltes sein. Letzten Endes ist die beste Sicherheit für die Zahlung das Interesse der deutschen Regierung und des deutschen Volkes, ehrlich eine Last auf sich zu nehmen, von der die Welt überzeugt ist, daß sie die Grenzen der deutschen Leistungsfähigkeit nicht übersteigt, und so rasch als möglich eine Last abzutragen, die schwer ist und schwer sein soll."
Der Plan setzte den Aufschwung der deutschen Wirtschaft voraus. Die endgültige Entscheidung für den Dawes-Plan fiel auf der Konferenz in London im August 1924. Man kam überein, daß Frankreich 1925 die Ruhr räumen sollte (s. K 3), um die wesentliche Voraussetzung für den wirtschaftlichen Aufschwung in Deutschland erfüllen zu können, nämlich die Wiederherstellung einer Wirtschaftseinheit.
Nach der Annahme des Dawes-Plans im Herbst 1924 traten jährliche Zahlungsraten in Kraft, die an der Leistungsfähigkeit der deutschen Wirtschaft orientiert waren. Zunächst wurden Raten in Höhe von 1 Milliarde Goldmark festgelegt, die bis 1928/29 auf 2,5 Milliarden steigen sollten. Die Gesamthöhe der Reparationsleistungen sollte jedoch erst später geregelt werden. Um die deutsche Wirtschaft anzukurbeln, wurde ein internationaler Kredit in Höhe von 800 Millionen Goldmark gewährt. Die Reparationszahlungen sollten nur etwa zur Hälfte dem Staatshaushalt entnommen werden, um dessen Gleichgewicht zu wahren. Den Rest sollten eine Verkehrssteuer, die der Reichsbahn direkt auferlegt wurde, und Zinsen aus Industrieobligationen erbringen. Zur Sicherung wurden Zölle und Verbrauchssteuern des Reiches verpfändet.
In der Folgezeit flossen beträchtliche ausländische Kredite, vor allem aus den USA, nach Deutschland. Zwischen 1924 und 1931 zahlte Deutschland 10,8 Milliarden Reichsmark an Reparationen; im gleichen Zeitraum strömten 20,5 Milliarden Reichsmark an Krediten ins Reich (vgl. T 44).

**B 20 Schlußsitzung in Locarno.** Außenminister Gustav Stresemann an der vorderen Tischseite – links neben ihm Reichskanzler Hans Luther – wendet sich der Kamera zu. Den beiden gegenüber: Briand, der französische Außenminister. Um den Tisch außerdem Delegationen Belgiens, Englands, Italiens, Polens und der Tschechoslowakei. Stresemanns außenpolitische Entscheidung für das zu diesem Zeitpunkt Mögliche wurde besonders von der extremen Rechten scharf kritisiert.

Im Februar 1923 ergriff Stresemann die Initiative und schlug einen Sicherheitspakt zwischen Frankreich, Belgien und Deutschland vor, dessen Einhaltung England und Italien als Garantiemächte überwachen sollten. Dieser Pakt wurde auf der Konferenz von Locarno im Oktober 1925 abgeschlossen. Die Vertragspartner verpflichteten sich, auf jede gewaltsame Veränderung der bestehenden Grenzen zu verzichten (s. auch T 40). Anstehende Probleme sollten dem Völkerbundsrat als oberster Schiedsinstanz unterbreitet werden. Das Inkrafttreten des Locarno-Paktes wurde mit dem Beitritt Deutschlands in den Völkerbund gekoppelt.
Deutschland lehnte jedoch eine vergleichbare Garantie der Grenzen zu seinen östlichen Nachbarn ab. Es schloß lediglich Schiedsverträge mit der Tschechoslowakei und Polen ab, in denen die internationale Gerichtsbarkeit anerkannt wurde. Streitfragen, „die aus Tatsachen entsprungen sind, die zeitlich vor diesem Abkommen liegen und der Vergangenheit angehören", wurden ausgenommen, so daß sich Deutschland eine revisionistische Politik gegenüber seinen östlichen Nachbarn vorbehielt (vgl. T 39b und T 41). Frankreich kam dem Sicherheitsbedürfnis dieser Staaten durch Beistandsverträge für den Fall eines deutschen Angriffs entgegen.
In einer Anlage zum Vertragswerk legte Deutschland Artikel 16 der Völkerbundssatzung dahingehend aus, daß die Teilnahme eines Mitgliedsstaates an militärischen Sanktionen auf das Maß beschränkt werde, das „seiner militärischen Lage verträglich ist und seiner geographischen Lage Rechnung trägt". Dieser Vorbehalt bedachte mögliche Konflikte mit der Sowjetunion. Die deutsche Neutralitätspolitik gegenüber der Sowjetunion wurde im Berliner Vertrag im April 1926 bekräftigt. Dort heißt es ausdrücklich: „Sollte einer der vertragschließenden Teile trotz

friedlichen Verhaltens von einer dritten Macht oder mehreren dritten Mächten angegriffen werden, so wird der andere vertragschließende Teil während der ganzen Dauer des Konflikts Neutralität wahren."

Am 10. September 1926 trat Deutschland dem Völkerbund bei und erhielt einen ständigen Sitz im Völkerbundsrat. Damit war Deutschland wieder als gleichberechtigtes Mitglied in die Völkergemeinschaft zurückgekehrt und zugleich als europäische Macht anerkannt worden. Die Politik der Verständigung mit Frankreich, die auf französischer Seite mit dem Außenminister Aristide Briand verbunden war, konnte aufgrund innerfranzösischer Widerstände nicht weiter vorangetrieben werden. Der im August 1928 abgeschlossene Kellogg-Pakt zur Ächtung des Krieges, erlangte keine Bedeutung im internationalen Verkehr.

Im ersten Halbjahr 1929 fand eine Sachverständigenkonferenz zur endgültigen Regelung der Reparationsfrage in Paris statt. Das nach dem Vorsitzenden der Konferenz, Young, benannte Abkommen sah jährliche Reparationsleistungen des Reichs auf neunundfünfzig Jahre vor, mit wechselnden Annuitäten (jährlichen Tilgungszahlungen). Die ausländische Kontrolle der deutschen Währung und die Reparationskommission wurden aufgehoben; vor allem aber wurde die vorzeitige Räumung des Rheinlands zugestanden.

Auf der Völkerbundstagung im Herbst 1929 entwarf Briand die Vision einer „solidarischen Gemeinschaft" der europäischen Staaten. Gustav Stresemann stimmte in seiner letzten großen Rede vor dem Völkerbund diesem Plan nur teilweise zu. Er befürwortete einen europäischen Wirtschaftsraum, lehnte aber jede politische Integration Europas ab und blieb trotz engagiertem Eintreten für eine Verständigungspolitik ein Verfechter des souveränen Nationalstaates. Stresemann starb am 3. Oktober 1929. Die vorzeitige Räumung des Rheinlandes erfolgte 1930. Auf der Konferenz von Lausanne 1932 wurden die Reparationen praktisch gestrichen, und auf der Konferenz in Genf im November 1932 wurde Deutschland auch auf militärischem Gebiet wieder ein gleichberechtigter Staat.

### T 39 Leitlinien der Außenpolitik Gustav Stresemanns

#### a) Ziele deutscher Außenpolitik. Schreiben an den Kronprinzen Wilhelm, 7. 9. 1925

Die deutsche Außenpolitik hat nach meiner Auffassung für die nächste absehbare Zeit drei große Aufgaben: Einmal die Lösung der Reparationsfrage in einem für Deutschland erträglichen Sinne und die Sicherung des Friedens, die die Voraussetzung für eine Wiedererstarkung Deutschlands ist.

Zweitens rechne ich dazu den Schutz der Auslandsdeutschen, jener 10–12 Millionen Stammesgenossen, die jetzt unter fremdem Joch in fremden Ländern leben.

Die dritte große Aufgabe ist die Korrektur der Ostgrenzen: die Wiedergewinnung von Danzig, vom polnischen Korridor und eine Korrektur der Grenze in Oberschlesien. [...]

Wollen wir diese Ziele erreichen, so müssen wir uns aber auch auf diese Aufgaben konzentrieren. Daher der Sicherheitspakt, der uns einmal den Frieden garantieren und England sowie, wenn Mussolini mitmacht, Italien als Garanten der deutschen Westgrenze festlegen soll. Der Sicherheitspakt birgt andererseits in sich den Verzicht auf eine kriegerische Auseinandersetzung mit Frankreich wegen der Rückgewinnung Elsaß-Lothringens, ein deutscher Verzicht, der aber insoweit nur theoretischen Charakter hat, als keine Möglichkeit eines Krieges gegen Frankreich besteht. [...]

Die Frage des Optierens zwischen Osten und Westen erfolgt durch unseren Eintritt in den Völkerbund nicht. Optieren kann man ja übrigens nur, wenn man eine militärische Macht hinter sich hat. Das fehlt uns leider. Wir können weder zum Kontinentaldegen für England werden, wie einige glauben, noch können wir uns auf ein deutsch-russisches Bündnis einlassen.

(G. Stresemann, Schriften. Hrsg. von A. Harttung. Berlin 1976, S. 336ff.)

#### b) Über die deutsche Polenpolitik, 19. 4. 1926

[...] 1. Eine friedliche Lösung der polnischen Grenzfrage, die unseren Forderungen wirklich gerecht wird, wird nicht zu erreichen sein, ohne daß die wirtschaftliche und finanzielle Notlage Polens den äußersten Grad erreicht und den gesamten polnischen Staatskörper in einen Zustand der Ohnmacht gebracht hat. Solange sich das Land noch

irgendwie bei Kräften befindet, wird keine Polnische Regierung in der Lage sein, sich auf eine friedliche Verständigung mit uns über die Grenzfrage einzulassen.
2. Aber auch ganz abgesehen von der polnischen Einstellung ist die allgemeine politische Stellung Deutschlands, insbesondere im Verhältnis zu den Westmächten, einstweilen noch zu schwach, als daß wir unsere politischen Wünsche hinsichtlich Polens in einem internationalen Gremium mit einiger Aussicht auf Erfolg geltend machen könnten. [...]
3. Es wird also, in der großen Linie gesehen, unser Ziel sein müssen, eine endgültige und dauerhafte Sanierung Polens so lange hinauszuschieben, bis das Land für eine unseren Wünschen entsprechende Regelung der Grenzfrage reif und bis unsere politische Machtstellung genügend gekräftigt ist. [...]
6. Sollte aber trotzdem, namentlich von englischer Seite, die Sanierung Polens jetzt schon ernsthaft in Angriff genommen werden, so dürften wir uns nicht abseits halten. Es darf nicht der Eindruck entstehen, als ob wir durch Ausnutzung unserer wirtschaftlichen Position die Sanierung sabotieren wollten. Deshalb bleibt uns nur übrig, uns auch an den jetzt etwa schon unternommenen internationalen Versuchen zu beteiligen, um dabei die Hand im Spiele zu haben und die Entwicklung möglichst in unserem Sinne zu beeinflussen. [...]
7. In sachlicher Hinsicht läßt sich zu der Grenzfrage selbst im Augenblick folgendes sagen:
Zu einer Zwischenlösung irgendwelcher Art dürfen wir es unter keinen Umständen kommen lassen. Als solche Zwischenlösung müssen alle diejenigen angesehen werden, die unseren bekannten Standpunkten in der östlichen Grenzfrage hinsichtlich des Korridors, Danzigs, Oberschlesiens und gewisser Teile von Mittelschlesien nicht gerecht werden.
*Angesichts der zunehmenden wirtschaftlichen und politischen Konsolidierung des polnischen Staates arbeitete Außenminister Stresemann gegen Ende der zwanziger Jahre auf einen Ausgleich mit Polen hin.*
(G. Stresemann, Schriften. A.a.O., S. 345ff.)

### T 40 Reichstagsdebatte über die Annahme der Verträge von Locarno, Oktober 1925

Abg. **Wels** (SPD): Wie man auch zu den Verträgen von Locarno und zu dem Eintritt Deutschlands in den Völkerbund stehen mag, das fühlt ein jeder: Wir stehen jetzt am Scheidepunkt der europäischen Politik.
Es fragt sich jetzt, ob eine neue Welt, in der der Gedanke des Friedens lebendige Kraft haben soll, das Leben der Völker Europas in Zukunft beherrschen wird, oder ob die Mächte, die, auf Gewalt und kriegerische Auseinandersetzungen fußend, dem Fortschritt, dem moralischen und materiellen Wiederaufbau den Weg dauernd versperren sollen.
Die ungeheure Wirtschaftskrise, die sich über die ganze Welt erstreckt, zwingt allen Staaten, zwingt allen Bevölkerungsschichten die Erkenntnis auf, daß der Periode des Wiederaufbaus nach den Jahren der kriegerischen Zerstörung die Wege geebnet werden müssen durch ein neues Verhältnis der Staaten Europas zueinander.
Nicht zum wenigsten erkennt es die Arbeiterklasse in allen Ländern, daß ihre gesteigerte Notlage mit diesen Krisenzuständen im engsten Zusammenhang steht. Die Arbeiterklasse ist deshalb die Vorkämpferin aller Maßnahmen, die zur Beseitigung dieser wirtschaftlichen Krisenzustände führen können [...].
Abg. **Graf v. Westarp** (DNVP): Die Grundgedanken unseres Widerspruchs gegen das Werk von Locarno sind vier. Der erste: Jeder Verzicht auf deutsches Land, jedes erneute und freiwillige Anerkenntnis des Versailler Diktats sollte durch die Fassung und die zeitliche Begrenzung der abzuschließenden Verträge ausgeschlossen sein. [...]
Der zweite der Grundgedanken, um die es sich für uns handelt, ist, daß Deutschland als Land der Mitte Europas sich seine Handlungsfreiheit und die Möglichkeit seiner Neutralität wahren muß. [...]
Wir müssen uns die Handlungsfreiheit nach Osten freihalten, freihalten auch im Hinblick auf die östlichen Grenzen Deutschlands, die ja nach allgemeiner Anerkennung so unmöglich gezogen sind, in Oberschlesien nicht ohne Schuld des Völkerbundes so unmöglich gezogen sind, daß sie auf die Dauer nicht von Bestand sein können. Da erwecken uns der Völkerbund und die Schiedsverträge schwere Bedenken.
Der dritte Hauptsatz, auf den wir Wert legen, heißt: Nur auf dem Boden voller, auch praktisch wirksamer Gleichberechtigung könnte das Werk von Locarno für Deutschland möglich und annehmbar sein. Noch lastet auf Deutschland die Schmach der Schuldlüge. [...]
Abg. **Thälmann** (KPD): Locarno ist nicht der Friede, Locarno ist nicht der Weg zum Frieden, Locarno ist nicht der Versuch, auf dem Wege der diplomatischen Erörterungen, durch Abschluß von Verträgen den Krieg zu verhindern, sondern Locarno ist der Versuch der Einbeziehung Deutschlands in eine europäische Konzentration unter der Führung Englands gegen Sowjetrußland und gegen die Hunderte von Millionen der erwachenden unterdrückten Völker im Fernen Osten und in Afrika. Locarno ist der Versuch zur Bildung einer nationalen schwarzen Einheitsfront!
Deutschland und Europa sollen aufmarschieren, um die erwachenden Völker, die sich aus der Herrschaft des englischen Imperialismus befreien, niederwerfen zu helfen, um es der englischen Bourgeoisie zu ermöglichen, ihre Herrschaft über die chinesischen und indischen Arbeiter und Bauern zu sichern. [...]
Vier Dinge bedeutet der Locarno-Pakt für die

Arbeiterklasse, erstens die Bedrohung des Friedens, zweitens die Stärkung der Reaktion, drittens eine Verschärfung der wirtschaftlichen Notlage und viertens die Feindschaft der deutschen Bourgeoisie gegen Sowjetrußland. [...]
Reichsaußenminister **Stresemann**: Wenn man uns fragt, was eigentlich der Geist von Locarno bedeute, [...] so zeigt sich die Bedeutung des Geistes von Locarno vor allem in dem Gedanken der Notwendigkeit eines gemeinschaftlichen Zusammenwirkens, in dem Gedanken, daß ein Zusammenbrechen Deutschlands nicht nur eine deutsche Frage, sondern eine europäische und eine Weltfrage ist. Man stimmt ja nicht über Motive ab. Die Motive dieses ganzen Zusammengehens brauchen deshalb nicht im Idealismus, wenigstens nicht in ihm allein zu liegen. Ich glaube, dieser Geist wird am besten fundiert sein, wenn Idealismus und reale Interessen sich dazu verbinden, den Weg aus dem europäischen Zusammenbruch gemeinschaftlich zu suchen. Damit ist eben eine Politik der Diktate und der Unterdrückung Deutschlands nicht vereinbar. Dazu ist notwendig die Grundlage eines dauernden Friedens. [...]
Abg. **Strasser** (NSDAP): Für uns Deutsche kommt eine deutsche Aufgabe, die politisch, wirtschaftlich und kulturell zugleich ist, hinzu. Wir haben von dem längst zu festen Formen erstarrten, verkalkten kapitalistischen Westen nichts zu erwarten. Keine Möglichkeit harrt dort unser. Aber der noch in Fluß befindliche Osten harrt der Formung, an der das germanische Deutschtum seit Jahrhunderten tätigen Anteil hat. [...]
Wir wollen an Stelle des ausbeuterischen kapitalistischen Wirtschaftssystem einen wahrhaften deutschen Sozialismus, aber nicht geführt durch jene seelenlose jüdische, materialistische Auffassung, sondern getragen von dem gläubigen opferfähigen, urdeutschen Gemeinschaftsgefühl, Gemeinschaftswillen und Gemeinschaftssinn. Ein solcher Staat [...] wird einst die Verträge von Versailles, London und Locarno wie Papierfetzen zerreißen können, weil er sich stützt auf das, was Sie bewußt im deutschen Volk zerschlagen, wofür kein Opfer gebracht werden darf, nämlich auf die Bildung eines in sich geschlossenen Volkes.
(Verhandlungen des Reichstags. Stenographische Berichte Band 388, S. 4485–4562)

## T 41 Positionen zur deutschen Ostpolitik
(Siehe auch T 39b)

### a) Graf von Brockdorff-Rantzau, deutscher Botschafter in Moskau, an den Reichspräsidenten über die deutsch-russischen Beziehungen, 8. 7. 1926

Wir dürfen nie vergessen, daß hier der Gedanke der Weltrevolution herrscht, wenn er in letzter Zeit auch wesentlich in den Hintergrund getreten ist und gleichzeitig das System sich langsam den praktischen Lebensnotwendigkeiten, allerdings widerstrebend, anzupassen versucht. Von einer „Evolution“ statt einer Revolution kann trotzdem noch nicht entfernt die Rede sein. [...]
Unser Verhältnis zu Sowjetrußland wird stets bis zu einem gewissen Grade gewissermaßen auf Bluff beruhen, das heißt, es wird nützlich sein, nach außen, unseren sogenannten ehemaligen Feinden gegenüber, den Eindruck einer größeren Intimität mit Rußland zu erwecken, als sie tatsächlich vorhanden ist. [...]
Für uns bleibt es jetzt von besonderer Wichtigkeit, die von Polen mit großer Mühe unternommenen Annäherungsversuche an Rußland auf wirtschaftlichem Gebiete und gewisse Tendenzen, die sich schon früher bemerkbar machten, die Ostgrenzen Polens mit Rußland vertragsmäßig festzulegen, zu verhindern.
(Akten zur Deutschen Auswärtigen Politik 1918–1945. Serie B: 1925–1933, Band 2/2, S. 98ff.)

### b) General von Seeckt zur außenpolitischen Lage nach dem Rapallo-Vertrag, 11. 9. 1922

Eine Verbindung Deutschlands mit Rußland ist der erste und bisher fast einzige Machtzuwachs, den wir seit dem Friedensschluß erreichten. [...] Mit Polen kommen wir nun zum Kern des Ostproblems. Polens Existenz ist unerträglich, unvereinbar mit den Lebensbedingungen Deutschlands. Es muß verschwinden und wird verschwinden durch eigene, innere Schwäche und durch Rußland – mit unserer Hilfe. Polen ist für Rußland noch unerträglicher als für uns; kein Rußland findet sich mit Polen ab. Mit Polen fällt eine der stärksten Säulen des Versailler Friedens, die Vormachtstellung Frankreichs. Dieses Ziel zu erreichen, muß einer der festesten Richtungspunkte der deutschen Politik sein, weil er ein erreichbarer ist. Erreichbar nur durch Rußland oder mit seiner Hilfe.
(O.-E. Schüddekopf, Das Heer und die Republik. A. a. O., S. 160ff.)

### c) Das Marinekommando zu Zielen der deutschen Marinepolitik, 22. 7. 1926

Das nächste Land ist Rußland. Wer mit A II [Leiter der Flottenabt.] der Ansicht ist, daß der Bolschewismus in Rußland nicht oder nur langsam verflacht, daß also der Bolschewismus der größte Feind der Kultur des Abendlandes ist, der muß in Rußland den augenblicklich größten Feind Deutschlands sehen.
Polen ist nach einem in Deutschland allgemeinen Empfinden einer unserer Hauptfeinde. Man kann jedoch ein Polen denken, das uns aus wirtschaftlichen Gründen unsere Grenzen von 1914 wiedergibt und sich selbst auf Kosten von Rußland, Litauen, Kurland usw. gesund macht. Ein derartiges Problem würde einen Fender [Rammschutz für Boote] zwischen

Deutschland (Abendland) nicht nur gegen den Bolschewismus, sondern auch gegen die slawische Welle bedeuten und unsere Unterstützung verdienen. [...] Ein Polen, das nicht nur nicht gewillt ist, die jetzigen unhaltbaren Grenzen zu revidieren, sondern sogar auf Danzig marschiert, ist Deutschlands Feind.
(Die ungeliebte Republik. Dokumente zur Innen- und Außenpolitik Weimars 1918–1933. Hrsg. von W. Michalka u. G. Niedhart. München ²1981, S. 197)

### T 42 Die deutsche Außenpolitik im Urteil der europäischen Mächte

#### a) Lord d'Abernon, britischer Botschafter in Berlin, 18. 11. 1925

Der erste und wichtigste Gewinn [für Deutschland] liegt darin, daß Locarno die Kriegsentente gegen Deutschland beendet. Er bringt Deutschland in das europäische Konsortium der Westmächte und räumt mit der alten diplomatischen Auffassung der Lage auf, die Deutschland als „den bösen Friedensstörer", „den Exponenten des aggressiven Militarismus" und „den tollen Hund Europas" betrachtete.
Zu diesem grundsätzlichen Urteil kommen greifbare Ergebnisse der Rückwirkungen im besetzten Gebiet. [...]
Bei einer unparteiischen Bewertung muß man diesem Gewinn gewisse Verluste entgegensetzen. Der wichtigste darunter ist eine Schwächung oder sogar Aufgabe der Basis des Rapallo-Vertrages, aber Rapallo hat sich im Grunde genommen nie sehr befriedigend für Deutschland ausgewirkt. Die Handelsgewinne, die damals erwartet wurden, blieben aus, und auch die diplomatische Unterstützung war von keinem großen Wert. Er hat Deutschland bloß das Gefühl genommen, daß es allein und frierend draußen auf der Straße stand.
(d'Abernon, Ein Botschafter der Zeitwende. Memoiren. Band 3, Leipzig 1930 S. 239ff.)

#### b) Schreiben des franzöischen Ministerpräsidenten Raymond Poincaré, an den französischen Botschafter in London, 2. 5. 1922

Der Abschluß des deutsch-russischen Vertrages bildet in deutlichster Form eine Bedrohung des Friedens. Dieser Vertrag ist nur die Bekundung der natürlichen Neigung, die Deutsche und Russen dazu treibt, sich einander in gemeinsamer feindseliger Absicht gegen die Signatarmächte des Vertrages von Versailles, und besonders gegen Frankreich und England, zu nähern. Herr Lloyd George verkennt diese Gefahr nicht, aber er stellt sich vor, es genüge als Abwehrmittel, die Deutschen und die Russen an einem allgemeinen Abkommen auf Unterlassung von Angriffen teilnehmen zu lassen. Man braucht nur die Kommentare zu lesen, die der neue Vertrag von Rapallo in der deutschen Presse findet, um zu begreifen, wie trügerisch die Hoffnungen des britischen Ministerpräsidenten in dieser Hinsicht sind.
Es liegt auf der Hand, daß ganz Deutschland den Bestimmungen des Vertrages von Rapallo viel weniger Wichtigkeit beilegt als seiner allgemeinen Bedeutung; daß es darin den ersten Schritt zu einer engen Annäherung an Rußland sieht, die ihm helfen soll, die Westmächte in Schach zu halten und seine Revanche vorzubereiten.
(Die Französischen Dokumente zur Sicherheitsfrage 1919–1923. Berlin 1924, S. 142. In: Ursachen und Folgen, Band 6, S. 585f.)

### Problem und Diskussion

**1** *Skizzieren Sie die Auswirkungen des Ersten Weltkrieges auf das europäische Mächtefeld. Berücksichtigen Sie vor allem territoriale Veränderungen, die Friedensschlüsse und die Regierungssysteme der Staaten.*

**2** *Der Unterabschnitt 2 sucht die Außenpolitik der Weimarer Republik in der Überschrift mit einem Kurs zwischen Revision und Ausgleich zu charakterisieren. Nehmen Sie hierzu Stellung.*

**3** *Untersuchen Sie die Wechselbeziehungen von Innen- und Außenpolitik diesmal schwerpunktmäßig unter dem Aspekt der außenpolitischen Optionen von Stresemann.*

**4** *Suchen Sie Gründe dafür, daß kein „Ost-Locarno" zustandekam oder zustandekommen konnte.*

**5** *Nehmen Sie Stellung zur Entwicklung der Reparationsfrage zwischen 1920 und 1932. Greifen Sie auch auf die vorangegangenen Kapitel zurück.*

## 6. DIE „GOLDENEN ZWANZIGER" – EINE POSITIVE BILANZ?

Die zweite Hälfte der zwanziger Jahre gilt als die stabile Phase der Weimarer Republik. Im Abschnitt innen- und wirtschaftspolitischen Aufschwungs und erster außenpolitischer Erfolge starb am 28. Februar 1925 der erste Präsident der Weimarer Republik, Friedrich Ebert. Der Tod dieses verantwortungsbewußten Staatsmannes war ein schwerer Rückschlag; denn Ebert hatte maßgegend die Republik geformt (s. Kap. 2) und auf dem Wege der außerparlamentarischen Gesetzgebung über Artikel 48 der Verfassung mehrfach Angriffe gegen die junge Demokratie abgewendet. Dabei war er wiederholt in Konflikt mit seiner eigenen Partei geraten, als er gegen Volksfrontregierungen in Sachsen und Thüringen die Reichsexekution verhängte (s. Kap. 4.3) oder bürgerliche Kabinette berief und die Koalitionsmüdigkeit der Sozialdemokratie kritisierte. Die Reichspräsidentenwahl wurde von allen Parteien als ein willkommener Anlaß gesehen, um in der Phase relativer innenpolitischer Ruhe die Wählergunst zu testen. In den zweiten Reichstagswahlen von 1924 hatten die republikfeindlichen Parteien starke Verluste erlitten (vgl. T 14). Die Parteien der Weimarer Koalition kamen nahe an die absolute Mehrheit. Bei der bevorstehenden Reichspräsidentenwahl stellten alle größeren Parteien im ersten Wahlgang eigene Kandidaten auf, von denen jedoch keiner die erforderliche absolute Mehrheit erreichen konnte (s. T 43). SPD, Zentrum und DDP einigten sich für den zweiten Wahlgang auf eine Unterstützung des ehemaligen Reichskanzlers Wilhelm Marx (Zentrum). Die rechtsstehenden Parteien überredeten Hindenburg zur Kandidatur. Der ehemalige königlich-preußische Generalfeldmarschall (1847–1934), der 1914 in der Schlacht bei Tannenberg überlegene russische Streitkräfte geschlagen hatte, sich aber in der Weimarer Republik nur wenig für Politik interessierte, war trotz der militärischen Niederlage im Weltkrieg, die er als Chef der OHL mitzuverantworten hatte, populär geblieben. Gestützt auf Stimmen auch aus Reihen der BVP, wurde Hindenburg zum Reichspräsidenten gewählt und schwor den Eid auf die Verfassung der demokratischen Republik. In seiner ersten Amtsperiode wandte er die verfassungsmäßigen Vollmachten kaum an. Erst als er in der politischen Krise des Jahres 1930 Brüning (Zentrum) zum Reichskanzler berief, sagte er zu, dessen Minderheitsregierung mittels des Artikel 48 der Verfassung gegebenenfalls durch Notverordnungen zu stützen, wovon er dann häufig Gebrauch machte.
Als 1932 wieder Reichspräsidentenwahlen anstanden, befand sich das parlamentarische System von Weimar in einer tiefen Krise; die antidemokratischen Parteien verfügten über eine negative Mehrheit (s. Kap. 7.2). Hindenburg wurde nun von allen regierungsfähigen Parteien bis hin zur DNVP – gegen Thälmann (KPD) und Hitler – mit knapper Mehrheit gewählt (siehe T 43).

**T 43 Ergebnisse der Reichspräsidentenwahlen** (in %)

| **a) 1925** | 1. Wahlgang (29.3.) | 2. Wahlgang (26.4.) |
|---|---|---|
| Wahlbeteiligung | 68,9% | 77,6% |
| Davon entfielen auf: | | |
| Jarres (DVP) | 38,8% | Hindenburg 48,3% |
| Held (BVP) | 3,7% | |
| Ludendorff (NSDAP) | 1,1% | |
| Braun (SPD) | 29,0% | |
| Marx (Z) | 14,5% | 45,3% |
| Hellpach (DDP) | 5,8% | |
| Thälmann (KPD) | 7,0% | 6,4% |

| **b) 1932** | 1. Wahlgang (13.3.) | 2. Wahlgang (10.4.) |
|---|---|---|
| Wahlbeteiligung | 86,2% | 83,5% |
| Davon entfielen auf: | | |
| Duesterberg (DNVP) | 6,8% | |
| Hindenburg | 49,6% | 53,0% |
| Hitler | 30,1% | 36,8% |
| Thälmann | 13,2% | 10,2% |

(v. Aretin/Fauth, Die Machtergreifung. München 1959, S. 112)

## 6.1 Wirtschafts- und Sozialpolitik

Die deutsche Wirtschaft hatte die Inflation (s. Kap. 4.2) vor allem dort gut überstanden, wo sie die Geldentwertung dazu genutzt hatte, um Investitionen zu tätigen. Die Rahmenbedingungen verbesserten sich entscheidend mit dem Dawes-Plan (s. Kap. 5.2). Amerikanische Anleihen, die nach Deutschland strömten, kurbelten die Wirtschaft an und brachten zugleich den internationalen Finanzkreislauf wieder in Schwung (T 44). Infolge des großen Kapitalmangels deutscher Banken und Sparkassen war das Zinsniveau hoch, was besondere Anreize für ausländische Investitoren schuf. Zwischen 1924 und 1929 wurde das Produktionsvolumen der deutschen Wirtschaft um 50% erweitert, der Anteil der deutschen Wirtschaft am Welthandel stieg (vgl. T 45). Vom wirtschaftlichen Aufschwung profitierten vor allem der Maschinen- und Apparatebau, die Chemie, Feinmechanik, Optik und die Elektrobranche. Durch die Ausweitung der industriellen Produktion stiegen auch Volkseinkommen, Löhne und Gehälter. Aber die Lohnkosten stiegen in Deutschland schneller als in anderen Industrieländern; deshalb wurden rationalisierte Fertigungstechniken verstärkt eingeführt, um konkurrenzfähig zu bleiben: Fließband- und Taktarbeit. Der Zusammenbruch kleinerer Betriebe in der Inflationszeit hatte zur Rationalisierung durch erweiterte Konzernbildung geführt. In einigen Branchen waren marktbeherrschende Konzerne entstanden, z. B. die IG-Farben und die Vereinigten Stahlwerke. Konzentrationsbewegungen gab es mit den großen Warenhausketten Tietz, Karstadt und Wertheim auch im Handel (vgl. Kap. 1.3). Die Landwirtschaft war durch die Inflation zwar entschuldet worden, die vorübergehende Konjunktur schlug jedoch bereits 1924 um; billige landwirtschaftliche Produkte aus den USA, aus Südamerika und Australien drückten die Preise. 1926 wurden in Preußen 90% der Neuverschuldung landwirtschaftlicher Betriebe dazu verwandt, Defizite auszugleichen und Schuldzinsen und Steuern zu bezahlen. Die Gewinnspannen im Einzelhandel waren wegen der starken Konkurrenz der vielen kleinen Geschäfte, weniger aber wegen der Warenhäuser gering. Das galt ebenso für das Handwerk. Die industrielle Blüte blieb insgesamt wegen des hohen Kapitalbedarfs, der Exportabhängigkeit und wegen der Preisabsprachen der Kartelle anfällig.

Das System sozialer Sicherheit, das mit der Gesetzgebung der 80er Jahre begründet worden war (s. Kap. 1.3) und mit der Reichsversicherungsordnung 1911 eine einheitliche Rechtsgrundlage erhalten hatte, wurde in der Weimarer Republik bis in die 30er Jahre nicht neu geordnet. 1927 wurde die Arbeitslosenversicherung hinzugefügt. Die Reichsanstalt für Arbeitslosenvermittlung und Arbeitslosenversicherung wurde von Arbeiter- und Unternehmerorganisationen in kooperativer Selbstverwaltung betrieben. Die Mittel wurden jeweils zur Hälfte durch Arbeitnehmer- und Arbeitgeberbeiträge aufgebracht, während der Staat mit einem unbegrenzten Darlehen die Leistungsfähigkeit garantierte.

Obwohl die Leistungen im gesamten Sozialversicherungswesen verbessert wurden, blieben sie unzureichend. Die durchschnittlichen Renten wuchsen zwischen 1925 und 1930 von etwa 400 auf 450 Mark pro Jahr; für jedes versorgungsbedürftige Kind unter 18 Jahren kamen 120 Mark hinzu. Das mittlere Jahreseinkommen lag jedoch bei etwa 1200–1500 Mark. Das erklärt, weshalb 70% aller Sozialrentner zugleich Fürsorgeempfänger waren.

Sozialpolitisch bedeutsam war die kollektive Regelung der Arbeitsverhältnisse. Im Zusammenhang mit dem sogenannten „Vaterländischen Hilfsdienstgesetz" 1916, das die Bevölkerung der Dienstverpflichtung durch die OHL unterworfen hatte, waren die Gewerkschaften erstmals als legitime Interessenvertreter der Arbeiterschaft und gleichberechtigte Partner der Unternehmer bei der Bestimmung der Lohn- und Arbeitsverhältnisse anerkannt worden. Für die Vermittlung bei Lohn- und Arbeitskämpfen waren Schlichtungsämter eingerichtet worden. Die positiven

Erfahrungen aus der gemeinsamen Arbeit haben die Gründung der Zentralarbeitsgemeinschaft von Gewerkschaften und Unternehmern am 15. November 1918 (s. Kap. 2.2 und T 12) gefördert. Die Weimarer Verfassung garantierte in Artikel 159 und 165 das unbeschränkte Koalitionsrecht und verlangte Betriebsräte in Unternehmen mit mehr als 19 Arbeitern; außerdem waren die autonome Regelung der Lohn- und Arbeitsbedingungen und das Schlichtungsverfahren festgelegt worden (s. auch Kap. 3.1).
Der Staat verzichtete nicht auf die Mitgestaltung des Arbeitsrechts; er verstärkte 1923 sogar seinen Einfluß mit einer Novelle zur Schlichtungsordnung, die dem Reichsarbeitsministerium das Recht einräumte, Tarifverträge gegen den Willen einer Tarifpartei und – im allgemeinen wirtschafts- und sozialpolitischen Interesse – auch gegen den Willen beider Tarifpartner zu erlassen. Hierzu war es gekommen, weil die Tarifpartner immer seltener Konfliktlösungen erreichten. Bereits 1925/26 wurde ein Drittel aller Lohnregelungen vom Staate entschieden. Die allgemeine Einführung des Acht-Stunden-Tages, die nicht in die Verfassung aufgenommen worden war, wurde in der Praxis angesichts der wirtschaftlich schwierigen Situation zu Beginn der zwanziger Jahre umgangen und konnte erst 1927 wieder festgeschrieben werden.
Ein erfolgreiches Beispiel neuer sozialpolitischer Aktivitäten des Staates war der Wohnungsbau. Vor dem Ersten Weltkrieg wurde der Wohnungsbau von privater Initiative getragen und hatte kaum soziale und städtebauliche Aspekte berücksichtigt. Zwischen 1925 und 1930 entfielen 6,6% aller öffentlichen Ausgaben auf den staatlichen und kommunalen Wohnungsbau. Der Staat unterstützte außerdem private Bauvorhaben.
Die Auseinandersetzung über sozialpolitische Leistungen – Arbeitlosenversicherung (s. Kap. 7.1) – führte zum Bruch der letzten parlamentarischen Regierungskoalition. Im Gefolge der Weltwirtschaftskrise nahmen staatliche Eingriffe in die Wirtschafts- und Sozialpolitik zu. Sie wurden durch den gesetzlichen Rahmen von Notverordnungen abgedeckt (s. Kap. 7). Lohn- und Preissenkungen wurden verordnet, Steuern und Zölle erhöht, Pensionen und Sozialversicherungszuschüsse gesenkt.

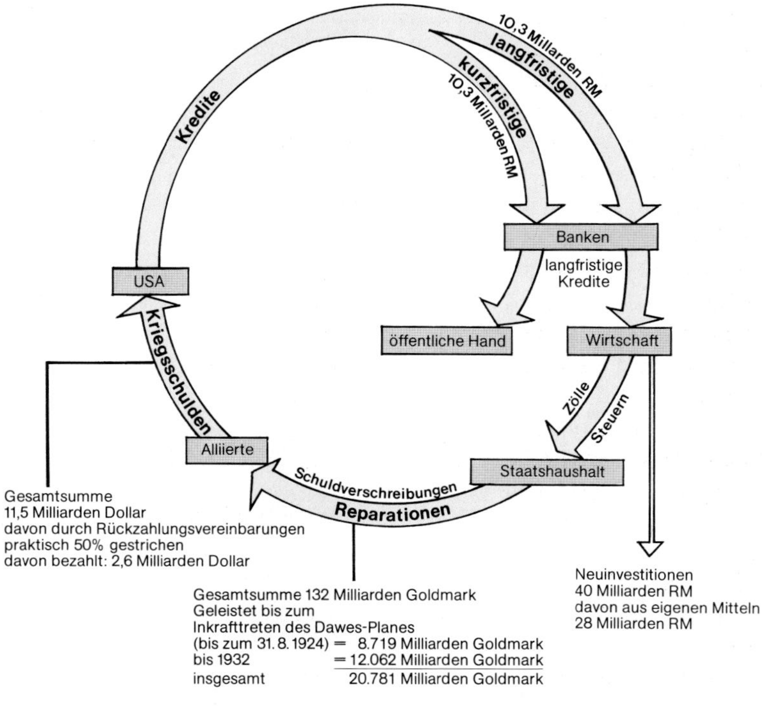


**T 44 Internationaler Finanzkreislauf 1924–1931/32**
(Nach: K. Dederke, Reich und Republik. Deutschland 1917–1932. Stuttgart [5]1984, S. 309)

## T 45 a Index der Industriegüterproduktion (1928 = 100)

| | Insgesamt I | Verbrauchsgüter Insgesamt II | Produktionsgüter Insgesamt III | Produktionsgüter Bergbau IV |
|---|---|---|---|---|
| 1913 | 98 | 97 | 99 | 120 |
| 1918 | 56 | – | – | 100 |
| 1919 | 37 | – | 32 | 73 |
| 1920 | 54 | 51 | 56 | 82 |
| 1921 | 65 | 69 | 65 | 86 |
| 1922 | 70 | 74 | 70 | 79 |
| 1923 | 46 | 57 | 43 | 48 |
| 1924 | 69 | 81 | 65 | 76 |
| 1925 | 81 | 85 | 80 | 86 |
| 1926 | 78 | 80 | 77 | 92 |
| 1927 | 98 | 103 | 97 | 99 |
| 1928 | 100 | 100 | 100 | 100 |
| 1929 | 100 | 97 | 102 | 108 |
| 1930 | 87 | 91 | 84 | 94 |
| 1931 | 70 | 82 | 62 | 79 |
| 1932 | 58 | 74 | 47 | 70 |
| 1933 | 66 | 80 | 56 | 74 |

(D. Petzina, W. Abelshauser, A. Faust, Sozialgeschichtliches Arbeitsbuch, Band III: Materialien zur Statistik des Deutschen Reiches 1914–1945. München 1978, S. 61)

## T 45 b Deutschlands Industrieerzeugung 1925 im internationalen Vergleich (1913 = 100)

| | |
|---|---|
| Japan | 222 |
| Italien | 157 |
| USA | 148 |
| Australien | 141 |
| Tschechoslowakei | 136 |
| Indien | 132 |
| Kanada | 117 |
| Frankreich | 114 |
| Schweden | 113 |
| Österreich | 95 |
| Deutschland | 95 |
| Großbritannien | 86 |
| Rußland | 70 |
| Polen | 63 |

(D. Petzina, Die deutsche Wirtschaft der Zwischenkriegszeit. Wiesbaden 1977, S. 15)

## T 45 c Arbeitslosigkeit 1922–1933

| | abhäng. Erwerbspersonen (in 1000) | Arbeitslose (in 1000) | Arbeitslose (in % abh. Erwerbspersonen) | Arbeitslose (in % Gewerkschaftsmitglieder) |
|---|---|---|---|---|
| 1922 | 20 184 | 215 | 1,1 | 1,5 |
| 1923 | 20 000 | 818 | 4,1 | 9,6 |
| 1924 | 19 122 | 927 | 4,9 | 13,5 |
| 1925 | 20 176 | 682 | 3,4 | 6,7 |
| 1926 | 20 287 | 2025 | 10,0 | 18,0 |
| 1927 | 21 207 | 1312 | 6,2 | 8,7 |
| 1928 | 21 995 | 1391 | 6,3 | 8,4 |
| 1929 | 22 418 | 1899 | 8,5 | 13,1 |
| 1930 | 21 916 | 3076 | 14,0 | 22,2 |
| 1931 | 20 616 | 4520 | 21,9 | 33,7 |
| 1932 | 18 711 | 5603 | 29,9 | 43,7 |
| 1933 | 18 540 | 4804 | 25,9 | (46,3) |

(D. Petzina u. a., Sozialgeschichtliches Arbeitsbuch III. A.a.O., S. 119)

## T 45 d Welthandel 1913–1933 (in Mrd. RM)

| | 1913 | 1925 | 1928 | 1930 | 1932 | 1933 |
|---|---|---|---|---|---|---|
| Welthandel | | | | | | |
| Einfuhr | 83,4 | 138,3 | 144,2 | 120,0 | 57,8 | 52,1 |
| Ausfuhr | 76,8 | 129,9 | 135,0 | 108,7 | 52,0 | 48,8 |
| Deutschland | | | | | | |
| Einfuhr | 10,8 | 12,4 | 14,0 | 10,4 | 4,7 | 4,2 |
| Ausfuhr | 10,1 | 9,3 | 12,3 | 12,0 | 5,7 | 4,9 |
| Frankreich | | | | | | |
| Einfuhr | 6,8 | 8,9 | 8,8 | 8,6 | 4,9 | 4,7 |
| Ausfuhr | 5,6 | 9,4 | 8,6 | 7,1 | 3,3 | 3,0 |
| Großbritannien | | | | | | |
| Einfuhr | 13,5 | 23,6 | 21,9 | 19,5 | 10,4 | 9,4 |
| Ausfuhr | 10,7 | 15,7 | 14,8 | 11,6 | 5,4 | 5,1 |
| USA | | | | | | |
| Einfuhr | 7,5 | 17,6 | 17,7 | 12,6 | 5,6 | 5,0 |
| Ausfuhr | 10,3 | 20,2 | 21,1 | 15,8 | 6,8 | 5,7 |
| Anteil der vier Mächte (in %) | | | | | | |
| Einfuhr | 46,1 | 45,2 | 43,8 | 42,6 | 42,6 | 44,7 |
| Ausfuhr | 47,8 | 42,0 | 41,9 | 42,8 | 40,4 | 38,3 |

(Stat. Jb. für das Deutsche Reich. Internationale Übersichten, Jg. 1932 und 1934)

## 6.2 Kulturelle Leistungen und Entwicklungen

Die Frage, ob es gerechtfertigt ist, von einer „Weimarer Kultur" zu sprechen, ist oft erörtert worden. Der Expressionismus bestimmte das Wirken deutscher Künstler in den ersten Jahren der Republik sehr nachhaltig. Er war jedoch schon im ersten Jahrzehnt des Jahrhunderts entstanden und hatte seine höchste Blüte während der Jahre des Ersten Weltkriegs erlebt. Die radikale Verneinung der Bürgerwelt, die Dämonisierung der Technik, das utopische Menschen- und Gesellschaftsbild sowie die Freude am Experimentieren waren zwar bis zur Mitte der zwanziger Jahre in allen Bereichen der Kunst dominierend, wurden dann jedoch durch eine neue künstlerische Sichtweise abgelöst. Oft entwickelten die gleichen Künstler, die bisher deutlich vom Expressionismus geprägt waren, einen immer stärker werdenden Pragmatismus, eine nüchterne Sichtweise, die mit dem Begriff „Neue Sachlichkeit" treffend charakterisiert wurde. Sachlichkeit wurde typisch für die Kunst der Weimarer Republik (s. B 25, 26). Mit der politischen Radikalisierung der Weimarer Republik erlebten die Satire und die politisch engagierte Kunst einen Durchbruch (vgl. B 23).
Klangvolle Namen unterstreichen die Bedeutung der zwanziger Jahre für die deutsche Literatur: Bertolt Brecht, Heinrich und Thomas Mann (Nobelpreis 1923), Gerhart Hauptmann, Hermann Hesse, Franz Kafka, Kurt Tucholsky, Rainer Maria Rilke, Ernst Toller, Alfred Döblin, Erich Kästner, Carl Zuckmayer. Diese Liste ließe sich fortsetzen, ohne daß etwas über die literarische Entwicklung in der Zeit der ersten deutschen Republik ausgesagt würde. Einige der genannten Autoren hatten schon im Kaiserreich ihre Werke veröffentlicht. Andere sind Kunstrichtungen wie dem Expressionismus zuzuordnen, die bei der Entstehung der Weimarer Republik ihre Blüte schon fast überschritten hatten. Viele der obengenannten Autoren haben darüber hinaus bei ihren Zeitgenossen kaum die Beachtung gefunden, die ihnen heute gewidmet wird. Deshalb wird auch ihre Wirkung in der Zeit der Weimarer Republik heute häufig überschätzt. Die Beliebtheit für Autoren aus der Tradition der Heimatkunst nach dem Ersten Weltkrieg deutet dagegen auf eine große Sehnsucht nach Harmonie, nach Idylle. Charakteristisch ist die Besinnung auf Volkstümliches, eine gewisse Technikfeindlichkeit, aber auch eine Verherrlichung des Starken in der Natur, das alleine Überlebenschancen habe. Eine latent vorhandene Freude am Heroischen, am Kampf, drückte sich hier aus. Doch trugen diese Autoren zu einer realistischen Einschätzung der Zeit und zu einer Bewältigung der zeitgenössischen Probleme nicht bei. Ihre häufig rückwärts gewandte Verherrlichung des Deutschtums war dazu eher hinderlich. Nicht selten veränderten Autoren infolge des politischen Geschehens Stil und Aussage ihres Werkes. Das prominenteste Beispiel ist Thomas Mann, der sich von einem Gegner der Republik zu einem ihrer leidenschaftlichsten Verteidiger wandelte.
Neue Wege beschritt Bertolt Brecht. Lehnten sich seine ersten Dramen noch an den Expressionismus an, der in Ernst Toller einen radikal-politischen Vertreter fand, so zeigte Brecht mit der Entwicklung des Lehrstückes und des epischen Theaters seit dem Ende der zwanziger Jahre neue, richtungweisende Möglichkeiten auf. Durch sein Werk kam Leben in das Theater der Weimarer Republik. Erwin Piscator, der sich als Regisseur um neue Darstellungsmöglichkeiten der gesellschaftlichen Realität auf der Theaterbühne bemühte, Max Reinhardt, später auch Gustav Gründgens, sorgten für den Ruhm Berlins als deutsches Kulturzentrum. Auch die Stücke Carl Zuckmayers erfreuten sich bei einem Teil des Publikums großer Beliebtheit, wurden jedoch wegen ihrer politischen und sozialkritischen Aussagen von anderen abgelehnt. So sieht man deutlich, daß die heute vielfach bewunderten und geschätzten Autoren der zwanziger Jahre meist nur eine Minderheit der Bevölkerung erreichten.
Auf dem Gebiet des Romans betrat Alfred Döblin mit seinem berühmten „Berlin – Alexander-

platz“ neuen Boden. Die Technik der Stilmischung und die collagenhafte Darstellung wurden stark von der neuen Filmtechnik beeinflußt.
Im Werk von Franz Kafka, speziell in seinen Romanen „Der Prozeß“ und „Das Schloß“, fanden die Orientierungslosigkeit und oft verzweifelte Ratlosigkeit des Menschen in der modernen Welt einen unübertrefflichen Ausdruck. Bei anderen Autoren rückte die sozialkritische Beschäftigung mit der zeitgenössischen Realität in den Mittelpunkt ihres künstlerischen Schaffens. Viele dieser Autoren waren von unterschiedlichen politischen Ideologien und Utopien beeinflußt. Ihr gemeinsamer Nenner war jedoch die Fähigkeit zur kritischen Beobachtung zeitgenössischer Realität und ein politisches Engagement gegen restaurative Tendenzen. Erich Kästner, Hans Fallada, aber auch der Satiriker Kurt Tucholsky, der Publizist Carl von Ossietzky und die Autoren Anna Seghers und Johannes R. Becher gehörten zu dieser weitgefaßten Gruppe.
Auch die Entwicklung der bildenden Kunst muß in einem größeren zeitlichen Zusammenhang betrachtet werden. *Die* bildende Kunst *der* Weimarer Republik gibt es nicht. Die meisten Künstler entwickelten ihren spezifischen Stil schon vor der Entstehung der Weimarer Republik. Der deutsche Expressionismus existierte seit 1905 mit Malern der Dresdener Vereinigung „Brücke“. Auch den Surrealismus und die abstrakte, nichtgegenständliche Kunst gab es schon vor dem Krieg. Wenn auch die Wurzeln der bedeutendsten Künstler der Weimarer Zeit in die Anfänge des Jahrhunderts zurückgehen, so entwickelten sie doch in der Zeit der Weimarer Republik eine ungeheuere Produktivität. Maler wie Emil Nolde, Oskar Kokoschka, Max Pechstein, Ernst Ludwig Kirchner als Vertreter des Expressionismus; Wassiliy Kandinsky, Paul Klee, Oskar Schlemmer u. a. als Vertreter verschiedener Richtungen der Schule des Bauhauses, Max Ernst als Surrealist, Karl Hofer und Otto Dix als metaphysische bis visionäre Gesellschaftskritiker, sowie Satiriker wie Max Beckmann als Vertreter der „Neuen Sachlichkeit“ dokumentierten die Bedeutung und Produktivität der künstlerischen Entwicklung zu Beginn dieses Jahrhunderts, die in den zwanziger Jahren einen Höhepunkt erlebte. Beliebter und bekannter als diese Künstler dürften bei den meisten Zeitgenossen jedoch auch hier die aus der Heimatkunst stammenden Maler gewesen sein. So blieb die Wirkung der oben genannten Künstler begrenzt; ihre spätere Diffamierung als „entartete Künstler“ war aus dieser Grunde eher möglich.
Wirkliche Neuerungen gab es während der zwanziger Jahre auf dem Gebiet der Architektur, die sich bisher ungewohnten sozialpolitischen Vorstellungen öffnete. Sachlichkeit, Funktionalität und der Wille zu einer anspruchsvolleren, die Bedürfnisse der Massen berücksichtigende Architektur standen im Vordergrund. Vertreter dieser Richtung waren Walter Gropius und seine Mitarbeiter am Weimarer – 1925 nach Dessau verlegten – staatlichen Bauhaus.
Ein realistisches Bild der zwanziger Jahre erhält man, wenn man sich den populären Künsten zuwendet, die tatsächlich während der Weimarer Republik ihren Siegeszug antraten. So genoß der deutsche Stummfilm seit Beginn der zwanziger Jahre Weltruf. Regisseure wie Ernst Lubitsch („Madame Dubarry“, 1919), Friedrich Wilhelm Murnau („Nosferatu“, 1921; s. B 27), Fritz Lang („Doktor Marbuse“, 1922; „Metropolis“, 1926; s. B 29), brachten expressionistische Züge in ihre Filmtechnik und eroberten sich schnell ein Millionen-Publikum. Dabei wurde aber das neue Medium Film auch als Mittel der Sozialkritik benutzt, wie z. B. der von Heinrich Zille inspirierte Film „Die Verrufenen“ beweist (1925; Regie G. Lamprecht).
Auch nach der Entwicklung des Tonfilms riß der Erfolg deutscher Filme nicht ab. „Westfront 1918“ von B. W. Pabst und „Im Westen nichts Neues“, nach einem Roman von Erich Maria Remarque, dokumentierten eine engagierte Haltung gegen den Krieg. Fritz Langs „M – eine Stadt sucht einen Mörder“ – eine sozialpsychologische Darstellung eines Kindermörders, mit Peter Lorre und Gustav Gründgens – sowie „Der blaue Engel“ (1930; s. B 28) von Josef von Sternberg nach dem Roman „Professor Unrat“ von Heinrich Mann wurden zu ungeheuren Erfolgen. „Der blaue Engel“ machte Marlene Dietrich zu einem Weltstar.

B 21 Ernst Barlach, „Erschreckte Mädchen“ (1922)

B 23 Otto Dix, Triptychon „Die Großstadt“ (1927/28)

B 22 Oskar Schlemmer, „Bauhaustreppe“ (1932)

B 24 George Grosz, „Stützen der Gesellschaft“ (1926)

**B 25 Blick auf die Hufeisensiedlung Berlin-Britz (erbaut 1925–1931)**

**B 26 Aus einem Modeheft des Lette-Hauses (1929)**

Die freiere Entfaltung der erotischen Ausstrahlung der Dietrich im Film korrespondiert mit der Glanzzeit der Kabaretts und der Revuen in der Weimarer Republik. Eine allgemeine Lockerung der Sitten, eine neue Beziehung zum Köper und entsprechende Modetrends prägen bis heute nicht unwesentlich unser Bild der zwanziger Jahre. Das bedeutendste Sexsymbol der zwanziger Jahre, der ‚Vamp', sportlich, schlank, mit kurzen Haaren („Herrenschnitt") und mit einer an Männerkleidung angelehnten Mode dokumentierte die Distanz zum Frauenideal des Kaiserreiches wie zum Frauenideal der NS-Zeit.

B 27 Max Schreck in der Titelrolle von „Nosferatu – Eine Symphonie des Grauens“ von Friedrich Wilhelm Murnau (1921)

B 28 Marlene Dietrich als Sängerin Lola im Film „Der blaue Engel“ (1929)

**B 29 Szenenfoto aus „Metropolis“ von Fritz Lang (1926)**

Die populäre Musik aus den Vereinigten Staaten, der Jazz und mit ihm der „Charleston“, trat während der zwanziger Jahre ihren Siegeszug an. Der Rundfunk gewann seit 1923 ständig neue Hörer. Die staatliche Kontrolle der Post achtete darauf, daß dieses neue Medium aus dem Streit der Parteien herausgehalten wurde. Deshalb waren beispielsweise Übertragungen aus dem Reichstag verboten. Im Unterhaltungsbereich entwickelte sich die Gattung des Hörspiels.
Auch auf dem Gebiet der nichtpopulären Musik geschah in den zwanziger Jahren Bedeutendes. Arnold Schönberg entwickelte die Zwölftonmusik und Paul Hindemith sein chromatisches System (Halbtonsystem). Auch diese Musik galt bei den Nationalsozialisten als entartet, so daß erst nach dem Krieg an diese Traditionen wieder angeknüpft werden konnte.
Die kulturellen, natur- und geisteswissenschaftlichen Leistungen der Weimarer Zeit können nur in einem größeren zeitlichen Rahmen gewürdigt werden. So wurde das vornehmlich vom Positivismus geprägte naturwissenschaftliche Menschenbild, das Wissenschaft als Auseinandersetzung mit sinnlich Faßbarem begreift und metaphysischen Problemen weitgehend ablehnend gegenübersteht, durch die Quantentheorie Max Plancks 1901 und die Relativitätstheorie Albert Einsteins 1905, d. h. also schon zu Beginn des Jahrhunderts, gründlich erschüttert. Die Gesetze der Mechanik schienen im atomaren Bereich keine Gültigkeit zu besitzen, eine Erkenntnis, die völlig neue Forschungsschwerpunkte nach sich zog und schließlich zur Uranspaltung durch Otto Hahn (1938) und zur militärischen Nutzung der Nuklearkraft (1945) führen sollte.
Aber nicht nur die Atomphysik entwickelte sich. Auch auf dem Gebiet der Chemie und der Medizin wurden ungeheure Fortschritte erzielt. Neue Bereiche der Wissenschaft wie z. B. die Elektro- und die Fotochemie entstanden. Sie bildeten die Voraussetzung für industrielle Entwicklungen, hier für den Siegeszug der Foto- und Filmindustrie, aber auch für die Entstehung von Giftgasen und chemischen Waffen.

**B 30 Berlin, Kurfürstendamm, Straßenszene um 1926**

Neue Narkosemethoden in der Medizin ermöglichten längere und kompliziertere Operationen. Durch die Entwicklung des Insulins konnte nun die Zuckerkrankheit bekämpft werden. Bluttransfusionen wurden möglich, und das enorm wichtige Penicillin wurde entdeckt.

Technische und wissenschaftliche Neuerungen wurden z. T. direkt für die Industrieproduktion nutzbar gemacht. Das Fließband und andere Rationalisierungen führten zu erheblichen Produktionsumstellungen, die auch arbeitsmarktpolitische Konsequenzen nach sich zogen. Der Zusammenhang zwischen technischer und kultureller Entwicklung trat in den zwanziger Jahren deutlich zutage: in der Filmindustrie entstand ein neues kulturelles Betätigungsfeld, ebenso wie im seit 1923 sich ständig ausweitenden, unter staatlicher (Post) Kontrolle stehenden Rundfunk.

**Problem und Diskussion**

**1** *Untersuchen Sie, inwiefern die beiden Reichspräsidentenwahlen 1925 und 1932 Rückschlüsse auf innenpolitische Veränderungen, Entwicklungen, Kontinuitäten oder Brüche zulassen? Berücksichtigen Sie hierbei auch die Darstellungsteile in Kapitel 7.*

**2** *Nennen Sie Gründe für den wirtschaftlichen Aufschwung in den zwanziger Jahren.*

**3** *Prüfen Sie anhand der Entwicklung in den Jahren 1924–1929 die These, daß Innen-, Wirtschafts- und Außenpolitik einander bedingen.*

**4** *B 21–29 weisen auf einige kulturelle Leistungen in der Weimarer Republik hin. Versuchen Sie unter Hinzuziehung der Darstellungsteile besondere kulturelle Schwerpunkte und Entwicklungen, die Ihrer Meinung nach typisch für die Weimarer Republik sein könnten, zusammenzustellen.*

**5** *In Kapitel 6.2 wird von einem weiten Kulturbegriff ausgegangen, der über bildende Kunst, Literatur oder Musik hinausgreift. Überlegen Sie, welche kulturellen Errungenschaften einen breiten Publikumszuspruch gefunden haben könnten.*

# 7. POLITISCHE RADIKALISIERUNG UND NIEDERGANG DER WEIMARER REPUBLIK

**B 31 Hinterhof in Berlin.** Im Kampf um die Not, im Mieterstreik, traten die Menschen gemeinsam auf, die sich zuvor und danach im Kampf um die Macht bis aufs Messer befehdeten.

**B 32 Straßenschlacht zwischen preußischer Polizei und kommunistischem Rotfrontkämpferbund, Sommer 1932**

**B 33 A. Paul Weber, Hitler – ein deutsches Verhängnis**

## 7.1 Neue wirtschaftliche und innenpolitische Belastungen

Im Oktober 1929 ereignete sich an der New Yorker Börse bisher Unvorstellbares: die Aktienkurse fielen innerhalb weniger Tage ins Bodenlose. Durch den Versuch, die in ihrem Wert fallenden Aktien noch schnell zu verkaufen, erhöhte sich der Gesamtumsatz der Börse auf nahezu 13 Millionen Aktien. Zahlreiche Firmen gingen in Konkurs. Die Verluste wurden auf ca. 50 Milliarden Dollar geschätzt. Den Höhepunkt dieser Entwicklung bildete der sogenannte „schwarze Freitag", der 29. Oktober 1929, an dem sich in der Börse erschütternde Szenen abspielten. Auch vorher sehr wohlhabende Bürger, die ihren gesamten Besitz in Aktien angelegt hatten, wurden innerhalb kürzester Zeit völlig mittellos. Die Wirtschaftskrise erfaßte rasch den internationalen Markt, denn die Amerikaner erhöhten ihre Zolltarife und schränkten die Importe ein; sie zogen ihre Kredite ab, beharrten jedoch weiter auf der Begleichung der Schulden. Die exportorientierten europäischen Industrieländer griffen daraufhin ebenfalls zu protektionistischen Mitteln. Zum Schutze der eigenen Wirtschaft bemühten sich die Staaten, steigende Inlandspreise zu verhindern, um auf dem Markt konkurrenzfähig zu bleiben.
Diese Krise mußte der deutschen Wirtschaft gefährlich werden. Ab Mitte des Jahres 1927 hatte sich die Industrieproduktion im ganzen nicht mehr erhöht; sie hatte zu diesem Zeitpunkt etwa den Stand von 1913 wieder erreicht (vgl. T 45a). Zwischen 1926 und 1929 hatte die Arbeitslosenquote nicht unter 6% gelegen; im Jahresdurchschnitt betrug sie mindestens 1,3 Millionen (vgl. T 45c). Erschwerend kam hinzu, daß auch in den Jahren des konjunkturellen Aufschwungs die privaten und öffentlichen Investitionen erheblich unter dem Vorkriegsniveau geblieben waren, während die Staatsausgaben im Verhältnis zum Nettosozialprodukt von 15 auf 26% gestiegen waren. Infolge der stark ansteigenden Lohnstückkosten waren die anfänglichen Wettbewerbsvorteile im Außenhandel geschwunden. Ab 1928 reichten die Kapitalzuflüsse aus dem Ausland nicht mehr aus, die Zahlungsbilanz auszugleichen. Die öffentlichen Haushalte gerieten zudem durch die Arbeitlosenversicherung in Schwierigkeiten. Die Reichsanstalt für Arbeitslosenversicherung forderte angesichts von fast 2,5 Millionen Unterstützungsempfängern Ende 1929 zusätzliche Mittel. Da jedoch die Steuererträge sanken und der Zufluß ausländischer Mittel zurückgegangen war, mußte die Reichsregierung einen Kredit bei den deutschen Großbanken aufnehmen. Die Wirtschaftsblüte entpuppte sich als Scheinblüte.
In dieser Situation wurde Deutschland 1930 von der Weltwirtschaftskrise erfaßt. Die Produktion fiel und die Einkommen sanken; zugleich stieg die Arbeitslosigkeit. Der Rückgang der amerikanischen Kredite und der Abzug ausländischer Einlagen zeitigten verherrende Folgen. Die Banken benötigten kurzfristige Kredite. Der Staat war 1931 gezwungen, mit eigenen Geld- und Kreditreserven einzuspringen, um den Zahlungsverkehr aufrechtzuerhalten; d. h. vor allem, um die Zahlung von Löhnen und Sozialleistungen zu garantieren. Die Zahl der Arbeitslosen erreichte im Februar 1932 ihren Höchststand mit über sechs Millionen (vgl. T 45c).
Die Wirtschaftskrise erfaßte alle Bereiche der Wirtschaft. Sie führte auch zur Verschärfung der Arbeitskämpfe und schwächte die Arbeitnehmerorganisationen. Die Unternehmer konnten in einer Klage vor dem Arbeitsgericht durchsetzen, daß der Staat nicht mehr verbindlich die Löhne im Konfliktfalle festsetzen könne; damit konnten sie das Schlichtungswesen zu ihren Gunsten beeinflussen. Die Gewerkschaften sahen sich zunehmend außerstande, angesichts steigender finanzieller Belastungen (Unterstützung der Arbeitslosen) das klassische Mittel des Arbeitskampfes, den Streik, wirkungsvoll einzusetzen. Die Bankenzusammenbrüche 1931, die vielen Sparern ihre Einlagen kosteten, verschlechterten zudem noch die wirtschaftliche Lage weiter Bevölkerungsschichten. Das Vertrauen der Bevölkerung in die politische Führung und in das politische System sank.

Die Wirtschaftskrise und ihre Folgen führten letztlich im März 1930 auch zum Auseinanderbrechen der großen Koalition unter Hermann Müller (SPD). Diese Regierung aus SPD–Zentrum–DDP–DVP–BVP war 1928 gebildet worden, als die DNVP unter Hugenberg (s. auch Kap. 3.2) nicht mehr zur konstruktiven Mitarbeit herangezogen werden konnte. Interne Streitigkeiten und Kontroversen der Koalitionspartner untereinander engten die Bewegungsfreiheit ein. Nach der Wahl des Prälaten Kaas zum Parteivorsitzenden des Zentrum rückte die Partei stärker nach rechts und sah nunmehr in der Sozialdemokratie den „Gegner auf wichtigen Gebieten" (Kaas). Die DVP wandelte sich ebenfalls und wollte nicht länger „Schrittmacher sozialistischer Wirtschaftsforderungen" sein. Aber auch die SPD war der Regierungsverantwortung zunehmend überdrüssig geworden.
Auslösendes Moment für den Bruch der großen Koalition war die Frage der Finanzierung der Reichsanstalt für Arbeitslosenversicherung. Die in der DVP auch vertretenen Interessen der Unternehmer, die jede Erhöhung der Beitragsanteile ablehnten, und die Spannungen in der SPD zwischen Gewerkschaftsflügel, der keine zusätzliche Belastung der Arbeitnehmer akzeptieren wollte, und sozialdemokratischen Kabinettsmitgliedern ließen sich nicht mehr vereinbaren (vgl. T 46 und 47). Die SPD versagte schließlich die Zustimmung zu einem Kompromißvorschlag, weil sie die Gefahr einer möglichen Abspaltung des Gewerkschaftsflügels für gefährlicher hielt als das Scheitern der Regierung. Jenes Spannungsfeld zwischen allgemein politischen und gewerkschaftlichen Gesichtspunkten hatte von Anfang an die SPD belastet: als Klassenpartei und Interessenvertretung der Arbeiterschaft zugleich mußte sie die Regierungsverantwortung mit bürgerlichen Parteien tragen. Hinzu kam noch, daß die SPD die Interessen ihres Wählerpotentials in der Arbeiterschaft gegen die Konkurrenz der KPD vertreten mußte.
Die republikfeindlichen Parteien auf der Rechten, zu denen nach 1928 wieder die DNVP gezählt werden mußte, trat mit der Kampagne gegen den Young-Plan (vgl. Kap. 5.2) zum offenen Kampf gegen das „System von Weimar" an. DNVP und NSDAP schlossen sich mit dem „Stahlhelm", einer deutschnationalen Frontkämpferorganisation, zur „nationalen Einheitsfront" zusammen. Mit Flugblattaktionen auf den Straßen, mit Hetzkampagnen in der Hugenberg-Presse riefen sie zum Volksbegehren gegen den Young-Plan auf; sie konnten jedoch im Dezember 1929 nur etwa 14% der Wahlberechtigten mobilisieren.
Innerhalb der rechtsradikalen Gruppierungen und Parteien verlor 1929/30 die DNVP ihre dominierende Rolle (s. Kap. 3.2). Die NSDAP, die nach dem Putschversuch 1923 vorübergehend verboten war und dann bis 1929 eine kaum beachtete Splitterpartei blieb, übernahm die Führung der rechtsgerichteten republikfeindlichen Kräfte (vgl. auch Kap. 4.3). Die Partei hatte in der Zwischenzeit einen festgefügten, gut organisierten Apparat und weitverzweigte Gliederungen aufgebaut: u. a. Hitler-Jugend, NS-Deutscher Studentenbund, NS-Frauenschaft, NS-Lehrerbund, Bund NS-Deutscher Juristen, NS-Deutscher Ärztebund, NS-Schülerbund, NS-Betriebszellen. Die 1921 gegründete SA (Sturm-Abteilung), die zunächst nur für den Schutz eigener und die Störung anderer Parteiveranstaltungen sorgen sollte, erwies sich in ihrem militärischen, uniformierten Auftreten zunehmend auch als wirkungsvolles Propagandamittel (s. T 48). 1925 wurde die SS gegründet. Diese „Schutzstaffel", die Hitler und andere NSDAP-Funktionäre schützen sollte, unterstand seit 1929 H. Himmler. Die bis 1934 formal der SA unterstellte Organisation versah den „Polizeidienst" in der Partei und den Nachrichtendienst gegen politische Gegner und Oppositionelle in der NSDAP.
Die Bewegung des Nationalsozialismus lebte von den demagogischen und rhetorischen Fähigkeiten ihres „Führers" Adolf Hitler. Dieser verstand es geschickt, Emotionen anzusprechen: Angst vor sozialem Abstieg, wirtschaftliche Notlagen, Sehnsucht nach neuer Sinngebung des Lebens (siehe T 49). Die NSDAP wurde zum Sammelbecken eines breiten Spektrums Unzufriedener und Enttäuschter: Nationalisten, die die deutsche Niederlage als Erniedrigung empfanden

und deren Folgen nicht verwinden konnten; Arbeitslose und Kleinbürger, die in der Inflation ihren Arbeitsplatz bzw. ihre Spareinlagen verloren hatten, und bürgerliche Schichten, denen ein ähnliches Los in der Weltwirtschaftskrise drohte. Allen bot die NSDAP „Sündenböcke": seien es die Sozialisten, Kommunisten, Juden oder Kapitalisten (vgl. T 26).
Die NSDAP weckte aber auch die Hoffnung, daß die deutsche „Knechtschaft" unter dem Willen der Siegermächte beendet, die sogenannten Erfüllungspolitiker, Ausbeuter und Kriegsgewinnler verjagt, das leidige Parteiengezänk beendet und die Arbeitslosigkeit überwunden werden würden. Wo sich sinngebende Gemeinschaften erhalten hatten, konnte die NSDAP mit solcher Propaganda keine großen Erfolge verbuchen. Dieses galt für die über Generationen in der Sozialdemokratie und in den Gewerkschaften verwurzelte Arbeiterschaft, für die praktizierenden Katholiken im Westen und Süden Deutschlands und für das protestantische Bildungs- und Besitzbürgertum. Zulauf fand der Nationalsozialismus in hohem Maße bei der Jugend. Der Anteil der Parteimitglieder zwischen 18 und 30 Jahren betrug 1931 37,6% und stieg bis 1933 auf 42,2%, während er bei der SPD 1931 bei 19,3% lag. Viele Jugendliche aus sozialdemokratischen Elternhäusern wanderten zur anderen radikalen Partei, der KPD, ab, deren Mitglieder zu etwa einem Drittel unter dreißig und zu zwei Dritteln unter vierzig Jahre alt waren. Das Volksbegehren gegen den Young-Plan brachte der NSDAP nicht nur weiteren Zulauf, sondern auch wichtige Kontakte zur deutschen Industrie. Fritz Thyssen und Emil Kirdorf, der Vorsitzende des Elektrokonzerns Siemens-Rheinelbe-Schuckert, unterstützten die Nationalsozialisten finanziell. Aber überwiegend standen Industrielle und Bankiers bis zum Ende der Weimarer Republik der DVP und anderen bürgerlichen Parteien nahe. Wichtigste Finanzquelle für die NSDAP waren die Eintrittsgelder bei Veranstaltungen und Einnahmen aus dem Verkauf von Propagandamaterialien, wie z. B. Schallplatten mit Hitler-Reden. Die Annäherung an die Kreise der DNVP um Hugenberg eröffnete Hitler die Möglichkeit über deren Pressekonzern eine breite Öffentlichkeit zu erreichen.
Im September 1930 wurden drei Offiziere vor dem 4. Strafsenat des Leipziger Reichsgericht angeklagt, nationalsozialistische Zellen errichtet zu haben. Adolf Hitler, der als Zeuge geladen war, nutzte die Gelegenheit, um in der Öffentlichkeit zu erklären, daß seine Partei ausschließlich auf legalem Wege die Macht ergreifen wolle. Diese Versicherung, nicht mehr wie 1923 über einen Umsturz an die Macht kommen zu wollen, bestärkte politisch schwankende Bürger darin, einer Bewegung die Stimme zu geben, die nationale Interessen im Rahmen der Verfassung zielstrebig verfolgen wollte (siehe T 50). Der Legalitätseid zeigte auch Wirkung auf die Einstellung der Reichswehrführung, die nunmehr glaubte, daß eine Unterwanderung durch die NSDAP abgewendet worden wäre. Kurt von Schleichter suchte sogar die SA in Milizverbände einzubinden und die NSDAP an der Regierung zu beteiligen, um durch die Übernahme von Verantwortung den Elan der Bewegung zu brechen. Die wachsende Popularität der NSDAP fand ihren Niederschlag in dem sprunghaften Ansteigen des Stimmenanteils in der Septemberwahl 1930 auf über 18% (vgl. T 14).

### T 46 Ein sozialdemokratischer Journalist über den Sturz der Regierung Müller, 27. 3. 1930

*Friedrich Stampfer war Chefredakteur des „Vorwärts“ und Mitglied des Reichstags. Sein Bericht schildert die Ablehnung des Kompromisses zur Sanierung der Reichsanstalt für Arbeitslosenversicherung durch den Arbeitsminister Wissell (SPD) und die Gewerkschaften.*

Aber in der Feuerlinie standen nicht [die Gewerkschaften], sondern die Partei [SPD] [...]. Es wäre ihre Aufgabe gewesen, zwischen den nur gewerkschaftlichen und den allgemeinen politischen Gesichtspunkten den notwendigen Ausgleich zu schaffen. [...] Die Partei war aber dazu nicht imstande, denn eine Minderheit bekämpfte die Koalitionspolitik Hermann Müllers heftig und wünschte ihr baldiges Ende. Die Parteiführung sah sich, zwischem dem linken Parteiflügel und den Gewerkschaften eingeklemmt, jeder Bewegungsfreiheit beraubt. Ein Eingehen auf den Kompromiß hätte den Ausbruch eines offenen Konfliktes zur Folge gehabt, in dem Wissell und seine drei [SPD-]Ministerkollegen, Gewerkschaften und Parteilinke vereint gegen die Parteirechte gestanden hätten. Ein solcher Konflikt konnte [nicht...] riskiert werden, [da] die Partei von Feinden rings umgeben war, denn die bürgerliche Mitte ging immer weiter nach rechts, im Rücken der Partei aber standen die Kommunisten. [...] Die entscheidenden Verhandlungen in der sozialdemokratischen Fraktion verliefen in nervöser Stimmung. [...] Der Redner der Gewerkschaften erklärte [...], daß der Kompromiß über die Arbeitslosenversicherung völlig unannehmbar sei. Sollte die Fraktion zu einer anderen Auffassung kommen, so würden die Gewerkschaften [...] ihren abweichenden Standpunkt im Reichstag, in der Presse und in der Partei nachdrücklich geltend machen. Man beschloß fast einstimmig, den Kompromiß abzulehnen. Gleich darauf trat das Kabinett zusammen. Der Reichskanzler vertrat den Standpunkt, daß das Kabinett nun, nachdem die Einigung der Parteien gescheitert war, mit seiner ursprünglichen Vorlage vor den Reichstag treten müsse. Der Vorschlag stieß auf Widerspruch. [...] Der volksparteiliche Reichsfinanzminister [...erklärte], sollte das Kabinett beschließen, sie dennoch in den Reichstag einzubringen, müsse das seinen Rücktritt zur Folge haben. Danach hielten auch die Zentrumsminister die Voraussetzungen für ihr Bleiben nicht mehr gegeben, man beschloß die Gesamtdemission des Kabinetts.
(F. Stampfer, Die ersten vierzehn Jahre der Deutschen Republik. Offenbach 1947, S 561ff.)

### T 47 Die „Frankfurter Zeitung“ vom 28. März 1930 zum Rücktritt der Regierung Müller

Auch wenn man [...] durchaus in Rechnung stellt, was der Sozialdemokratie in den ganzen eindreivierteI Jahren des Bestandes der großen Koalition das Zusammenleben mit der Deutschen Volkspartei wirklich nicht leicht gemacht hat, wenn man die Intransigenz [fehlende Kompromißbereitschaft] der Deutschen Volkspartei jetzt bei der Frage der Arbeitslosenversicherung als dem letzten Streitobjekt schon in Anbetracht der Kleinheit dieses Objektes nichts weniger als großartig findet – so bleibt unabweisbar, daß gerade darum die sozialdemokratische Fraktion dem gestern schließlich gefundenen Kompromiß hätte zustimmen müssen, um Größeres, Wichtigeres zu wahren. Der Gewerkschaftsflügel der Sozialdemokratie hat vor lauter Fachlich-Speziellem die Politik nicht gesehen. [...] Es ist seit langem deutlich, daß im Zentrum und noch mehr in der Deutschen Volkspartei starke Kräfte am Werke sind, um die innere deutsche Politik, vor allem in den wirtschaftlich-sozialen Fragen, stärker nach rechts zu führen. Nämlich nach rückwärts, weg von der Entwicklung der letzten zehn Jahre. Doch sind bisher diese Kräfte noch einigermaßen gebunden gewesen.
[...] Die Volkspartei hat es eilig gehabt, aus dem törichten Beschluß der sozialdemokratischen Fraktion sofort ein fait accompli [vollendeten Tatbestand] zu machen. Die Entwicklung soll nach rechts. Und das, worauf im Augenblick alle Aufmerksamkeit und alle Kraft zu konzentrieren ist, kann nur noch sein, daß vor allem die Demokratie und ihre Verfassung dabei nicht Schaden erleiden.

### T 48 Franz Pfeffer von Salomon, zeitweilig oberster SA-Führer, über die propagandistische Wirkung der SA in der Öffentlichkeit, 3. November 1926

1. Die einzige Form, in der sich die SA an die Öffentlichkeit wendet, ist das geschlossene Auftreten. Dieses ist zugleich eine der stärksten Propagandaformen. Der Anblick einer starken Zahl innerlich und äußerlich gleichmäßiger, disziplinierter Männer, deren restloser Kampfwille unzweideutig zu sehen oder zu ahnen ist, macht auf jeden Deutschen den tiefsten Eindruck und spricht zu seinem Herzen eine überzeugendere und mitreißendere Sprache als Schrift und Rede und Logik je vermag.
Ruhiges Gefaßtsein und Selbstverständlichkeit unterstreicht den Eindruck der Kraft – der Kraft der marschierenden Kolonnen und der Kraft der Sache, für die sie marschieren. Die innere Kraft der Sache läßt den Deutschen gefühlsmäßig auf deren Richtigkeit schließen [...]. Wo ganze Scharen planmäßig (nicht in der Aufwallung plötzlicher Massensuggestion) Leib, Leben, Existenz für eine Sache einsetzen, da muß die Sache groß und wahr sein! [...]
2. Der gefühlsmäßige ‚Wahrheitsbeweis‘ wird durch die gleichzeitige Beigabe von logischen Beweisen und Werbemitteln nicht unterstrichen, sondern

gestört und abgelenkt. Es hat zu unterbleiben: Hoch- und Niederrufe, Plakate über Tagesstreit, Schmähungen, begleitende Reden, Flugzettel, Feste, Volksbelustigung. [...]
3. Der SA-Mann ist der heilige Freiheitskämpfer. Der Pg. [Parteigenosse] ist der kluge Aufklärer und gerissene Agitator. Die politische Propaganda sucht den Gegner aufzuklären, mit ihm zu disputieren, seinen Standort zu begreifen, auf seine Gedanken einzugehen, ihm bis zu gewissem Grade Recht zu geben. – Wenn aber die SA auf dem Plane erscheint, hört das auf. Sie kennt keine Konzession. Sie geht auf's ganze. Sie kennt nur das Motto (bildlich): Slah dot! du oder ich!
(K. D. Bracher, W. Sauer, G. Schulz, Die nationalsozialistische Machtergreifung. Studien zur Errichtung des totalitären Herrschaftssystem in Deutschland 1933/34. Köln/Opladen 1960,S. 840)

### T 49 Augenzeugenbericht über eine nationalsozialistische Massenveranstaltung 1929 im Berliner Sportpalast

Die Massenregie der Nazis war ebenso wirkungsvoll wie pompös. Vom Eingang bis zur Rednertribüne am fernen Ende der Halle erstreckte sich eine Doppelreihe uniformierter SA-Leute rechts und links des roten Teppichs, auf dem der Führer in die schon dichtbesetzte Halle einmarschieren sollte. Die Teppichgasse war so lang, daß man ihr Ende kaum erkennen konnte [...]
Rings um die Riesenhalle hingen enorme Hakenkreuzfahnen an den Wänden; eine Blaskapelle spielte Militärmärsche. Plötzlich hörte die Musik abrupt auf, um gleich wieder mit dem Badenweiler Marsch, Hitlers Lieblingsstück, einzusetzen. Die Eingangstüren öffneten sich weit, und da war er schon, eine winzige Figur, auf diese Entfernung gesehen. Die Menschenmasse wurde toll, alles schrie „Heil", aller Arme streckten sich hoch. Als er nähermarschierte, im Rhythmus der Musik, in seiner SA-Uniform mit Schirmmütze, den Unterarm halb erhoben in Erwiderung des Massengrußes, konnte ich mich nicht des Eindrucks erwehren, daß hier ein Schmierenschauspieler eine Heldenrolle agierte: dieser absurd kleine Schnurrbart, dieser forciert militärische Schritt, diese wichtigtuerischen Stirnfalten – all das sah so gar nicht nach einem von seiner Mission beseelten Volksführer aus.
Hinter ihm marschierte eine Gruppe seiner Partei-Elite, die ich nach den Zeitungs- und Wochenschaubildern identifizieren konnte: Röhm, gedrungen und etwas wabbelig; Himmler in SS-Paradeuniform, aber mit dem Gesicht eines faden, strengen Schulmeisters und kalten Augen hinter seinem Zwicker; nur Goebbels trug Zivil und versuchte hinkend, mit dem Marschtempo seines Herrn und Meisters Schritt zu halten. [...]
Hitler stand auf, und wieder schrie alles „Heil". Mit einer gebieterischen Handbewegung befahl er Ruhe und begann zu sprechen. [...] Er hatte kein Manuskript, nur einen kleinen Zettel, auf dem er sich anscheinend die Hauptpunkte der Rede notiert hatte. Er sprach gewissermaßen in Absätzen von je ein paar Minuten Länge; jeden Absatz begann er in gemäßigtem Tonfall, der im Crescendo an Tonhöhe und Lautstärke anschwoll, bis er die Worte der ‚Pointe' mit aller Stimmgewalt und in heiserer Erregung in die Halle schmetterte – immer das Signal für die Zuhörer, in donnernden Applaus auszubrechen. Nun streckte er seine rechte Hand aus, als habe er das Thema noch nicht erledigt; in Wirklichkeit benützte er die Redepause, um auf den Zettel in seiner linken Hand zu schauen, was der nächste Programmpunkt sein sollte. Sobald sich der Beifall gelegt hatte, begann er den nächsten Absatz wieder nach demselben Schema.
Ich kann micht nicht erinnern, was er alles sagte, außer daß er seine wirkungserprobten Parolen wiederholte: die zehn Jahre, die Deutschland nun schon „in Schmach und Schande" darniederlag; das Diktat von Versailles, das „unser Volk versklavt" habe; die „jüdische Hochfinanz", die über sein Schicksal bestimme, und der „jüdische Kulturbolschewismus", der in Berlin wuchere. Es gab aber noch eine Parole, an die ich mich deshalb erinnere, weil ich fast laut lachen mußte: „Kauft keine ausländischen Zitronen – eßt deutsche Äpfel!", oder so ähnlich.
Die ganze Rede war primitiv, aber wirkungsvoll, und der sich ständig wiederholende Rhythmus schien bei den Zuhörern, die Mehrzahl Frauen, eine Art hypnotischer Trance hervorzurufen. Als sie am Ende der Versammlung aufwachten und sich auf den Heimweg machten, fanden wir uns inmitten strahlender Gesichter mit verträumten Augen.
(E. Larsen, Die Weimarer Republik. A. a. O., S. 170f.)

### T 50a „Legalität" nach der Meinung des NS–Gauleiters von Berlin-Brandenburg Joseph Goebbels, April/Mai 1928

Wir gehen in den Reichstag hinein, um uns im Waffenarsenal der Demokratie mit deren eigenen Waffen zu versorgen. Wir werden Reichstagsabgeordnete, um die Weimarer Gesinnung mit ihrer eigenen Unterstüzung lahmzulegen. Wenn die Demokratie so dumm ist, uns für diesen Bärendienst Freifahrkarten und Diäten zu geben, so ist das ihre eigene Sache. [...] Uns ist jedes gesetzliche Mittel recht, den Zustand von heute zu revolutionieren. Wenn es uns gelingt, bei diesen Wahlen [1928] sechzig bis siebzig Agitatoren unserer Partei in die verschiedenen Parlamente hineinzustecken, so wird der Staat selbst in Zukunft unseren Kampfapparat ausstatten und besolden [...]. Auch Mussolini ging

ins Parlament. Trotzdem marschierte er nicht lange darauf mit seinen Schwarzhemden nach Rom [...]. Man soll nicht glauben, der Parlamentarismus sei unser Damaskus [...]. Wir kommen als Feinde! Wie der Wolf in die Schafherde einbricht, so kommen wir. Jetzt seid ihr nicht mehr unter euch!
Ich bin kein Mitglied des Reichstags. Ich bin ein IdI. Ein IdF. Ein Inhaber der Immunität, ein Inhaber der Freifahrkarte [...]. Wir sind gegen den Reichstag gewählt worden, und wir werden auch unser Mandat im Sinne unserer Auftraggeber ausüben [...]
Ein IdI hat freien Eintritt zum Reichstag, ohne Vergnügungssteuer zahlen zu müssen. Er kann, wenn Herr Stresemann von Genf erzählt, unsachgemäße Zwischenfragen stellen, zum Beispiel, ob es den Tatsachen entspricht, daß besagter Stresemann Freimaurer und mit einer Jüdin verheiratet ist.
(„Der Angriff" v. 30. April und 28. Mai 1928. In: Karl Dietrich Bracher, Die Auflösung der Weimarer Republik. Villingen [3]1960, S. 375)

**T 50b Hitler vor dem Ulmer Reichsgericht zur „Legalität", 24. 9. 1930**

„Die nationalsozialistische Bewegung wird in diesem Staate mit den verfassungsmäßigen Mitteln das Ziel zu erreichen suchen. Die Verfassung schreibt uns nur die Methoden vor, nicht aber das Ziel. Wir werden auf diesem verfassungsmäßigen Wege die ausschlaggebenden Mehrheiten in den gesetzgebenden Körperschaften zu erlangen versuchen, um in dem Augenblick, wo uns das gelingt, den Staat in die Form zu gießen, die unseren Ideen entspricht."
Der Vorsitzende faßte die Aussage Hitlers dahin zusammen, daß die Errichtung des Dritten Reiches auf verfassungsmäßigem Wege erstrebt werde.
(Berliner Börsenzeitung Nr. 446, 25. Sept. 1930)

## 7.2 Die Regierungsunfähigkeit der Parteien

**B 34 Zentrum, 1932.**

**B 35 SPD 1930.** Die Feinde der Demokratie sind die uniformierten Nationalsozialisten und Kommunisten (Rotarmisten-Mütze). Die Gestalt im Hintergrund beschwört eher vage Militarismus und Krieg.

**B 36 KPD 1932.** Der rote Arbeiter, der die Reaktionäre am Tisch bedroht, ist aus einem russischen Plakat von 1931 übernommen. In der Mitte auf dem Bild erkennt man Reichskanzler von Papen, daneben mit Helm Duesterberg, der „Stahlhelmführer", ein SA-Mann und Adolf Hitler. Die anderen Herren in Zylinder sollen wahrscheinlich Mitglieder des Kabinetts von Papen darstellen.

**B 37 NSDAP, 1932.** In der linken Waagschale befinden sich die Vertreter des Zentrums und der SPD mit einem durch die „krumme" Nase als Juden gekennzeichneten Journalisten, der rote Tinte auf das Hakenkreuz spritzt. Der Text auf der rechten Seite ruft zum Sturz der Republik auf.

**Problem und Diskussion**

**1** *Untersuchen Sie die Wahlplakate aus den Jahren 1928 bis 1932 (B 34–38): Wie grenzen sich die einzelnen Parteien gegen politische Gegner ab?*

**2** *Gehen Sie der Frage nach, ob anhand dieser Wahlplakate Veränderungen im politischen Klima gegenüber der Anfangsphase der Weimarer Republik festgestellt werden können. Vergleichen Sie B 5 bis 11, 14, 16, 17.*

**B 38 DDP, 1928.** „Rote" und „Braune" haben das Land durchlöchert. Sie werden mit dem schwarz-rot-goldenen Schild der Republik von der Deutschland-Karte gefegt, die in ihren Umrissen die Versailler Vertragsbestimmungen als Realität enthält.

Nach dem Auseinanderbrechen der großen Koalition im März 1930 führte Heinrich Brüning ein Minderheitskabinett der bürgerlichen Mitte, das zunehmend vom Reichspräsidenten abhängig wurde. Diese erste sogenannte Präsidialregierung ging auf einen Plan des Generals von Schleicher zurück, eine von Parteien unabhängige Regierung zu bilden; er fand Unterstützung bei Zentrum und DVP. Der geeignete Reichskanzler schien Heinrich Brüning (1885–1970) zu sein. Er entstammte einem streng katholischen Elternhaus in Westfalen. Nach dem Kriege war er zunächst Geschäftsführer des katholischen Deutschen Gewerkschaftsbundes; ab 1924 gehörte er der Reichstagsfraktion des Zentrums an, deren Vorsitzender er im Dezember 1929 wurde. Der Finanzexperte der einzigen, immer die Regierungsverantwortung mittragenden Partei schien unter den gegebenen wirtschaftlichen und politischen Umständen in der Lage zu sein, ein von den Parteien unabhängiges Kabinett zu führen. Der Plan Brünings zur Sanierung der Reichsfinanzen fand zunächst in einigen Abstimmungen schwache Mehrheiten. Als jedoch die Reichsregierung die durch die Massenarbeitslosigkeit sprunghaft steigenden Kosten der Arbeitslosenversicherung durch Steuererhöhungen und Einschränkung der Leistungen ausgleichen wollte, gab die SPD ihre bisherige Tolerierungspolitik auf und stimmte zusammen mit KPD, NSDAP und dem rechten Flügel der DNVP gegen die Deckungsvorlage. Diese wurde daraufhin als Notverordnung (vgl. Kap. 3.1) nach Artikel 48 vom Reichspräsidenten in Kraft gesetzt. Als der Reichstag auf Antrag der SPD-Fraktion die Notverordnung zwei Tage später aufhob, verlas der Reichskanzler eine Verordnung des Reichspräsidenten: „Nachdem der Reichstag heute beschlossen hat, zu verlangen, daß meine auf Grund des Artikels 48 der Reichsverfassung erlassenen Verordnungen vom 16. Juli außer Kraft gesetzt werden, löse ich auf Grund von Artikel 25 den Reichstag auf" (Reichsgesetzbl. 1930, I, Nr. 30). Der Reichspräsident nutzte die Möglichkeit der Verfassung aus, die Aufgaben des handlungsunfähigen Parlaments zu übernehmen. Die Wahlen im September 1930 erbrachten für NSDAP und KPD in dem Maße Gewinne, daß beide Parteien verfassungsändernde Gesetze (Zweidrittelmehrheit) verhindern konnten. Eine von der Parlamentsmehrheit getragene Regierung kam nicht zustande, da die hierzu benötigte Wirtschaftspartei keine Koalition mit der SPD eingehen wollte. Der neue Reichstag überließ alle Initiativen der vom Reichspräsidenten gestützten Regierung Brüning (siehe T 52). Der Reichstag vertagte sich mehrmals auf längere Zeit; er beschränkte seine Tätigkeit auf die verfassungsmäßig gebotenen Aufgaben. Hauptsächlich trat er bei Anträgen der Opposition zur Aufhebung von Notverordnungen in Erscheinung.
Heinrich Brüning versuchte die wirtschaftlichen Schwierigkeiten mit einer deflationären Politik zu lösen (vgl. T 54 und T 55); d. h. angesichts zurückgehender Einnahmen und gleichzeitig steigender Soziallasten sollte der Haushalt über Senkung der Ausgaben ausgeglichen werden: Kürzungen der Bezüge im öffentlichen Dienst, Leistungsabbau der Sozialversicherung, Erhöhung der Beiträge zur Arbeitslosenversicherung und Steuererhöhungen. Löhne und Gehälter wurden gekürzt, um die Exportchancen zu stärken und die notwendigen Devisen zur Zahlung der Reparationen zu erhalten. Dieses Konzept war durch die Erfahrungen der Inflation (s. Kap. 4.2) bestimmt, vor allem durch das damals ständige Haushaltsdefizit. Der Ausgleich des Haushalts sollte also eine neue Inflation verhindern. Teilweise hatte diese Finanzpolitik Erfolg. Das Gesamtvolumen des Haushaltes und das Defizit konnten gesenkt werden. Mit seiner Politik des Haushaltsausgleiches wollte Brüning außerdem das Vertrauen der Alliierten in die Bereitschaft Deutschlands, die Reparationszahlungen zu erfüllen, wiederherstellen.
Das Bestreben, durch Senkung des deutschen Preisniveaus (und damit auch des Lohnniveaus) mit der Entwicklung in der Weltwirtschaft Schritt halten zu können und die Exportchancen zu erhöhen, scheiterte (s. auch T 45). Die Kürzung der Löhne und Gehälter und die Senkung der Unterstützungssätze für die Arbeitslosen ließen den Unmut in der Bevölkerung wachsen, zumal immer größere Schichten von der Arbeitslosigkeit betroffen wurden; im Herbst 1932 waren 30,8% aller Arbeitnehmer ohne Arbeit.

Die innenpolitische Lage spitzte sich drastisch zu. Im Oktober 1931 trafen sich in Bad Harzburg die antiparlamentarischen Kräfte der Rechten: NSDAP, DNVP, die inzwischen nach rechts abgedriftete DVP und die Wirtschaftspartei, der Stahlhelm, prominente Persönlichkeiten aus Adel und Wirtschaft sowie pensionierte Generäle (von Seeckt und von Lüttwitz). Auf diesem Treffen der sogenannten „Harzburger Front" trat Adolf Hitler als der starke Mann in Erscheinung. Als Antwort auf dieses Treffen konstituierte sich im Dezember die „Eiserne Front" der demokratischen Linken: SPD, Reichsbanner Schwarz-Rot-Gold, Gewerkschaften, Sozialistische Arbeiterjugend, Arbeiterturn- und Sportverein und andere Organisationen. Die bürgerlichen, demokratischen Kräfte unterstützten die „Eiserne Front" jedoch nicht.
Die politischen Auseinandersetzungen entluden sich zunehmend in bürgerkriegsähnlichen Straßenschlachten. Die paramilitärischen Kampfverbände, die nationalsozialistische SA und der kommunistische „Rotfrontkämpferbund", beherrschten die Szene (s. auch T 51 und T 53). 1931 kamen in Preußen bei politischen Auseinandersetzungen rund 300 Menschen ums Leben.

**T 51 Mitgliederzahlen politischer Kampfverbände**

Reichsbanner Schwarz-Rot-Gold, Bund deutscher Kriegsteilnehmer und Republikaner (offiziell überparteilich,
bis zu 3,5 Millionen Mitglieder
Stahlhelm, Bund der ... „unbesiegt heimgekehrten deutschen Frontsoldaten" (DNVP nahestehend),
1927/28 ca. 1 Million Mitglieder
Rotfrontkämpferbund (KPD),
1926 150 000 Mitglieder
SA, Sturmabteilungen der NSDAP,
1932 200 000 Mitglieder

**T 52 Entmachtung des Parlaments 1930–1932**

| | 1930 | 1931 | 1932 |
|---|---|---|---|
| vom Reichstag beschlossene Gesetze | 98 | 34 | 5 |
| präsidiale Notverordnungen | 5 | 44 | 60 |
| Sitzungstage des Reichstags | 94 | 41 | 13 |

(H. Möller, Weimar. Die unvollendete Demokratie. München 1985, S. 192)

**T 53 Reichsinnenminister Carl Severing über die politische Radikalisierung, Dezember 1929**

Seit der Nichterneuerung des Republikschutzgesetzes vergeht kaum ein Tag, an dem nicht irgendwo in Deutschland, zumindest an mehreren Stellen, auf politisch Andersdenkende geschossen, eingeschlagen oder eingestochen wird. Der Zustand staatsbürgerlicher Sicherheit hat einen beklagenswerten Tiefpunkt erreicht und sinkt täglich mehr. Die Ursache dieser betrübenden Erscheinung ist die hemmungslose Verletzung durch Wort und Schrift, die von den Gegnern der Republik auf der äußersten Linken und auf der äußersten Rechten getrieben wird [...]. Die Folge solcher beschimpfenden, verhetzenden Äußerungen, deren Steigerung nicht mehr mit Mitteln der Sprache, sondern nur noch mit denen der Gewalt möglich ist, ist eine Aufwühlung der politischen Leidenschaften, die dann letzten Endes in der Begehung von Gewalttätigkeiten ihre Entladung findet.
(Vierteljahreshefte für Zeitgeschichte 8, 1960, S. 281ff.)

**T 54 Aus der Regierungserklärung von Reichskanzler Brüning, 1. April 1930**

Sanierung der Finanz- und Kassenlage, Unterstützung der Länder und Gemeinden in ihrer schwierigen finanziellen Lage ist das Dringendste. Ohne eine schnelle Ordnung der Kassen- und Finanzlage fehlt die Gewähr der dringend notwendigen Entlastung der Wirtschaft und der Milderung der Arbeitslosigkeit. [...]
Neue Steuerlasten zur Sanierung der Kassenlage sind nur tragbar, wenn sie im Rahmen eines auf weite Sicht gestellten, Schritt für Schritt durchzuführenden Gesamtprogrammes stehen. Eingehende Sparvorschläge auf allen Gebieten des öffentlichen Lebens werden in kürzester Frist seitens der Reichsregierung den zuständigen Körperschaften unterbreitet werden. Diese Sparmaßnahmen sollen nicht von einem antisozialen Geist getragen sein. Sie haben lediglich den Zweck, ihrerseits zur Senkung der Steuern, zur Hebung der Produktivität der Wirtschaft, zur Stärkung der Kreditwürdigkeit Deutschlands beizutragen. Sie sollen Raum schaffen für die Senkung der auf dem Handwerk und dem gesamten städtischen und ländlichen Mittelstand besonders schwer lastenden Realsteuern [z. B. Grundsteuern].
Die Regierung ist von ernster Sorge erfüllt über die Notlage des gewerblichen Mittelstandes; sie wird alle Kräfte einsetzen, dem Artikel 164 der Reichsverfassung entsprechend den gewerblichen Mittelstand für Landwirtschaft, Handel und Gewerbe zu fördern, vor Überlastung und Aufsaugung zu schützen.
Die Notwendigkeit einer planmäßigen, auf Wirt-

schaftlichkeit und Ersparnisse gerichteten Vereinfachung auf allen Gebieten der öffentlichen Verwaltung schafft die Garantie und die Voraussetzung für die Weiterverfolgung der Sozialpolitik, die als eine staatliche Notwendigkeit von der neuen Reichsregierung unbedingt anerkannt wird. Finanzielle, soziale und wirtschaftliche Aufgaben müssen von einheitlichen Gesichtspunkten aus angefaßt werden. Gerade von diesem Standpunkt aus ist das Rettungswerk unserer in schwerstem Ringen um die Existenz kämpfenden Landwirtschaft vordringlich. Die Agrarkrise hat in besonders bedrohten Landesteilen den Charakter einer allgemeinen Volks- und Staatskrise angenommen. Die Landwirtschaft hat, wie jeder andere Stand, der unverschuldet ins Elend und in Lebensgefahr geraten ist, das Recht auf die Hilfe des Staates.
Stützung und Wiederbelebung der ländlichen Wirtschaft ist das wirksamste Mittel zur Drosselung der Landflucht und zur Schaffung neuer Absatz- und Arbeitsmöglichkeiten für Gewerbe und Arbeiterschaft. Von hier aus muß der Druck auf den Arbeitsmarkt und die ständige Bedrohung der Lebenshaltung des deutschen Volkes beseitigt werden.
(Verhandlungen des Reichstages, Bd. 427, S. 4728ff.)

### T 55 Abg. Keil (SPD) vor dem Reichstag in der Diskussion um die Aufhebung der Brüningschen Notverordnung zur „Sicherung von Wirtschaft und Finanzen", 15. Juli 1930

Unsere Vorschläge erkennen die Dringlichkeit der Sanierung der Reichsfinanzen vollkommen an. Wir wollen eine Sanierung auf die Dauer – ich wiederhole auf die Dauer! – und halten aus diesem Grunde die Regierungsvorschläge schon rein summenmäßig für unzulänglich. Wir fordern rücksichtslose Sparsamkeit, aber wir fordern sie dort, wo sie ohne Verletzung der Verpflichtungen des Reichs gegenüber den unschuldigen Opfern der planlosen kapitalistischen Wirtschaft möglich ist. Eine Sparsamkeit, die das große Heer jener Menschen, die gegen ihren Willen aus dem Produktionsprozeß ausgeschlossen oder in diesem Prozeß krank, siech und verstümmelt worden sind, dem Hunger und dem Untergang preisgeben würde, machen wir nicht mit. Da wir aber wissen, daß mit Etatabstrichen allein der Ausgleich nicht zu erreichen ist, schlagen wir steuerliche Maßnahmen vor, die dem Grundsatz der steuerlichen Gerechtigkeit Rechnung tragen. Wir fordern in erster Linie einen zehnprozentigen Zuschlag zur Einkommenssteuer für alle Einkommen – mit einer angemessenen Freigrenze. Die Einwände, die gegen diesen Vorschlag erhoben werden, sind im Grund nicht wirtschaftlicher, sondern parteipolitischer und egoistischer Art. [...]
Der Reichskanzler Dr. Brüning [hat] „mit allen verfassungsmäßigen Mitteln" gedroht. Er hat nicht klar gesagt, was er damit meint. Ein verfassungsmäßiges Mittel wäre der Rücktritt der Regierung, ein anderes wäre die Auflösung des Reichstags. Sollte der Reichskanzler aber keines dieser Mittel im Auge haben, sondern etwa den viel zitierten Artikel 48 der Reichsverfassung im Auge haben, so müssen wir noch einmal laut unsere warnende Stimme erheben. [...] Der Artikel 48 ist nach seiner Entstehungsgeschichte, seinem Sinn und Wortlaut kein Instrument zur Rettung einer Regierung, die sich verrechnet hat. Artikel 48 kann unmöglich Anwendung finden zur Durchsetzung von Gesetzen, die der Reichstag nicht genehmigen will. Eine solche Anwendung wäre ein Mißbrauch des Artikels 48, und dieser Mißbrauch würde heißen: die Verfassung außer Kraft setzen. Die Sozialdemokratie hat das neue Staatsgefüge aufgebaut, auf dem allein das Deutsche Reich noch lebensfähig war. Die Sozialdemokratie ist seitdem die stärkste Stütze dieses Staatsgefüges gewesen. Daß die Sozialdemokratie zur Zeit an der Gestaltung der Geschicke Deutschlands nicht beteiligt ist, hat seinen Grund in dem tiefen Interessengegensatz, der zwischen Kapital und Arbeit, zwischen Arbeiterklasse und Unternehmertum besteht. Dieser Gegensatz läßt sich nicht aus der Welt schaffen. Wenn aber die bürgerlichen Parteien schwersten Konflikten politischer und wirtschaftlicher Art vorbeugen wollen, wenn sie eine ruhige politische und wirtschaftliche Entwicklung des deutschen Volks- und Staatslebens wünschen, dann werden sie sich entschließen müssen, der Arbeiterklasse die Konzessionen zu machen, die unsere Zeit erfordert und die eine so starke Bewegung beanspruchen muß.
(W. Keil, Erlebnisse eines Sozialdemokraten, Band 2. Stuttgart 1948, S. 390)

### T 56 Grundzüge der Wirtschaftspolitik Brünings

#### a) Der Reichskanzler am 16. Oktober 1930 vor dem Reichstag

Die Grundlinien des Reformplanes der Reichsregierung sind ein vollkommen ausgeglichener Haushaltsplan für 1931, Selbständigmachen der Arbeitslosenversicherung, Sparsamkeit auf allen Gebieten, auch an den Gehältern, Vereinfachung des behördlichen Apparates, insbesondere auf dem Gebiet der Steuerverwaltung, eine Steuerpolitik, die den Produktionsprozeß nicht unerträglich belastet, vielmehr die Kapitalbildung, namentlich auch bei den kleinen Sparern, fördert, und schließlich die Vorbereitung eines endgültigen Finanzausgleichs zwischen Reich, Ländern und Gemeinden. Dieser endgültige Finanzausgleich soll Ländern und Gemeinden die Verantwortung, die sie im wesentlichen nur noch für die Ausgaben haben, auch für die Einnahmen wiedergeben.
Die Gehalts- und Preispolitik der Reichsregierung verfolgt, was ich mit Nachdruck betonen möchte, in

ihrem auf längere Sicht eingestellten Plan keine dauernde Senkung des Reallohns [...].
(Aus der Erklärung vom 16. Okt. 1930. Verhandlungen des Reichstags. Bd. 444, S. 17f.)

**b) Brüning am 5. November 1931**

Ich werde mich bis zum letzten dagegen wehren, irgendeine inflatorische Maßnahme irgendeiner Art zu treffen, und zwar nicht nur aus Gerechtigkeit, nicht nur zum Schutz der Schwachen, sondern weil ich der Ansicht bin, daß die ehrliche Bilanz in der deutschen Wirtschaft trotz aller Bitternisse wiederhergestellt werden muß und daß jeder Versuch und jedes Verlangen nach inflatorischen Maßnahmen letzten Endes nur den Zweck haben kann, diesen Prozeß der klaren Bilanz der gesamten deutschen Wirtschaft zuschanden zu machen und wiederum einen Schleier über die Fehler der Vergangenheit zu ziehen. Erfolge in der Außenpolitik sind um so eher zu erreichen, wenn wir die Bilanz der deutschen Finanzen und der deutschen Wirtschaft klar und ehrlich jedermann in der Welt zur Einsicht vorlegen. Das ist die stärkste und durchschlagendste Waffe, die die Reichsregierung haben konnte, und diese Waffen zu schmieden, war die Aufgabe des ersten Jahres der Tätigkeit dieser Reichsregierung. Das hat dazu geführt, daß die Frage der Reparationen durch die Öffentlichkeit in der ganzen Welt ohne Ausnahme völlig anders beurteilt wird als in früheren Jahren. So muß es auch nach innen sein. Viele soziale und berufliche Spannungen würden nicht die Schärfe angenommen haben, auch der politische Radikalismus würde nicht so hoch gekommen sein, wenn man früher gewisse Heilungsprozesse betrieben und in der Privatwirtschaft wie in der öffentlichen Wirtschaft das Messer des Chirurgen rechtzeitiger und radikaler angesetzt hätte.
(5. November 1931. In: W. Tormin, Die Weimarer Republik. Hannover [10]1975, S. 206f.)

## 7.3 Das Ende der Weimarer Republik

Im Frühjahr 1932 schien Brünings Politik erfolgreich zu sein. Die Reparationsfrage stand vor der endgültigen Lösung; auf der Genfer Abrüstungskonferenz erreichte Deutschland die Aufhebung der waffentechnischen Bestimmungen des Versailler Vertrages und damit eine gleichberechtigte Stellung mit den europäischen Staaten bezüglich sicherheitspolitischer Maßnahmen (s. Kap. 5.2). Brüning konnte die sich abzeichnenden außenpolitischen Erfolge innenpolitisch nicht in die Waagschale werfen, er mußte am 30. Mai 1932 zurücktreten.
Im Februar 1932 hatte die Arbeitslosigkeit mit über sechs Millionen ihren Höchststand erreicht. Das wirtschaftliche Elend, durch Massenarbeitslosigkeit, sinkende Löhne und sinkende Sozialleistungen gekennzeichnet, war für den Mann auf der Straße die politische Wirklichkeit. „Politik" fand in einem erschreckenden Maße in gewalttätigen Auseinandersetzungen, Demonstrationszügen, Straßen- und Saalschlachten statt. Die staatstragenden politischen Parteien verloren weiter an Ansehen; das Vertrauen weiter Bevölkerungsschichten in die Demokratie war längst geschwunden. Bei der anstehenden Reichspräsidentenwahl im Frühjahr 1932 erreichte Hitler fast ein Drittel der Stimmen (s. Kap. 6). Das preußische Innenministerium fand bei der Durchsuchung nationalsozialistischer Geschäftsstellen Mobilmachungs- und Putschpläne der SA. Auf Druck Preußens wurden daraufhin alle nationalsozialistischen Wehrverbände verboten – gegen den Willen des Reichskanzlers Brüning und des Reichswehr- und Innenministers Groener.
Am 30. Mai 1932 trat das Kabinett Brüning zurück. Der Grund war, daß Reichspräsident Hindenburg sich weigerte, weiteren Notverordnungen der Regierung durch seine Unterschrift Rechtskraft zu verleihen. Brünings Regierungszeit war kaum von Erfolg gekrönt. Die rigide Wirtschaftspolitik und vor allen Dingen sein mangelnder Erfolg bei der Bekämpfung der Arbeitslosigkeit waren nicht geeignet, große Symphatien in der Bevölkerung zu erwecken. Nun wurde deutlich, wie verhängnisvoll die Abhängigkeit Brünings von der Zustimmung Hindenburgs zu den Notverordnungen war. Hindenburg wurde vor allem von seinem Vertrauten, General Schleicher, und weiteren engen Beratern bedrängt, eine Öffnung der Politik weiter nach

rechts zu erzwingen, d. h. eine Regierungsbildung unter Einschluß der NSDAP. Mit Brüning, der die SA verboten hatte, wäre dies nicht möglich gewesen. Ausschlaggebend war schließlich, daß die ostelbischen Gutsbesitzer, die auf Hindenburg einen großen Einfluß hatten, das Landwirtschaftsprogramm Brünings als ‚Agrarbolschewismus' brandmarkten (vgl. T 57). Neuer Reichskanzler wurde von Papen.

Franz von Papen (1879–1969) hatte als „Hinterbänkler" der Zentrumsfraktion im preußischen Landtag kaum politisches Profil gewonnen. Er war in einer Rede aufgefallen, als er Brüning den Rat erteilte, sich von den parlamentarischen Bindungen zu lösen, eine „Diktatur auf nationaler Grundlage" zu errichten und die nationale Rechte sowie die Nationalsozialisten einzubeziehen. Dieses entsprach genau den Vorstellungen Schleichers: Integration der NSDAP durch politische Mitverantwortung. Das neue Kabinett bestand hauptsächlich aus DNVP-Politikern oder dieser Partei nahestehenden Persönlichkeiten. Es verkörperte die preußischen Konservativen, die politisierenden Militärs und die ostelbischen Junker; von Schleicher wurde zum Reichswehrminister ernannt. Dieses „Kabinett der Barone" fand keine Unterstützung bei den ehemals staatstragenden Parteien. Das Zentrum ging aus Verärgerung über die Behandlung Brünings in die Opposition, und von Papen kam einem Parteiausschluß nur durch freiwilligen Austritt zuvor. Eine seiner ersten Maßnahmen war die Aufhebung des SA-Verbots. Dennoch war Hitler nicht zur Tolerierung des Kabinett von Papen zu bewegen.

In Preußen verfügten die Parteien der Weimarer Koalition nach den Landtagswahlen im April 1932 nur noch über ein Mandat mehr als die Nationalsozialisten; die Regierung Braun (SPD) trat zurück und regierte fortan nur noch geschäftsführend. Ähnlich waren die Verhältnisse in anderen Reichsländern. Von Papen verfügte die Auflösung des Reichstages und ging verfassungswidrig gegen die preußische Regierung vor. Die preußische Regierung hatte gleichermaßen gegen Terror von rechts und von links durchgegriffen. Dem DNVP-Innenminister, Freiherr von Gayl, war die Weimarer Koalition ein Dorn im Auge, er zog ein Bündnis mit der „jungen, immer weitere Kreise erfassenden Bewegung Adolf Hitlers" vor. Unter dem Vorwand, daß wegen einer Konspiration zwischen Kommunisten und preußischen Ministern die verfassungsmäßige Ordnung in Gefahr wäre, übernahm von Papen am 20. Juli 1932 das Reichskommissariat für Preußen. Äußerer Anlaß war eine Straßenschlacht zwischen SA und Kommunisten in Altona, bei der es 17 Tote und mehr als 100 Verletzte gegeben hatte. Nach der Aufhebung des SA-Verbots waren allein im Juli und August 1932 über 300 Menschen getötet worden.

Bei der Reichstagswahl vom 31. Juli 1932 konnte die NSDAP ihren Stimmenanteil vor allem auf Kosten der bürgerlichen Mitte nahezu verdoppeln; von den staatstragenden Parteien verzeichnete nur das Zentrum leichte Gewinne. NSDAP und KPD verfügten nunmehr über eine absolute, negative Mehrheit. Die NSDAP lehnte eine von Schleicher und Papen angebotene Regierungsbeteiligung ab; Hitler wollte die ganze Macht. Hindenburg und von Papen lehnten es jedoch ab, dem Führer der Nationalsozialisten das Amt des Reichskanzlers zu geben. Die Reichsregierung unternahm im August endlich Schritte gegen den politischen Terror und erließ eine Verordnung, die politischen Mord mit der Todesstrafe bedrohte. Von Papen scheute jedoch die Vollstreckung gegen verurteilte SA-Leute und wich der Kraftprobe mit der NSDAP aus. Hindenburg, der nun ebenso wie von Papen die Gefahr sah, daß Hitler der nächste Kanzler werden könnte, gab seinem Kanzler die Erlaubnis, den Reichstag aufzulösen und Neuwahlen anzusetzen. Bei diesen Wahlen im November 1932 sank der Stimmenanteil der NSDAP zugunsten der DNVP; die KPD konnte hingegen auf Kosten der SPD ihren Anteil steigern. Die negative Mehrheit der republikfeindlichen Parteien blieb erhalten. Von Papen, der nur noch mit Notverordnungen regieren konnte, hatte in einer Rundfunkansprache die Bürger mit dem Entwurf seines „Neuen Staates" bekanntgemacht. Es war eine konservativ geprägte, wirre Utopie eines Staates, in dem für Sozialdemokratie, liberales Bürgertum und Zentrum kein Platz mehr war.

Nach den Novemberwahlen rief Hindenburg die Parteiführer zu sich und forderte, daß diese eine parlamentarische Regierung präsentieren sollten. Als von Papen Vollmachten vom Reichspräsidenten gegen das Parlament garantiert haben wollte, die eine autoritäre Diktatur bedeutet hätten, wurde er von Schleicher fallengelassen, der nun selbst eine neue Regierung bildete.
Die politischen Rahmenbedingungen schienen Ende 1932 günstiger zu werden: die NSDAP mußte in einigen Landtags- und Kommunalwahlen empfindliche Stimmenverluste hinnehmen, die Wirtschaft erholte sich und der Höhepunkt der Arbeitslosigkeit war überschritten.
Von Schleicher suchte eine „Einheitsfront" der Gewerkschaftsmitglieder aller Reichstagsfraktionen herzustellen. Darüber hinaus wollte er den Strasser-Flügel in der NSDAP für sich gewinnen, der für sozialistische Ziele eintrat. Obwohl Gregor Strasser zögerte, als Vizekanzler in ein Kabinett einzutreten, wurde er von Hitler entmachtet (später im Zusammenhang mit der Röhm-Affäre ermordet). Der sozialdemokratische Allgemeine Deutsche Gewerkschaftsbund war einer Zusammenarbeit nicht abgeneigt, aber die SPD unterband ein Zusammengehen mit dem „reaktionären General". Statt der beabsichtigten Gewerkschaftsfront im Bündnis mit der Reichswehr formierte sich die Gegenbewegung der Interessenverbände von Landwirtschaft und Industrie und DNVP. Von Papen, der „Stahlhelm" und die Deutschnationalen verlangten eine Regierungsbeteiligung der NSDAP. Am 30. Januar wurde Adolf Hitler zum Reichskanzler ernannt. Er bildete ein Kabinett der „Nationalen Opposition" unter Einschluß parteiloser Persönlichkeiten. Das war das Ende der Weimarer Republik, deren Verfassung zwar formal weiterhin bestand, aber durch das Ermächtigungsgesetz praktisch außer Kraft gesetzt wurde.

**T 57 Wer herrscht in Berlin? Die drei letzten Kabinette**

| Programm | besondere Maßnahmen |
|---|---|
| **Heinrich Brüning, 30. März 1930 bis 30. Mai 1932** | |
| Starke, vom Parlament weitgehend unabhängige Regierung / Förderung des gewerblichen Mittelstandes / Entschuldung der Landwirtschaft / Steuererhöhung / Sparmaßnahmen in der öffentlichen Verwaltung / Gehaltskürzungen und Lohnsenkungen.<br><br>**Entlassung:** durch Hindenburg (ohne parlamentarischen Mißtrauensantrag) nach Einspruch von Großgrundbesitzern gegen die ungleiche Behandlung der Wehrverbände (SA-Verbot, dagegen kein Verbot des Reichsbanners). | 1. Auflösung des Reichstags 1930 zur Durchsetzung des Regierungsprogramms als Notverordnung. Sanierung der ostpreußischen Landwirtschaft durch Subventionen.<br>2. Ab Sommer 1931 ersetzen Notverordnungen die parlamentarische Verabschiedung des Etats.<br>3. März 1931: Notverordnung zur Bekämpfung politischer Ausschreitungen.<br>4. Regierungsumbildung im Oktober 1931: „Fachkabinett" ohne parteimäßige Bindung.<br>5. Verbot der SA am 13. April 1932 durch Notverordnung. |
| **Franz von Papen, 1. Juni 1932 bis 1. Dezember 1932** | |
| „Der neue Staat" (Staatsstreichplan): Lösung des Staates von den Fesseln parteipolitischen Denkens / Abhängigkeit der Regierung nur vom Präsidenten / Entmachtung des Reichstages durch Volksentscheide (vgl. WV, Art. 73) in wichtigen Fragen/kapitalistische Privatwirtschaft unter Leitung des Staates. | 1. Regierung nur über Notverordnungen: Herabsetzung der Sozial- und Fürsorgeleistungen; Auflösung des Tarifrechts; Steuerbegünstigungen der Privatwirtschaft.<br>2. Auflösung des Reichstags am 4. Juni 1932.<br>3. Aufhebung des SA-Verbotes am 16. Juni.<br>4. Unter Berufung auf Art. 48 wird von Papen am 20. Juli 1932 zum Reichskommissar für Preußen ernannt.<br>5. Auflösung des Reichstages am 12. September 1932, nach einer Abstimmung mit 512:42 gegen v. Papen (vgl. Art. 25, 54).<br>6. Staatsstreichpläne. |
| **General Kurt von Schleicher, 2. Dezember 1932 bis 29. Januar 1933** | |
| Plan: Siedlungsprojekte im Osten / Förderung der Landwirtschaft / Entballung der Großstädte / allgemeine Wehrpflicht / Ausnahmebestimmungen gegen Kommunisten / Spaltung der NSDAP und Herstellung einer Regierungsmehrheit. | |

**T 58 Wilhelm Hoegner: Von Hitlers Kanzlerschaft zur Parteidiktatur** (Vgl. T 38 b, S. 63)

Die Regierung Hitler war für die dafür verantwortliche Umgebung Hindenburgs und die Anhänger Papens der Versuch, die Nationalsozialisten zur verantwortlichen Mitarbeit im Staat unter Aufsicht der Deutschnationalen bzw. im Sinne Hindenburgs Konservativen zu zwingen. Alle sichtbaren Machtstellungen schienen überwiegend in der Hand der Deutschnationalen zu sein.

[...]

Wie sich alsbald zeigte, war es der schwerste Fehler Hugenbergs, daß er den Nationalsozialisten die Möglichkeit verschaffte, einen Wahlkampf unter Ausnutzung aller ihnen zur Verfügung stehenden Mittel des Staates, insbesondere Rundfunk und Presse zu schlagen. Der Leiter der Propagandaabteilung der Nationalsozialistischen Partei, Dr. Goebbels, wurde in die Lage versetzt, ein Meisterstück seiner Kunst zu liefern und nachträglich den vormaligen Beherrschern der Weimarer Republik zu zeigen, was sich durch rücksichtslose einseitige Handhabung des Staatsapparates erreichen ließ. Mit einem Schlage waren die nationalsozialistischen Kassen wieder gefüllt. Auf eine Partei, die so offensichtlich vom Glück begünstigt war, setzte jedermann gern.

Gleich nach seiner Ernennung hatte der neue Reichsinnenminister Dr. Frick vor Vertretern der Presse erklärt, die Regierung Hitlers lege den größten Wert auf Freiheit der Meinungsäußerung [...].

Schon am 3. Februar 1933 wurden der „Vorwärts" und weitere 28 sozialdemokratische Zeitungen in Preußen wegen Abdruck eines Aufrufes des sozialdemokratischen Parteivorstandes, in dem zur Wahrung des Selbstbestimmungsrechts der Staatsbürger, zur Zerbrechung der wirtschaftlichen und politischen Macht der hauchdünnen Oberschicht der Junker und Besitzbürger und zur Enteignung des Großgrundbesitzes und der Schwerindustrie durch das Mittel des Stimmzettels aufgefordert war, auf drei Tage verboten. [...]

In ihrem Aufruf vom 1. Februar 1933 zeigte auch die Reichsregierung unzweideutig, wie sie durch Mißbrauch der Staatsmacht die öffentliche Meinung zu beeinflussen gewillt war. Gotteslästerlich war darin behauptet, daß Gott dem deutschen Volke seit dem Verrat von 1918 seinen Segen entzogen habe. Entgegen aller geschichtlichen Wahrheit wurde davon gesprochen, 14 Jahre Marxismus hätten Deutschland zugrunde gerichtet, den deutschen Bauernstand vernichtet, ein Heer von Arbeitslosen, ein wirtschaftliches Trümmerfeld geschaffen. In grellen Farben wurde die kommunistische Gefahr dargestellt. Zur Rettung des deutschen Bauern und des deutschen Arbeiters durch Arbeitsdienstpflicht und Siedlungspolitik wurde eine Frist von vier Jahren verlangt und der Segen des allmächtigen Gottes für die Arbeit der Regierung herabgefleht.

(W. Hoegner, Der politische Radikalismus in Deutschland 1919–1933. A. a. O., S. 179–181)

**T 59 Egon Larsen: Weimars Scheiterhaufen** (Vgl. T 36, S. 57)

Am Nachmittag jenes 30. Januar 1933 unternahm ich eine Tour durch Berlin in meinem Wagen. Ich hielt es für meine journalistische Pflicht, die Reaktion der Stadt und vor allem der Parteien auf das Ereignis, dessen Tragweite niemand verkennen konnte, zu registrieren. [...]

Die Straßen waren unheimlich still, als seien die Berliner von der Nachricht gelähmt; oder dieser Winter der Arbeitslosigkeit und Trübsal hatte die Menschen ausgelaugt. Warum nicht Hitler?, mochten sich viele, des Hoffens überdrüssig, gesagt haben – irgend ein Wechsel war besser als gar keiner. Brüning, Papen, Schleicher: Keiner dieser Reichskanzler hatte dem Volk geholfen.

Ich erinnere mich nicht mehr, was ich in den Parteizentralen des Zentrums und der kleinen Demokratischen Partei – oder hieß sie noch Staatspartei? – zu hören bekam; ihre Stunde hatte wohl nun geschlagen, aber sie verstanden es nicht, oder gaben es zumindest nicht zu. Alles, war mir von diesen Besuchen im Gedächtnis blieb, war Schweigen. Ich fuhr weiter zum Karl-Liebknecht-Haus, dem kommunistischen Hauptquartier. Hier waren die Tore fest verrammelt, dahinter standen Rotfrontleute, bereit, Angriffe abzuwehren. Draußen auf dem Platz diskutierten Gruppen die hastig auf den Pressen der „Roten Fahne" gedruckten Flugblätter mit der übergroßen Schlagzeile: „Generalstreik!" [...]

Aber ein Generalstreik wäre nur möglich gewesen, wenn die Sozialdemokraten und ihre Gewerkschaften mitgemacht hätten. Ich fuhr weiter zum Gebäude des „Vorwärts": Dort mußten ja wohl auch ihre Flugblätter die Druckpressen verlassen haben, mit den Parolen der Partei und Gewerkschaften.

Die Flugblätter waren da und wurden vor den ebenfalls verschlossenen und bewachten Toren von Reichsbannerleuten verteilt. Sie besagten: „Ruhe bewahren! Laßt euch nicht provozieren!" Man ließ mich durch einen Seiteneingang hinein, und ich konnte mit einem Pressemann der SPD sprechen. Ich fragte ihn, wie diese Parolen zu verstehen waren. Nichts Vorschnelles durfte unternommen werden, erklärte er, das war die Politik der Partei. „Abwirtschaften lassen" sollte man die Hitlerclique. Generalstreik? Unmöglich, war die Antwort. Man konnte nicht mit der KPD zusammengehen, die ja nichts anderes wollte als eine kommunistische Diktatur.

[...] Millionen Menschen in Deutschland mußten an diesem Tag auf irgendeinen Ruf, irgendein Signal zum Angriff oder Widerstand gewartet haben. Es

kam nicht; und es war ja nie die Art der Deutschen gewesen, ohne Führung zu marschieren oder zu kämpfen, ohne Befehl oder Aufforderung von oben zu handeln. Die neuen Herren in der Wilhelmstraße wußten das instinktiv; sie hatten sich um einen Führer gruppiert, der dem Volk befehlen würde, was es zu tun habe, und die Reflexbewegung des Volkes war es, zu gehorchen.
(E. Larsen, Die Weimarer Republik. A. a. O., S. 197-199)

**Problem und Diskussion**

**1** *Schildern Sie den Verlauf der wirtschaftlichen Krise in Deutschland und ihre Auswirkungen.*
**2** *Untersuchen Sie, inwiefern die Weltwirtschaftskrise nicht nur auf die Wirtschaft und die Gesellschaft, sondern auch auf die innere Stabilität der Weimarer Republik gewirkt hat.*
**3** *Analysieren Sie anhand der Quellen (T 48–T 50b), mit welchen propagandistischen Mitteln und welcher Agitation die Nationalsozialisten die politische Machtübernahme anstrebten.*
**4** *Der Abschnitt 7.2 ist überschrieben „Die Regierungsunfähigkeit der Parteien". Nehmen Sie zu der These Stellung. Vgl. auch B 34–38.*
**5** *In welchem Dilemma befanden sich die staatstragenden Parteien SPD und Zentrum ab 1929? Berücksichtigen Sie neben den Texten auch T 46 und T 47, B 34 und B 35 sowie T 54 und T 55.*
**6** *Skizzieren Sie das politische Konzept Brünings.*
**7** *Die letzten Kabinette in der Weimarer Republik werden als „Präsidialregierungen" bezeichnet. Begründen Sie, was für bzw. gegen diese Charakterisierung spricht.*
**8** *Untersuchen Sie, warum es nach der letzten großen Koalition Müller (SPD) nicht mehr zu Regierungsbildungen kam, die von einer parlamentarischen Mehrheit getragen wurden. Vgl. auch T 14 und T 15.*
**9** *T 58 und T 59 enthalten Urteile über das Ende der Weimarer Republik aus der Sicht von Zeitgenossen. Vergleichen Sie die Aussagen in den beiden Texten unter folgenden Gesichtspunkten:*
*a) Art der Aussage (Wert- oder Sachurteil),*
*b) Bewertung der Vorgänge, Akzentsetzungen, Ausblicke und Urteile aus der Rückbesinnung.*

# 8. DIE WEIMARER REPUBLIK IM URTEIL DER WISSENSCHAFT

**T 60 Horst Möller: Das Ende: Demokratische Republik oder was sonst?**

*Der Autor ist seit 1982 Ordinarius für Neuere Geschichte an der Universität Erlangen-Nürnberg.*

Wie erklärt sich die Diskrepanz zwischen den unter schwierigsten innen- und außenpolitischen Umständen erbrachten Leistungen des Weimarer Staates und seiner von Anfang bis Ende charakteristischen Krisenhaftigkeit? Von Kaiserreich und Krieg überkommene Belastungen und die durch sie betroffene Bevölkerung stellten an den Staat von Weimar außerordentlich hohe Anforderungen.

Das gilt nicht nur für Verfassungsprobleme, sondern auch für alle anderen gesellschaftlichen Sektoren, z. B. für die Sozialpolitik: Seit 1924 kam der Staat hier in die Rolle des Schlichters, die durch Kompromisse hervorgerufene Unzufriedenheit traf den Staat stärker als die Tarifparteien [...].

Bereits die Wahl zur Nationalversammlung am 19. Januar 1919 ließ hoffen, die demokratische Republik würde alle Probleme schnell lösen, die demokratischen Parteien erhielten durch diese spontane Reaktion auf Krieg und Revolution einen überwältigenden Vertrauensvorschuß. Die Enttäuschung konnte angesichts der nur langfristig zu bewältigenden erschreckenden Erbschaft kaum ausbleiben, sie fand Ausdruck in der für die demokratischen Parteien der Weimarer Koalition verheerenden Wahl vom 6. Juni 1920. Die Reichpräsidentenwahlen von 1925 bestätigten die Unzufriedenheit mit der Republik und erschienen als stabilisierende Rückwendung zur vorrevolutionären Zeit. Von autoritären Verfassungsumbildungen, die das labile Gleichgewicht zwischen Reichspräsident, Reichsregierung und Reichstag unter der geschilderten Konstellation zuließ, erwartete ein Großteil der Bevölkerung eher eine Lösung der gravierenden Probleme als von mühsamer demokratisch-parlamentarischer Entscheidungsbildung. Die Parteien wurden dadurch unter Zugzwang gesetzt, wie sie andererseits durch ihr oft genug wenig systemkonformes Verhalten die wachsende Abneigung der Bevölkerung gegen die Parteien stimulierten. Die Wahl Hindenburgs 1925 enthielt bereits eine verfassungpolitische Option des Wählers: Den dualistischen Verfassungskompromiß von Weimar deutete diese Wahl zur präsidentiellen Verfassung um und bestätigte damit den in jeder Krise der Republik offenbar werdenden stillen Verfassungswandel. Auch hier blieben verschiedene Wege denkbar, wie die differierende Amtsführung von Ebert und Hindenburg sowie der konträre Symbolgehalt beider Präsidentschaften zeigt. Die Reichskanzlerschaft Brünings zog aus dieser Entwicklung eine gewollte Konsequenz zum Präsidialkabinett, die partiell errungene Unabhängigkeit vom mehr oder weniger handlungsunfähigen Reichstag wurde erkauft durch die Abhängigkeit vom Reichspräsidenten. In ungleich stärkerem Maße als vor 1930 kam es nun auf dessen persönliche Qualitäten an. Und doch handelte es sich nur um die Vertagung der Entscheidung, da weder die parlamentarische Demokratie noch die präsidentiell-autoritäre Regierung wirklich funktionsfähig waren und beiden der Rückhalt der Massen fehlte. In der latent seit 1918/1919 fortbestehenden Krise scheiterten beide Alternativen an der Übermacht der Probleme; revolutionärer Dynamik konnten sie immer weniger standhalten, da die Mehrheit der Bevölkerung die Weimarer Verfassungsordnung nicht akzeptierte. [...]

Die Revolution von 1918/1919 hatte keine dauerhafte Akzeptierung der neuen Staats-, Verfassungs- und Gesellschaftsordnung bewirkt. Eine solche Anerkennung bei der Mehrheit der Bevölkerung, ein Verfassungskonsens, aber wäre zur Beendigung der revolutionären Übergangsphase notwendig gewesen. Die tiefgreifende Verunsicherung des Rechtsempfindens, das mangelnde Vertrauen in die neue Legalität zeigten immer wieder, daß die Revolution 1919 nur scheinbar abgeschlossen worden war; sie gärte weiter, in jeder Krise konnte sie wieder aufflammen. Der Staat von Weimar konnte das nicht leisten, was die Deutschen von ihm erwarteten und leistete doch viel mehr, als unter den extremen Bedingungen seiner Existenz bei realistischer Einschätzung erwartet werden konnte. Er blieb in einem spezifischen Sinn eine unvollendete Demokratie.

(H. Möller, Weimar. Die unvollendete Demokratie. Deutsche Geschichte der neuesten Zeit vom 19. Jahrhundert bis zur Gegenwart. Hrsg. von M. Broszat u. a. München 1985,. S. 203–205)

**T 61 Reinhard Kühnl, Arbeiterklasse und demokratische Potentiale 1918–1920**

*Reinhard Kühnl ist Professor für wissenschaftliche Politik an der Universität Marburg.*

Die Hoffnung der Führungen in SPD und Gewerkschaften, die großen sozialen Probleme seien in Zusammenarbeit mit den etablierten Mächten zu lösen und der Sozialismus könne – nach Errichtung der parlamentarischen Demokratie – gleichsam durch Parlamentsbeschluß herbeigeführt werden, erwies sich rasch als Illusion. Mit der militärischen Niederwerfung der Rätebewegung und des sozialistischen Flügels der Arbeiterbewegung hatte die sozialdemokratische Regierung die sozialen Kräfte, die den Sozialismus hätten erkämpfen können, und die

eigene Basis zerschlagen, der sie im November 1918 ihr Entstehen verdankte. [...]
Es gab also keine politische Kraft auf der Linken, die die starken revolutionären Energien hätte bündeln und zu einer einheitlichen Kraft vereinigen können. So blieb der herrschenden Klasse Zeit, ihre Kräfte wieder zu sammeln und die unorganisierte revolutionäre Bewegung niederzuwerfen. [...]
Schon seit dem Sommer 1920 aber war für die arbeitende Bevölkerung allmählich erkennbar, daß ihre Herren aus der Zeit des Kaiserreichs wieder an den Schalthebeln der Macht waren: Es waren die gleichen Richter und Staatsanwälte, die gleichen Offiziere und Lehrer, denen sie wieder gegenüberstanden, und es waren auch die gleichen Fabrikbesitzer. Die Folgen dieser Machtverhältnisse waren für jedermann spürbar. Die Arbeiter mußten zu Hungerlöhnen arbeiten und hatten keinerlei realen Einfluß auf die Entscheidungen der Betriebsleitung – es sei denn durch die Waffe des Streiks. Doch die Handlungsmöglichkeiten der abhängig Arbeitenden waren nun schon sehr eingeschränkt. Die Gewerkschaften waren eingebunden in die Politik der „Zentralen Arbeitsgemeinschaft", das heißt in die Verpflichtung zur Kooperation mit den Unternehmern [...].
Während die enttäuschten Arbeiter sich nach links wandten, gingen die Angestellten und Kleineigentümer wieder nach rechts. Sie wurden wieder empfänglich für Militarismus und Nationalismus, für die konservativen Ideologien. Sie waren bereit, ihre schlechte soziale Lage jenen anzulasten, die das herrliche Kaiserreich gestürzt und den Versailler Vertrag akzeptiert hatten. [...] Die SPD war nun als Regierungspartei nicht mehr nötig. Nach diesen Wahlen konnte die erste rein bürgerliche Regierung gebildet werden. Die strategische Niederlage der Arbeiterklasse zeichnete sich bereits deutlich ab.
(R. Kühnl: Die Weimarer Republik. Errichtung, Machtstruktur und Zerstörung einer Demokratie. Reinbek 1985, S. 142–147)

### T 62 Hagen Schulze: Weimar hatte immer eine Chance

*Hagen Schulze ist Professor für Neuere Geschichte sowie Theorie und Methodologie der Geschichtswissenschaft an der FU Berlin.*

Woran ist also Weimar gescheitert? Die Antwort ist nicht mit letzter wissenschaftlicher Präzision zu geben, aber einiges läßt sich doch ausmachen: die wichtigsten Gründe liegen auf dem Feld der Mentalitäten, der Einstellungen und des Denkens. In der Mitte des Ursachenbündels finden sich eine Bevölkerungsmehrheit, die das politische System von Weimar auf die Dauer nicht zu akzeptieren bereit war, sowie Parteien und Verbände, die sich den Anforderungen des Parlamentarismus nicht gewachsen zeigten. Die Ursachen für diese Defekte dürften überwiegend in langfristigen, aus den besonderen Bedingungen der preußisch-deutschen Geschichte zu erklärenden Zusammenhängen zu suchen sein, verstärkt durch die Entstehungsbedingungen des Weimarer Staatswesens und seiner außenpolitischen Belastungen. Die Übertragung dieser ungünstigen Gruppenmentalitäten auf das Weimarer Regierungssystem wurde durch den Wahlrechtsmodus erheblich begünstigt; andere Merkmale der formalen Verfassungsordnung, wie ihr mangelnder normativer Charakter oder der Föderalismus, wirkten nur in zweiter Linie destabilisierend, während das starke präsidiale Moment daneben auch stabilisierende Komponenten enthielt, die allerdings letzten Endes nicht zum Zuge kamen. Die antirepublikanischen Tendenzen in Armee, Bürokratie und Justiz waren grundsätzlich beherrschbar, eine Frage des Machtbewußtseins von Parteien und Regierung. Die gesellschaftlichen und wirtschaftlichen Rahmenbedingungen waren hauptsächlich langfristig wirksam, indem sie auf die Mentalitäten von Bevölkerung und einzelnen Gruppen einwirkten; aktuelle ökonomische Krisen verstärkten die destabilisierenden Momente, verursachten sie aber nicht.
Lapidar läßt sich also schließen: Bevölkerung, Gruppen, Parteien und einzelne Verantwortliche haben das Experiment Weimar scheitern lassen, weil sie falsch dachten und deshalb falsch handelten. Auch auf dem Umweg über die Strukturanalyse gelangt man so zu dem Schluß, daß Weimar nicht schicksalhaft oder bedingt durch anonyme Sachzwänge scheitern mußte – die Chance der Gruppen wie der Einzelnen, sich für Weimar zu entscheiden und dem Gesetz der parlamentarischen Demokratie zu gehorchen, nach dem man angetreten war, hat immer bestanden.
(H. Schulze, Weimar. Deutschland 1917–1933. Berlin 1982, S. 425)

### T 63 Karl Dietrich Bracher: Parteienstaat, Präsidialsystem, Notstand

*Karl Dietrich Bracher ist Professor (em.) für Politische Wissenschaft und Zeitgeschichte an der Universität Bonn.*

Wenn man also mit Grund darauf hinweist, daß sich zwar 1919 eine breite Mehrheit der die Neuordnung tragenden Parteien fand, daß aber schon ein Jahr später und während der ganzen Dauer der Republik diese Weimarer Koalition in der Minderheit blieb, dann ist dies doch nicht einfach ein Beweis für die Lebensunfähigkeit einer parlamentarischen Demokratie im Deutschland der zwanziger Jahre, wie die Argumentation noch immer geht. Ebensoviel Berechtigung besitzt eine umgekehrte Begründung, die von der Tatsache ausgeht, daß eben das Bekenntnis zum Parteienstaat und seine verfassungspolitische

Realisierung von Anfang an versäumt, ja entschieden inhibiert [verhindert] worden ist. [...]
Nach meiner Überzeugung ist auch der Historiker, bevor er solchen Kausalreihen folgt, von seiner Pflicht nicht entbunden, die tieferen Ursachen und die denkbaren Alternativen abzuwägen. Daß etwas so und nicht anders geschehen ist, rechtfertigt noch nicht, eine historische Notwendigkeit dieses Geschehens zu postulieren. [...]
Es ist unbestreibar, daß die verfassungspolitische Konstruktion der Weimarer Republik nach Absicht und Bemühung ihrer Schöpfer die höchstmögliche Perfektion angestrebt hat. Ihr Grundgedanke war, die vor allem im französischen Typ gegenwärtigen Strukturprobleme der klassischen Parlamentsdemokratie – exzessive Parlamentsherrschaft, Instabilität des Vielparteiensystems – durch das Gegengewicht eines volksgewählten Reichspräsidenten auszugleichen. [...]
Hier lag ein latenter Konfliktfall verborgen, sobald die beiden je volksgewählten Gewalten in verschiedenen Richtungen strebten; Kontinuität und Stabilität der Regierung, Kompromiß- und Verantwortungsbereitschaft von Parlament und Parteien wurden eher geschwächt als gestärkt. [...]
Verfassungsstruktur und Parteiensystem der Weimarer Republik sind unlöslich mit der Tradition und der Fortdauer obrigkeitsstaatlicher Grundvorstellungen verknüpft. [...] immer steht, wie verschieden Akzent und Bewertung sein mögen, der Gedanke im Vordergrund, daß nicht einfach ein verunglückter Perfektionismus, sondern wesentlich die Beharrungs- und Verführungskraft obrigkeitsstaatlicher, autoritärer, bürokratischer Ordnungsvorstellungen, Gewohnheiten, Bedürfnisse die Institutionen der Weimarer Demokratie geprägt hätten. Auch im Verhalten der wirtschaftlichen Machtträger ist diese Einstellung tief verwurzelt – hier besonders natürlich gegen Parteienstaat und Parlamentarismus gerichtet. [...]
Mit der wohl einzigen Ausnahme des Zentrums verharrten die deutschen Parteien seit der ersten Niederlage der Weimarer Koalition (1920) in Skepsis und Unsicherheit; eigene Schwäche und Anfälligkeit gegenüber den Lösungsmöglichkeiten überparteilicher und überparlamentarischer Art bestimmten die Labilität parlamentarischer Regierungspraxis. [...]
Der Verzicht auf parlamentarische Alternativen, die bis zum Sommer 1932 keineswegs einfach ausgeschlossen werden können, ist in seiner Rückwirkung auf die Parteien weder in der damaligen Politik noch in der heutigen Diskussion hinreichend berücksichtigt worden. Die Existenz- und Funktionsfähigkeit der Parteien im Parlament wie in der öffentlichen Meinung, ihre Verpflichtung zum konstruktiven Kompromiß und zur arbeitsfähigen Mehrheitsbildung, ihre Aufgabe der Verankerung und Stützung der Regierungspolitik in der Bevölkerung sind damit unterhöhlt worden.
(In: G. Jasper [Hrsg.], Von Weimar zu Hitler. 1930–1933. Kiepenheuer & Witsch. Köln/Berlin 1968, S. 60–67)

### T 64 Rudolf Morsey: Beamtenschaft und Verwaltung

*Rudolf Morsey ist Professor an der Hochschule für Verwaltungswissenschaften in Speyer.*

Institutionelle Kontinuitätspfeiler wie Beamtenschaft, Verwaltung und Bürokratie waren, wenn überhaupt, nur allmählich aus ihren Verankerungen im Kaiserreich zu lösen, auch nachdem die Reichsverfassung den ungeschmälerten Fortbestand des Beamtentums garantiert hatte. [...]
Die engagierten Verfechter „Weimars" befanden sich von Anfang an in einer dreifachen Defensivstellung: Gegen die große Gruppe gefühlsmäßiger Anhänger der Monarchie, gegen erklärte Verfassungsgegner und militante Antirepublikaner sowie gegen mangelnde Republikbegeisterung in den eigenen Reihen. Die jeweilige Teilnahme an Koalitions- und Regierungsverantwortung, erst recht die Übernahme der Regierungsführung nach jeweils entnervenden Auseinandersetzungen um einen stets nur vordergründig ausbalancierten Proporz, galten als „Opfer" im Dienst von Vaterland und Gemeinwohl. Unmittelbare Teilhabe an staatlicher Macht und damit an der Verantwortung für unpopuläre Maßnahmen wurde als „Bürde" und nicht als Chance, erst recht nicht als erstrebenswertes Ziel empfunden, das die Möglichkeit bot, eigene politische Vorstellungen (leichter) realisieren zu können.
Folglich brauchte sich die kraft- und wehrlose Weimarer Demokratie nicht irgendwann ab 1929/30 allmählich aufzulösen oder gar gewaltsam aufgelöst zu werden. Die Republik war von Anfang an, gemessen an Geist und Postulat ihrer Verfassungsgrundlage, nur bedingt „real existent" gewesen.
Geht man von dieser Prämisse aus – und jede andere Beurteilung ist Wunschdenken –, dann muß die Frage nach dem Anteil von Beamtenschaft, Verwaltung und Bürokratie an Stabilisierung oder Destabilisierung der ersten deutschen Republik neu formuliert werden. Dann tritt die bisher so gut wie ausschließlich in den Blickpunkt gerückte Problematik zurück, warum die aus dem Kaiserreich stammende Verwaltung nicht „umstrukturiert", die überkommene Bürokratie nicht „umfunktioniert" und die in toto übernommene Beamtenschaft nicht „umerzogen" worden ist.
Stattdessen rückt eine andere Fragestellung in den Vordergrund: Warum sollten sich die Beamten, die bereits Mitte November 1918 von den Exponenten der Räteherrschaft eine Garantie ihrer Weiterverwendung und damit ihrer Unentbehrlichkeit

bescheinigt erhalten hatten, vollständig anders verhalten als die – zudem stetig größer werdende – Mehrheit der übrigen Staatsbürger? Diese bekundete durch ihre Stimmabgabe immer erneut und immer deutlicher, daß es ihr nicht um die Weimarer Verfassungsordnung und um deren parteienstaatliche Ausprägung ging. [...]

Die Verwaltung lebte innerlich [...] aus den „Traditionsreserven der Monarchie", die allmählich aufgezehrt wurden, während den neu eintretenden Beamten ein entsprechender „geistiger Richtpunkt" fehlte (und angesichts des Fehlens eines wertbezogenen Verfassungsrahmens auch nicht nachzuliefern war). Soweit die neu eintretenden Beamten vom Erlebnis der Kriegsgeneration zehrten, wirkte es sich ebenfalls nicht zugunsten der republikanischen Wirklichkeit aus, wobei der Generationenkonflikt eine Rolle spielte.

Die Frage nach politischer Treue, identifikatorischer Nähe oder sachlicher Distanz der Beamten zum republikanischen Staat stellte sich neu. Eine systemkonforme Lösung dieser Problematik wurde durch die extreme Liberalität der Reichsverfassung von 1919 eher erschwert als erleichtert. Neben einer verfassungsrechtlichen Bestandsgarantie erhielt das Beamtentum seine bis dahin nirgendwo fixierten „wohlerworbenen Rechte" gewährleistet. [...]

Gegen die Weimarer Verfassungsordnung hat es keine (wie immer geartete) Sabotage oder Verschwörung der Beamtenschaft gegeben, auch wenn und soweit diese eine „Seelensympathie" zur politischen Rechten besaß und gegenüber Demokratie, Parlament und Parteien in einer „latenten Gegenstellung" verblieben war. Jede republikanische Reichsregierung konnte auf die Loyalität der Verwaltung zählen, sooft und solange sie diese in Anspruch und die Beamtenschaft in Pflicht nahm. Deren Haltung spiegelt das gebrochene Verhältnis auch der republiktragenden Parteien, jedenfalls deren Regierungen, zur verfassungsmäßigen Grundlage wie zur Handhabung bzw. Nichthandhabung staatlicher Macht und Autorität.

Die Annahme von Hans Mommsen, (erst) Brünings Beamtenpolitik habe die moralische Widerstandskraft der Bürokratie gegen die nationalsozialistischen Diktaturpläne entscheidend gelähmt, suggeriert einen vorher explizit vorhandenen Widerstandswillen oder zumindest Aktivismus zugunsten eines Einsatzes für die Weimarer Verfassungsordnung. Davon kann jedoch keine Rede sein. Die Beamten haben sich andererseits nicht einfach als „willige Förderer" der Bestrebungen zur Beseitigung der Republik erwiesen. Noch weniger trifft zu, daß die Beamten in ihrer Mehrheit der Zerstörung der Demokratie akklamiert hätten.

Umgekehrt bot die in ihrer Masse parteipolitisch neutrale – damit aber keineswegs „unpolitische", weil auf ein unpräzis-autoritäres Staatsbild hin tendierende – Beamtenschaft kein Aktivpotential zur Verteidigung einer sozial offenen parlamentarischen Demokratie. Das war auch angesichts des wertfreien Grundverständnisses der Verfassungsordnung schwerlich zu erwarten. Sie kannte keine verfassungswidrigen Ziele, sondern nur verfassungwidrige Methoden, deren Propagierung und Praktizierung jedoch – wenn überhaupt – nur in Einzelfällen geahndet wurden.

Die am 30. Januar 1933 ernannte Regierung war auch für die Beamtenschaft nicht weniger legitimiert als eine der voraufgegangenen 20 Reichsregierungen seit 1919 [...]. Nicht die Beamtenschaft hat Hitler den Weg zur Reichskanzlei gebahnt, allerdings genausowenig seine anschließende Machtbefestigung erschwert oder verhindert.

(R. Morsey: Beamtenschaft und Verwaltung zwischen Republik und „Neuem Staat". In: K. D. Erdmann/H. Schulze [Hrsg.], Weimar. Selbstpreisgabe einer Demokratie. Düsseldorf 1984, S. 151–168)

## T 65 Die Weimarer Republik – Überblick

| | Innenpolitik | Außenpolitik |
|---|---|---|
| **1918** | 28. Oktober **Verfassungsänderung** (Parlamentarisches System)<br>3.–9. November **Revolution**/Ausrufung der **Republik**<br>10. November **Rat der Volksbeauftragten**<br>16. Dezember **Reichskongreß der Arbeiter- und Soldatenräte in Berlin** | 11. November Unterzeichnung des **Waffenstillstandes** |
| **1919** | Jan. Spartakusaufstand<br>11. Februar **Ebert Reichspräsident**<br>13. Februar Erste Weimarer Koalition<br>11. August **Unterzeichnung der Verfassung** | 28. Juni **Versailler Vertrag unterzeichnet**<br>10. Sept. Vertrag von St. Germain (Österr.) |
| **1920** | 13.–16. März **Kapp-Putsch**<br>März – April Kämpfe in Mitteldeutschland und im Ruhrgebiet gegen kommunistische Umsturzversuche | |
| **1921** | 20. März Volksabstimmung in Oberschlesien<br>5. Nov. Koalition in Preußen unter Otto Braun (SPD) nach Weimarer Muster | 21. Februar – 14. März Londoner Konferenz |
| **1922** | 24. Juni Mord an Rathenau | 16. April **Rapallo-Vertrag** (mit Rußland) |
| **1923** | Januar – September **passiver Widerstand** im Ruhrgebiet gegen die militärische Besetzung des Ruhrgebiets<br>Oktober **Separatistenbewegung** im Rheinland, (zeitweise von französischen Besatzungsorganen unterstützt)<br>Einmarsch der Reichswehr in Sachsen und Thüringen gegen Volksfrontregierungen<br>Okt.–Nov. Ausnahmezustand in Bayern<br>November Höhepunkt der **Inflation**<br>**8.–9. Nov. Hitler-Putsch** in München<br>15. Ende der Inflation/Einführung der **Rentenmark** | 11. Januar **Ruhrbesetzung** durch die Franzosen und Belgier |
| **1924** | Konjunkturaufschwung/Auslandskredite | 9. April **Dawes-Plan** (internationales Abkommen über den Zahlungsmodus der deutschen Reparationen<br>16. Juli – 16. August Londoner Konferenz (1. September Dawes-Plan in Kraft) |
| **1925** | 26. April Wahl **Hindenburgs** zum **Reichspräsidenten** | Juli Beginn der Räumung des Ruhrgebiets<br>5.–16. Oktober **Vertrag von Locarno** (mit Frankreich) |
| **1926** | | 24. April **Berliner Vertrag** mit Rußland<br>9. September **Aufnahme in den Völkerbund** |
| **1927** | 16. Juli Gesetz über Arbeitslosenversicherung | |
| **1929** | 3. Okt. Tod Stresemanns | 7. Juni **Young-Plan** – neue Festlegung der Zahlungen auf 59 Jahre<br>23.–29. Oktober Zusammenbruch der New Yorker Börse/Beginn der **Weltwirtschaftskrise** |

| | Innenpolitik | Außenpolitik |
|---|---|---|
| 1930 | 12. März Verabschiedung des **Young-Plans** im Reichstag<br>29. März **Präsidialkabinett Brüning,** Politik mittels Notverordnungen | 30. Juni Räumung des Ruhrgebietes abgeschlossen |
| 1931 | akute **Wirtschaftskrise**/Massenarbeitslosigkeit<br>11. Oktober **Harzburger Front** | |
| 1932 | 10. April **Wiederwahl Hindenburgs**<br>30. Mai Rücktritt Brünings/**Präsidialkabinett von Papen** ohne parlamentarische Stütze<br>31. Juli Reichstagswahl/Regierungsbildung ohne Stimmen der Radikalen unmöglich<br>2. Dezember Kabinett **von Schleicher** | 16. Juni – 9. Juli Konferenz in Lausanne. Festsetzung der Reparationen auf 3 Mrd. RM (15. Juni 1934 Zahlungen eingestellt) |
| 1933 | 30. Januar Hindenburg beruft **Hitler** zum **Reichskanzler** (Koalition NSDAP, DNVP) | |

## Literaturhinweise


**a) Quellensammlungen**

Historisches Lesebuch 3. 1914–1933. Hrsg. von G. Kotowski. Fischer Bücherei. Frankfurt 1968

Die deutsche Revolution 1918–1919 – Dokumente. Hrsg. von G. A. Ritter und S. Miller. Frankfurt 1983

Die ungeliebte Republik. Dokumente zur Innen- und Außenpolitik Weimars 1918–1933. Hrsg. von W. Michalka und G. Niedhart. dtv dokumente 2918. München ²1981

Statistisches Arbeitsbuch III. Materialien zur Statistik des Deutschen Reiches 1914–1945. Hrsg. von D. Petzina, W. Abelshauser, A. Faust. München 1978

Ursachen und Folgen. Vom deutschen Zusammenbruch 1918 und 1945 bis zur staatlichen Neuordnung Deutschlands in der Gegenwart. Hrsg. von H. Michaelis und E. Schraepler, Bd. 3–8. Berlin 1959ff.

**b) Darstellungen**

Abelshauser, W./Faust, A./Petzina, D. (Hrsg.), Deutsche Sozialgeschichte 1914–1945. München 1985

Aubin, H./Zorn, W. (Hrsg.), Handbuch der deutschen Wirtschafts- und Sozialgeschichte, Bd. 2. Stuttgart 1976

Apelt, W., Geschichte der Weimarer Verfassung. München ND 1964

Blaich, F., Der Schwarze Freitag. Deutsche Geschichte der neuesten Zeit. dtv 4515. München 1985

Bracher, K. D., Die Auflösung der Weimarer Republik. Eine Studie zum Problem des Machtverfalls in der Demokratie. Villingen ⁵1971 (TB Königstein 1978)

Bracher, K. D./Funke, M./Jacobsen, H.-A. (Hrsg.), Die Weimarer Republik 1918–1933. Politik – Wirtschaft – Gesellschaft. Bonn 1987

Bracher, K. D./Sauer, W./Schulz, G., Die nationalsozialistische Machtergreifung. Studien zur Errichtung des totalitären Herrschaftssystems in Deutschland. Köln 1960

Bracher, K. D., Europa in der Krise. Frankfurt/Berlin/Wien 1979

Bracher, K.D., Zeit der Ideologien. Eine Geschichte des politischen Denkens im 20. Jahrhundert. Stuttgart 1982

Brüning, H., Memoiren 1918–1934. Stuttgart 1970

Buchheim, K., Die Weimarer Republik. Das Deutsche Reich ohne Kaiser, München ³1981

Carsten, F. L., Reichswehr und Politik 1918–1933. Köln 1964

Conze, W./Raupach, H. (Hrsg.), Die Staats- und Wirtschaftskrise des deutschen Reiches 1929/33. Stuttgart 1967

Czichon, E., Wer verhalf Adolf Hitler zur Macht? Zum Anteil der deutschen Industrie an der Zerstörung der Weimarer Republik. Köln 1967

Dahrendorf, R., Gesellschaft und Demokratie in Deutschland. München 1965

Dederke, K., Reich und Republik 1917–1933. Stuttgart ⁵1984

Epstein, K., Matthias Erzberger und das Dilemma der deutschen Demokratie. Frankfurt/Berlin/Wien 1976

Erdmann, K. D., Die Zeit der Weltkriege. In: B. Gebhardt, Handbuch der deutschen Geschichte, Bd. 4. Stuttgart ⁹1976

Erdmann, K. D./Schulze, H., Weimar. Selbstaufgabe einer Demokratie. Bilanz heute. Düsseldorf 1980

Eschenburg, Th., Die improvisierte Demokratie. Gesammelte Aufsätze zur Weimarer Republik. München 1963

Eyck, E., Geschichte der Weimarer Republik, 2 Bände. Zürich/Erlenbach ⁵1973

Falter, J. u. a., Wahlen und Abstimmungen in der Weimarer Republik. München 1986

Feldman, G., Vom Weltkrieg zur Wirtschaftskrise. Studien zur deutschen Wirtschafts- und Sozialgeschichte 1914–1932. Göttingen 1984

Feldman, G. u. a. (Hrsg.), Beiträge zu Inflation und Wiederaufbau in Deutschland und Europa 1914–1924
Bd. 1: Die deutsche Inflation, Bd. 2: Die Erfahrung der Inflation. Berlin 1982 und 1984

Fenske, H., Bürokratie in Deutschland. Vom späten Kaiserreich bis zur Gegenwart. Berlin 1985

Fischer, W., Deutsche Wirtschaftspolitik 1918–1945. Opladen ³1968

Flemming, J. u. a., Die Republik von Weimar, 2 Bände. Königstein 1979–1980

Gay, P., Die Republik der Außenseiter. Geist und Kultur in der Weimarer Zeit 1918–1933. Frankfurt 1970

Graml, H., Europa zwischen den Kriegen, dtv-WG d. 20. Jh., Band 5. München 1969

Hardach, K., Wirtschaftsgeschichte Deutschlands im 20. Jahrhundert. Göttingen 1976

Heiber, H., Die Weimarer Republik, dtv-WG d. 20. Jh., Band 3. München ¹⁴1981

Henning, F.-W., Deutschland von 1914 bis zur Gegenwart. In: Handbuch der europ. Wirtschafts- und Sozialgeschichte, Bd. 6. Hrsg. v. W. Fischer. Stuttgart 1987

Hentschel, V., Geschichte der deutschen Sozialpolitik 1880–1980. Frankfurt 1983

Hermand, J./Trommler, F., Die Kultur der Weimarer Republik. München 1978

Hermens, F./Schieder, Th. (Hrsg.), Staat, Wirtschaft und Politik in der Weimarer Republik. Festschrift f. H. Brüning. Berlin 1967

Hillgruber, A., Kontinuität und Diskontinuität in der deutschen Außenpolitik von Bismarck bis Hitler. Düsseldorf 1969

Hirsch, F. E., Stresemann. Ein Lebensbild. Göttingen 1978

Hoegner, W., Der politische Radikalismus in Deutschland 1919–1983. München/Wien 1966

Huber, E. R., Deutsche Verfassungsgeschichte seit 1789. Bd. 5–7. Stuttgart/Berlin/Köln/Mainz 1978ff.

Jasper, G. (Hrsg.), Von Weimar zu Hitler 1930–1933. Köln/Berlin 1968

Kaack, H., Geschichte und Struktur des deutschen Parteienwesens. Opladen 1971

Kevenhörster, P., Das Rätesystem als Instrument zur Kontrolle politischer und wirtschaftlicher Macht. Opladen 1974

Kolb, E., Die Arbeiterräte in der deutschen Innenpolitik 1918–1919. Frankfurt/Berlin/Wien ²1978

Kolb, E., Die Weimarer Republik. München/Wien 1984
Krüger, P., Die Außenpolitik der Republik von Weimar. Darmstadt 1985
Larsen, E., Die Weimarer Republik. Ein Augenzeuge berichtet. München 1980
Lee, M./Michalka, W., Deutsche Außenpolitik 1917–1933. Kontinuität oder Bruch? Stuttgart 1980
Matthias, E./Morsey, R. (Hrsg.), Das Ende der Parteien 1933. Düsseldorf 1960
Möller, H., Weimar. Die unvollendete Demokratie. Deutsche Geschichte der neuesten Zeit, dtv 4512. München 1985
Mommsen, H./Petzina, D./Weisbrod, B. (Hrsg.), Industrielles System und politische Entwicklung in der Weimarer Republik. 2 Bände. ND Kronberg/Ts. 1977
Neumann, S., Die Parteien der Weimarer Republik. Stuttgart ²1970
Overesch, M./Saal, F. W., Chronik der deutschen Zeitgeschichte. Bd. 1: Die Weimarer Republik. Düsseldorf 1982
Petzina, D./Abelshauser, W./Faust, A., Sozialgeschichtliches Arbeitsbuch, Bd. III: Materialien zur Statistik des Deutschen Reiches 1914–1945. München ²1978
Pohl, K. H., Weimars Wirtschaft und die Außenpolitik der Republik 1924–1926. Düsseldorf 1979
Potthoff, H., Gewerkschaften und Politik zwischen Revolution und Inflation. Düsseldorf 1979
Preller, L., Sozialpolitik in der Weimarer Republik. ND Kronberg/Ts. 1978
Rosenberg, A., Geschichte der Weimarer Republik. Frankfurt ²⁰1980
Rürup, R., Probleme der Revolution in Deutschland 1918/19. Wiesbaden 1968
Sontheimer, K., Antidemokratisches Denken in der Weimarer Republik. München ⁴1983
Schieder, Th (Hrsg.), Handbuch der europäischen Geschichte. Bände 7/1 und 7/2, Europa im Zeitalter der Weltmächte. Stuttgart 1979
Schneider, D./Kuda, R., Arbeiterräte in der Novemberrevolution. Ideen, Wirkungen, Dokumente, edition suhrkamp 296. Frankfurt 1968
Schulin, E., Walther Rathenau. Repräsentant, Kritiker und Opfer seiner Zeit. Göttingen 1979
Schulz, G., Aufstieg des Nationalsozialismus. Krise und Revolution in Deutschland. Berlin 1974
Schulz, G., Revolution und Friedensschlüsse, dtv-WG d. 20. Jh., Band 2. München ³1974
Schulze, H., Weimar. Deutschland 1917–1933. Berlin 1982
Siebert, F. (Hrsg.), Von Frankfurt nach Bonn. Hundert Jahre deutsche Verfassungen 1849–1949. Frankfurt ¹³1981
Stürmer, M. (Hrsg.), Die Weimarer Republik. NWB Geschichte 112. Königstein 1980
Treue, W., Deutsche Parteiprogramme 1861–1961. Göttingen 1961
Vogelsang, Th., Reichswehr, Staat und NSDAP. Stuttgart 1962
Winkler, A., Die Sozialdemokratie und die Revolution von 1918/19. Berlin/Bonn 1979

# REGISTER